TWLL BACH YN Y NIWL

I Mar a Dad am yr holl chwerthin a'r atgofion;
ac i Aled, Llŷr a Huw am adael i fi ddwyn eu jôcs.

TWLL BACH YN Y NIWL

LLIO ELAIN MADDOCKS

Diolch i bawb yn y Lolfa, y Cyngor Llyfrau,
a Llenyddiaeth Cymru am bob cefnogaeth.

A'r diolch mwyaf bob amser i Miss Eds
am ddeud wrtha i 'mod i'n gallu sgwennu.

Argraffiad cyntaf: 2020
© Hawlfraint Llio Maddocks a'r Lolfa Cyf., 2020

Ysgrifennwyd y nofel hon gyda chymorth gan
Ysgoloriaeth Llenyddiaeth Cymru a gefnogir gan y
Loteri Genedlaethol trwy Gyngor Celfyddydau Cymru.

Lluniau'r clawr: Sioned Medi Evans
Cynllun y clawr: Sion Ilar

Rhif Llyfr Rhyngwladol: 978 1 78461 956 5

Dymuna'r cyhoeddwyr gydnabod cymorth ariannol
Cyngor Llyfrau Cymru.

Cyhoeddwyd ac argraffwyd yng Nghymru
ar bapur o goedwigoedd cynaliadwy gan
Y Lolfa Cyf., Talybont, Ceredigion SY24 5HE
e-bost ylolfa@ylolfa.com
gwefan www.ylolfa.com
ffôn 01970 832 304
ffacs 01970 832 782

1

ELYRCH

Er bod elyrch yn arwydd o ffyddlondeb yn niwylliant y gorllewin, a bod pobol yn credu eu bod yn cyplu am oes, mae un o bob chwe chyw alarch yn cael ei eni y tu allan i berthynas.

Ro'n i'n ista tu allan i'r clwb rygbi efo hogyn nad oedd yn gariad i mi, yn meddwl be fasa'r ffordd orau i'w gael o i 'ngwely.

'Ti isio sigarét?' medda fi wrtho.

Do'n i ddim yn smocio go iawn, ond ro'n i wedi ffeindio'r paced hanner gwag ar lawr y clwb yn gynharach yn y noson, ac ro'n i'n meddwl ei bod hi'n haws sediwsio rhywun efo sigarét yn fy llaw.

Cymerodd un, gan ei dal rhwng ei fawd a'i fys pwyntio, a chyrlio ei arddwrn am i fewn fel bod y sigarét yn cael ei gwarchod gan gledr ei law. Ro'n i'n dal f'un i mewn ffordd lot mwy comon, rhwng fy nau fys cynta, ac yn teimlo fel Sandy o *Grease*. Sbiais yn syth i'w lygaid wrth i mi chwythu cwmwl llwyd allan o gornel fy ngheg.

'Ddudis i wrth fy hun y baswn i'n trio dy osgoi di ora posib heno,' meddai gan lusgo'i fysedd drwy ei wallt. Roedd hyn yn mynd i fod lot haws nag o'n i wedi meddwl.

'Fy osgoi i? Wel, dydi hynny ddim yn neis iawn, nadi?' medda fi gan chwerthin.

'God, dwi'n licio chdi 'de.'

'Licio fi? Ti'm hyd yn oed yn fy nabod i.'

Sbiodd arna i efo'i ddwy lygad ci bach cyn ysgwyd ei ben. Ro'n i wedi tynnu fy nwy ben-glin i fyny ac roedd fy ngên yn pwyso arnyn nhw, a'n llygaid yn sbio i fyny arno drwy'n amrannau. Roedd golau oren yn fflachio drwy'r bylchau rhwng ei fysedd wrth i'w wefusau dynnu ar y sigarét, ac ro'n i'n ei chlywed hi'n clecian yn ddistaw fel Geiger Counter bach poeth. Ar ôl smocio i lawr at y ffiltar, lluchiodd hi o dan y bwrdd picnic, a throi ata i.

'Fedra i'm gneud hyn, Low. Ti'n gwbod hynna, yn dwyt?'

'Dwi heb ofyn am ddim byd gen ti.'

Dydi rhai hogia ddim yn licio hynna, pan ti'n deud nad wyt ti'u hangen nhw. Ond dwi o hyd yn licio'u gweld nhw'n gwingo. Argian, mae pŵer yn mynd i ben rhywun yn gyflym.

Plygodd tuag ata i gan bwyso ei wyneb yn erbyn corun fy mhen ac arogli fy ngwallt. Mae hynna o hyd yn swnio'n lot mwy crîpi nag y mae'n teimlo, ond i ddeud y gwir, mae o'n teimlo'n reit neis.

'Ma gen i gariad, Low. Dwi'n blydi lyfio musus fi.'

Wel, roedd hynna bron yn ddigon i mi roi'r gorau iddi. Ddim y ffaith fod ganddo gariad, mi fasa hynny'n fy ngwneud yn rhagrithiol uffernol, ond y ffaith ei fod o'n ei galw hi'n 'musus'. Does 'na'm byd yn mynd dan fy nghroen i'n fwy na rhywun yn galw ei gariad yn 'musus', fel tasan nhw bia'r hogan druan. Waeth iddyn nhw roi colar a thennyn arni ddim. Os glywa i 'nghariad yn fy ngalw i'n 'musus', fydd o allan ar ei din. Mi chwarddais dan fy ngwynt wrth ddychmygu unrhyw un yn trio cyfeirio ata i fel 'musus' neu, hyd yn oed yn waeth, 'bird', ac yn sydyn teimlais law arw ar fy ngên, yn tynnu fy wyneb i fyny. Yn ddisymwth ac yn ddiseremoni roedd ei dafod yn llyfu fy nannedd, ac roedd o wedi tynnu fy nghoesau amdano fel 'mod i'n eistedd ar ei lin. Llithrais fy mysedd drwy ei wallt, a gafael yng nghefn ei ben wrth iddo yntau fy nhynnu gerfydd fy nhin tuag ato nes bod y ddau ohonan ni'n taflu un cysgod ar y llawr fel anghenfil pedair braich. Ar ôl rhyw bum munud o drio byta'n gilydd, tynnodd ei wyneb yn ôl, ei wefusau'n fflamgoch, ac edrychodd arna i a chilwenu.

'Ty'd. Awn ni'n ôl i tŷ fi.'

Arhosais wrth y bwrdd picnic am funud. Roedd o wedi cerdded i gyfeiriad y dre heb ddisgwyl amdana i, heb hyd yn oed sylwi 'mod i'n dal heb godi o'r bwrdd picnic. Ydw i wir isio mynd 'nôl i'w dŷ o, meddyliais. Y gêm oedd y rhan orau bob tro; doedd 'na ddim teimlad gwell na'r helfa i drio cael dyn i'r gwely, ond roedd cysgu efo fo wedyn wastad yn ddim byd ond siom. O'n i wir isio noson o garu fflat a diflas, neu o'n i am fynd yn ôl i mewn i'r clwb i drio ffeindio targed newydd?

'Lowri?'

Roedd o'n sefyll o dan olau stryd, yn taflu cysgod anferth dros y palmant. Ochneidiais yn uchel. Beryg 'mod i wedi mynd yn rhy bell efo hwn heno; dim ond un peth oedd ar ei feddwl o rŵan a taswn i'n ei wrthod o, fyddwn i byth yn clywed ei diwedd hi. Plastrais fy ngwên ffug orau ar fy wyneb, a rhedeg ar ei ôl.

*

'Dwi adra!' gwaeddais wrth gau'r drws ffrynt tu ôl i mi rai oriau'n ddiweddarach. 'Mans, lle w't ti?'

Edrychais yn y gegin gefn, ond doedd neb yno. Roedd hi'n gwawrio, ac roedd golau gwan yn cwffio ei ffordd drwy'r coed gan greu'r cysgodion rhyfeddaf ar waliau'r stafell, fel sioe bypedau afreal. Gadewais fy mag ar yr ochr, gafael mewn potel win hanner llawn a mynd i chwilio i fyny'r grisiau am Manon.

Roedd llenni'r llofft ffrynt wedi'u cau, ac roedd Manon wedi tynnu'r cwrlid reit dros ei phen. Gwichiodd y drws wrth i mi ei agor yn ara deg ac mi glywais Manon yn troi a throsi, yna'n llonyddu.

'Meiddia di, y jadan,' medda hi, ei llais yn dew yr ochr arall i'r flanced.

'O, da iawn, ti'n effro,' chwarddais innau gan neidio ar waelod ei gwely.

'Ych. Go iawn? Ti go iawn isio sgwrsio 'radag yma o'r bora?'

'Ma gen i win.' Daliais y botel i fyny yn falch. 'A ffags. A ma hi'n ddydd Sadwrn, 'sa uffar o ddim byd arall i'w wneud.'

'Ti'm hyd yn oed yn smocio, y nionyn. Ty'd â swig o'r gwin 'na i mi 'ta.'

Crychodd ei hwyneb wrth lowcio cegiad dda o'r gwin cynnes. Cododd ar ei heistedd yn y gwely a lapio'r cwrlid amdani cyn tanio sigarét, a'i rhoi i hongian yng nghornel ei gwefus. Roedd y ffag yn symud i bob man wrth iddi siarad, fel pe bai ar fin disgyn unrhyw funud.

'Ty'd 'laen 'ta. Be wnest ti heno? 'Ta neithiwr ydi hi erbyn hyn?'

'Wel, ti'n gwbod 'mod i a Huw 'di mynd i clwb, dwyt?'

'Howld on rŵan, dwi o hyd yn drysu rhwng yr hogia. Pa un ydi Huw eto, yr un gwallt coch?'

Dim ond newydd symud i'r dre oedd Manon, a doedd hi

ond wedi bod allan efo ni gwpwl o weithiau, a hynny am ddau reswm. Rhif un: roedd hi'n lot mwy cyfrifol na ni, a doedd hi ddim yn treulio pob penwythnos yn y pyb. Rhif dau: roedd yr hogia oedd yn digwydd bod yn ffrindia gorau i mi yn dri lembo o'r radd flaenaf, a do'n i ddim am i Manon druan orfod dioddef eu cwmni bob penwythnos.

'Na, Aled sgen wallt coch. Er, mae o'n meddwl mai *strawberry blond* ydi o, felly paid byth â deud hynna i'w wyneb o. Sut fedra i esbonio Huw i ti. Huw... Huw ydi'r *dickhead*.'

Nodiodd Manon yn araf, ac ro'n i'n gwybod yn iawn ei bod hi'n cofio pa un oedd Huw rŵan.

'Huw ydi'r *dickhead*, ia, dwi'n cofio rŵan. A Llŷr ydi'r un efo'r tatŵs gwirion.'

'O god, dwi'm yn coelio bod o 'di dangos ei datŵs i chdi. Dwi mor sori.'

Roedd 'na ambell i datŵ gan Llŷr oedd mewn mannau na ddylai unrhyw un orfod eu gweld.

'Ond yn ôl i'r pwynt. Es i a Huw i clwb heno...'

'Ia...'

'A gesia pwy oedd yna hefyd?'

'O god, Lows, ma hi we rhy gynnar i gesio. Deutha fi, 'nei di?'

Sbiodd arna i efo'i hwyneb bach pathetig, a doedd gen i ddim dewis ond deud wrthi'n syth.

'Dafydd.'

'Dafydd? Y Dafydd ti wastad yn pwyntio ato fo pan 'dan ni'n pasio fo'n dre? Dafydd Del?'

'Dafydd Blydi Gorjys,' medda fi gan gogio bach llewygu fel tywysoges, fy llaw ar fy nhalcen, ac ochenaid fawr, ferchetaidd yn dod o 'ngheg.

'Wel, chwara teg i chdi,' meddai Manon. 'Ti 'di bod yn trio ca'l dy fachau i mewn iddo fo ers oes rŵan. Lle oedd 'i gariad o?'

'Dwn i'm, sioe Stesion dwi'n meddwl. Doedd yr hogia rygbi heb fynd achos roedd ganddyn nhw gêm pnawn 'ma.'

'A sut oedd o?'

Codais fy sgwyddau a gorwedd yn ôl ar y gwely, y cyffro yn llithro o fy llais wrth i fi feddwl yn ôl dros yr oriau diwethaf.

'Ymm, iawn, am wn i.'

'Mae'n amhosib dy blesio di.'

'A-ha, nac ydi wir. Dwi'n hawdd iawn fy mhlesio, os 'di'r boi yn gwbod be mae o'n neud.'

'Ond doedd Dafydd ddim?'

'Doedd Dafydd ddim yn cofio'i bod hi'n bwysig i ferch gael mwynhau ei hun hefyd. Druan â'i gariad o.'

'Ia, ei gariad o,' meddai Manon yn blaen.

'Nath o ddeud bod o'n licio fi,' medda finna, yn chwerthin yn wirion ac yn anwybyddu Manon druan yn gyfan gwbl.

'O, ciwt iawn.'

'Felly 'nes i redeg o 'na.'

Rholiodd Manon ei llygaid. Ro'n i'n gwbod ei bod hi'n ysu i roi pregath i mi, ond roedd hi'n deall yn well na neb fod pregethu ddim yn gweithio arna i. Mi faswn i wedi rhedeg oddi wrthi hithau hefyd.

'Wel, gawn ni weld faint mae o'n licio chdi tro nesa fydd o a Gwenllian yn yr Abbey efo'i gilydd. Ti 'di siarad efo Anthony'n ddiweddar?'

Codais fy ysgwyddau'n ddiog, a dechrau cnoi'r croen o amgylch gewin fy mawd yn euog wrth i Manon enwi fy nghariad. Roedd y cwmwl o alcohol yn dechrau clirio, ac ro'n i'n teimlo chydig bach yn fwy euog yng ngolau dydd.

'Dwm'bo,' medda fi, fy llais yn baglu ei ffordd dros fy mys bawd oedd bellach reit yn fy ngheg. 'Ma bob dim yn rhyfadd efo fo. Sgenna i'm syniad sut dwi'n teimlo.'

Doedd hynny ddim yn hollol wir. Ro'n i wedi bod yn cyfri'r dyddiau nes byddai Anthony yn dod adra er nad oeddwn i'n bihafio felly weithiau. Roedd o wedi bod i ffwrdd yn Awstralia ers dros flwyddyn, a doeddan ni heb wir ddiffinio'n perthynas cyn iddo fynd. Roedd y ddau ohonan ni wedi cytuno ei bod hi'n iawn i ni fachu pobol newydd tra'n bod ni ar wahân, rhywbeth oedd yn teimlo'n fodern a blaengar iawn ar y dechrau, ond erbyn hyn roedd meddwl am Anthony efo merched eraill yn troi fy stumog. Ac iawn, ro'n i wedi cysgu efo fy siâr o hogia dros y flwyddyn ddiwethaf, ond doedd neb yn fy siwtio i fel Anthony. Rhywsut, ro'n i'n disgwyl i bethau fynd 'nôl i'r arfer unwaith y byddai adre. Ro'n i'n dychmygu'r ddau ohonan ni'n byw mewn tŷ bach twt efo'n gilydd, fi'n gwneud bocs bwyd iddo fo fynd i'w waith bob dydd a fyntau'n torri'r lawnt ar bnawn dydd Sul. Ond feiddiwn i ddim cyfaddef hyn wrth Manon. Mi fasa hi'n fy nghyhuddo o fod yn anti-ffeminist, a beth bynnag, do'n i ddim isio i bobol ddechrau meddwl 'mod i'n sentimental. Slempiais yn ôl ar y gwely, cuddio'n llygaid y tu ôl i 'nwylo ac ochneidio'n uchel.

'Pryd mae o'n ôl?'

'Dydd Llun. Mans, dwi mor nyrfys. Dwi'm yn gwbod be i'w ddisgwyl.'

Gorweddodd Manon wrth fy ymyl a gafael yn fy llaw, ei llaw arall hi'n dal i fod yn sownd am wddf y botel win.

'Ella fydd bob dim yn ocê, sti. Ella fyddach chi'n hollol normal eto.'

Normal. Ro'n i'n gallu ein gweld ni rŵan, fi yn pobi bara yn ein cegin fach newydd, a fo yn peintio stafell y babi. Blydi hel, babi? Ro'n i angen rhoi stop ar fy nychymyg fy hun.

'Ella,' atebais. 'Dwm'bo, sti. Dwm'bo os dwi isio petha fynd 'nôl i normal. Tim'bo be, dwi 'di cweit mwynhau bod ar ben fy hun am unwaith.'

Roedd hynna'n gwneud i mi swnio'n annibynnol ac yn cŵl, ac yn cuddio pob arwydd 'mod i'n breuddwydio am fabis, ond o mai god, meddyliais, dwi'n casáu bod ar ben fy hun.

'Ti'm ar ben dy hun lawar, os ti'n gofyn i fi,' meddai Manon gan fy mhwnio yn fy ochr.

'Cau hi, ti'n gwbod be dwi'n feddwl. 'Dan ni 'di bod efo'n gilydd ers saith mlynadd bron, es fform ffaif, a 'di gneud *long distance* am y bedair mlynadd dwytha yn y brifysgol. Ella bod y ddau ohonan ni angan bod ar ben ein hunain am chydig.'

Plis dduw, paid â gwneud i mi fod ar ben fy hun am lawer hirach.

'Ond dach chi'n lyfli efo'ch gilydd.'

Gorweddais wrth ei hochr gan feddwl yn dawel am Anthony. Y gwir amdani oedd 'mod i wedi bod heb Anthony am amser mor hir fel 'mod i wedi anghofio sut oeddan ni efo'n gilydd, ond ro'n i'n edrych ymlaen at ailddysgu.

'Be ti'n feddwl am?' gofynnodd Manon i mi.

'Meddwl na ddyla chdi fyth orffan brawddeg efo arddodiad.'

'Ty'd 'laen. Be sy?'

'Dwn i'm. Jyst meddwl pa mor rhyfadd ydi bod mewn perthynas, gludo ein hunain i'r person agosa, ffiwsio'n corff a'n personoliaeth i'w rhai nhw er ein bod ni'n gwbod yn iawn bod hynny'n golygu colli chydig bach o bwy ydan ni fel unigolion. Ma'n eitha *depressing* pan ti'n meddwl am y peth.'

'Dwi'n meddwl bod o'n neis,' meddai Manon. 'Dwi'n licio cyfaddawdu a datblygu ochr yn ochr efo rhywun arall. Dwi'n licio gadael fy hun yn agored i gael fy mrifo ond trystio fod y person arall yn fy ngharu i. Dwi'n licio disgyn mewn cariad.'

Roedd hynny'n wir. Roedd gan Manon yr agwedd fwya positif erioed tuag at berthynas. Doedd hi byth ddim ond yn licio rhywun, roedd hi'n ei charu. Roedd ei pherthnasau hi fel arfer yn fyr ac yn danbaid, fel seren wib yn fflachio ar draws yr awyr. Roeddwn i ac Anthony yn fwy fel y lleuad; yn gwneud y llall yn lloerig weithiau, ond wastad yno i'n gilydd.

'Dwi'n gwbod, Mans. Ti'n gariad gwych. Ond – a paid â chymryd hyn ffor rong – ti rioed 'di bod mewn perthynas hirach na tri mis. Ers pryd wyt ti 'di bod efo Casi rŵan, pythefnos? Dio'm yn cyfri. Ti heb gael y cyfla i golli dy hun tu mewn i rywun arall. Ti rioed 'di cyrradd y pwynt lle ti'n fodlon piso o flaen dy gariad tra mae hi'n brwsio'i dannadd, neu pan dach chi'n gallu pigo trwyna'ch gilydd heb ffeindio fo'n rhyfadd.'

'Ych.'

Roedd hi'n iawn wrth gwrs, ych. Roedd 'na rwbath i'w ddeud dros gadw chydig o ddirgelwch mewn perthynas, ond roedd hynny wedi hen fynd efo fi ac Anthony. Ar ôl saith mlynedd efo'r un person mae pob cyfrinach wedi ei datgelu, ond mae rhyw gysur yn datblygu yn eu lle.

'Unwaith,' medda fi, 'roedd y ddau ohonan ni angan piso 'run pryd, felly 'nes i ista ar y sêt a nath Anth biso drwy 'nghoesa i.'

Roedd wyneb Manon yn werth ei weld. Roedd ei haeliau wedi codi mor uchel fel eu bod nhw bron â diflannu o dan ei gwallt, ac roedd ei cheg yn 'o' fach berffaith.

''Nest ti'm gneud hynna go iawn?'

'Do. Doedd o ddim mor handi â fasa chdi'n feddwl. O'dd raid iddo fo blygu drosta fi mewn ffordd ryfadd er mwyn gneud yn siŵr fod o ddim yn piso ar fy hyd i, ac ath petha'n eitha wiyrd. Naethon ni ddim trio hynna eto.'

'Dwi'n meddwl bod piso drw goesa rhywun unwaith yn dal i fod unwaith yn ormod.'

'*Quelle prude!*' medda fi yn fy acen Ffrangeg ora. 'Dyma dwi'n drio'i esbonio i chdi. Dyma sy'n digwydd pan ti 'di nabod rhywun ers saith mlynedd. Dwi'm yn meddwl bod hi'n bosib i Anthony roi sioc i fi bellach, dwi'n gallu'i ddarllan o fel llyfr. Na, yn haws na llyfr. Fel cefn bocs Coco Pops.'

'Wyt ti am fynd i'w gyfarfod o yn y maes awyr?'

'O'n i isio mynd ar ben fy hun, ond mae Miranda yn mynnu dod hefyd.'

Gwnaeth Manon ystum chwydu wrth i mi grybwyll enw mam Anthony. Doedd Manon erioed wedi ei chyfarfod hi ond ro'n i'n cwyno amdani yn ddigon aml.

'Oes raid iddi hi fynd?'

'Wel oes siŵr,' medda fi yn sych. 'Fasa hi ddim isio methu ei chyw bach yn dod adra. Beth bynnag, mae hi 'di trefnu parti er mwyn i'r teulu cyfan ei groesawu adra, a tra ma pawb yn paratoi'r stafell, dwi a'i fam am yrru i Fanceinion i'w nôl o.' Rholiais fy llygaid yn ddiamynedd wrth feddwl am ei fam. 'Dwi'm yn meddwl faswn i'n meindio cymaint taswn i'n mynd i'w nôl o ar fy mhen fy hun, ond ma gwbod y bydd ei fam o yno'n ein gwylio ni drw'r adag yn ychwanegu gymaint o bwysa i'r holl beth.'

'Ond ti 'di bod draw yn ei gweld hi'n reit aml yn y flwyddyn ddwytha 'ma. Ddylia bod petha ddim yn rhy rhyfadd.'

'Dwi'n gwbod. Ond dwi jyst methu'i diodda hi.'

Doedd Miranda erioed wedi closio ata i, ac weithiau roedd o'n teimlo fel petai hi'n cwffio yn fy erbyn i am sylw Anthony. Fo oedd babi'r teulu ac roedd hi'n gyndyn o adael iddo fynd at unrhyw ferch arall ond hi. Roedd Anth yn gweld yr holl beth yn ddoniol tu hwnt, ond roedd hi'n codi crîps mawr arna i pan fydda hi'n trio'i fwytho a fyntau bellach yn ddyn. Ochneidiais yn hir gan gnoi'r darn o 'ngewin oedd wedi mynd i'r byw. Roedd y poen yn gwneud i ben fy mys blycio fel calon fach, a rhwygais y gewin o'r croen efo gwich.

'Aw!' medda fi gan sugno'r gwaed o'r croen amrwd cyn newid testun ein sgwrs yn gyfan gwbl. 'Hei, wyddost ti mai Charles Dickens nath ddefnyddio'r ymadrodd "the creeps" am y tro cynta i olygu rwbath afiach, sy'n mynd drwydda chdi?'

'Ti'n mwydro er mwyn trio mynd â'm sylw i,' chwarddodd Manon. Roedd hi'n fy adnabod yn rhy dda.

'Jyst deud,' medda fi. 'Oeddat ti'n gwbod?'

'Nag o'n i. Ym mha lyfr?'

'*David Copperfield*, dwi'n meddwl.'

'Ddarllenais i rioed mo hwnnw. Ond dwi yn gwbod o ble ma'r dywediad "stealing your thunder" yn dod.'

Pwniais Manon yn ei hochr yn ysgafn.

'Mond achos 'mod i 'di deud wrthat ti rhyw dro.'

Anwybyddodd Manon fi'n llwyr, gan ddechrau siarad mewn llais bach gwybod-pob-dim.

'Wyddost ti mai John Dennis, dramodydd yn y ddeunawfed ganrif, nath ddefnyddio'r ymadrodd am y tro cynta? Roedd o wedi dyfeisio ffordd newydd o wneud sŵn taranau yn ystod ei ddramâu. Pan glywodd o bod Shakespeare wedi dechrau defnyddio'r un dull yn *Macbeth*, fe ddudodd bod Shakespeare wedi "steal my thunder". Da 'de.'

'Blydi hel,' chwarddais innau. 'Fel'na dwi'n swnio go iawn? Dwi'n rêl bôr.'

'Wyt braidd. Ond ti'n bôr lyfli.'

Pinsiodd fy moch yn ysgafn, yn union fel roedd hen antis-nad-oedd-yn-antis yn arfar ei wneud yn rysgol Sul. Yna heb rybudd, cododd Manon o'r gwely a mynd draw at y ffenest gan agor y llenni a gadael i'r golau dydd lifo drwy'r stafell. Cwynais yn uchel gan gau fy llygaid a chuddio dan y cwrlid.

'Pai-yd! Dwi'm isio codi!'

'Ti'n gwbod sut ma'n teimlo rŵan, yn dwyt! *Rise and shine*, Lows fach. Ma 'na lot i'w wneud.'

'Oes 'na?'

Sbeciais dros ochr y cwrlid a syllu ar amlinelliad du Manon yn erbyn y ffenest wrth iddi ystwytho a dechrau ei yoga boreol. Er gwaetha fy ngwadu, roedd hi'n bryd codi o nyth y gwely, a rhoi dwy droed ar y ddaear unwaith eto.

CEIRW

Pan mae ceirw yn cael eu hanafu gan helwyr neu anifeiliaid eraill, maent yn rhwbio eu cyrff yn erbyn y mwsogl a'r clai sydd yn y tir, neu'n gorwedd mewn cors o fawn er mwyn glanhau eu hanafiadau. Mae'r tir yn glanhau'r cnawd fel meddyginiaeth wrth-heintiol naturiol.

'HAIA! MAM? 'SA rywun adra?'

Tynnais fy nghôt, a'i rhoi efo fy mag ar waelod y grisiau. Do'n i ddim yn gallu clywed sŵn siarad yn y tŷ, ond ro'n i'n clywed Dad yn chwarae'r piano yn y parlwr. Es drwodd a sticio fy mhen drwy'r drws, a fan'na roedd Dad yn hapus braf wrth y piano, a Mam yn gorwedd ar y soffa o dan ei blanced drydan yn canu rhyw emyn nad o'n i'n ei hadnabod.

'Duw, mae 'na sym consart yn digwydd yn fan'ma,' medda fi dros y twrw. Stopiodd Dad ei chwarae, a throi rownd ata i efo gwên fawr ar ei wyneb.

'Lowsi fach, ti adra!'

'Dwi mond yn byw dwy stryd i ffwrdd, Dad.'

Ers i mi symud i fyw efo Manon roedd Dad yn actio fel taswn i fyth yn dod 'nôl i'w gweld nhw, ond a deud y gwir, ro'n i adra bron bob dydd. Es draw ato a rhoi sws ar ei foch, yna eisteddais ar y soffa wrth draed Mam, y flanced drydan yn gynnes neis ar fy nghôl.

'Sut w't ti, Mam?' medda fi wrthi.

'Dal i fynd, sti.'

Roedd hi'n edrych yn dda. Wedi blino ychydig ella, ond yn iawn heblaw am hynny. Rhai diwrnodau mi fyddai'n llawn egni fel petai dim o'i le ond weithiau mi fyddai angen diwrnod ar y soffa i ddod ati ei hun. Roedd ei gwallt wedi dechrau tyfu yn ei ôl ers iddi gael y dos diwethaf o gemotherapi, ac roedd ganddi gnwd o gyrls bach du ar dop ei phen. Roedd o'n rhyfedd ei gweld hi efo gwallt du; brown golau a thenau oedd ei gwallt hi wedi bod erioed, ond roedd o wedi newid yn gyfan gwbl ers iddo ddisgyn allan a dechrau tyfu'n ôl.

'Pwy fasa'n meddwl y basa cyrls du'n dy siwtio di, yndê?' medda fi, gan estyn draw a rhwbio fy nwylo drwy ei gwallt.

Rholiodd Mam ei llygaid arna fi a gwenu.

'Ti 'di cyrraedd jyst mewn pryd, Lows. O'n i'n deud wrth dy dad rŵan y basa panad yn neis.'

'Disgwyl dy dendans, wyt ti, Cwîn?' atebais wrth chwerthin arni. 'Be ti isio? Earl Grey?'

'Ww, ia. Ma 'na gwpan tsieina yn rwla yn cefn.'

Es drwodd i'r gegin gefn a dechreuodd fy nwylo ymestyn yn hollol naturiol am y tegell, y cwpanau a'r bagiau te. Ro'n i'n dal i alw tŷ Mam a Dad yn adra, er bod gen i adra newydd i fod lawr ffordd, ac mi fyswn i wedi gallu gwneud paned yma efo'n llygaid wedi'u cau. Clywais Mam yn galw arna i o'r parlwr, felly diffoddais y tegell er mwyn gallu ei chlywed hi'n iawn.

'Be ddudist ti?'

'Ddoi di â 'nhablets i drwadd plis, Lows?' gwaeddodd hi eto. 'Mae 'na ddau dwb ohonyn nhw ar yr ochr, wrth y te!'

Rhoddais y te, y bisgedi a'r tabledi ar hambwrdd, a'u

cario i'r parlwr lle'r oedd Dad yn dal i ddiddanu Mam drwy chwarae 'Tatws Trwy'u Crwyn' gan Hogia'r Wyddfa ar y piano, ac yn canu mewn llais gwirion. Roedd Mam yn chwerthin fatha hogan fach, ac yn cuddio'i hwyneb o dan y flanced drydan.

'Paid, Gwyn,' meddai drwy'r chwerthin, 'neu fydda i wedi pi-pi!'

Roedd ei chyrls bach yn bownsio o gwmpas ei thalcen wrth iddi ysgwyd ac roedd ei llygaid wedi crychu mewn dwy linell denau ar ei hwyneb. Eisteddais wrth ei hymyl, a phasio'r gwpan a sosar iddi unwaith roedd hi wedi tawelu, ac estyn mŷg i Dad.

'Be 'di rhein, 'ta?' medda fi wrth sbio ar y ddau dwb o dablets.

'Rhein ges i gan Dr Arnaud. Ma nhw i fod i helpu efo'r *forced menopause*, ac mae o'n deud eu bod nhw am leihau fy nhiwmors i hefyd, sti.'

'Be sydd ynddyn nhw?' Roedd y labeli ar y twb yn eithaf amwys, a do'n i ddim cweit yn dallt eu pwrpas.

'Dail a phlanhigion traddodiadol o Tsieina. Mae Dr Arnaud yn deud eu bod nhw'n gwneud gwyrthiau.'

'A sut ma nhw'n gweithio?'

'Dwi fod i gymryd dau bob diwrnod.'

'Na, sut maen nhw'n gweithio?'

'O dwn i'm, Lows. Ond aeth Janys Defis at Dr Arnaud ar ôl i'r doctoriaid ddeud fod ganddi ddwy flynadd i fyw, a sbia arni rŵan. Yn dysgu yoga yn Neuadd y Dref bob bora Sul, saith mlynadd wedyn! Dwi'n deutha chdi, mae o'n ddewin neu rwbath.'

Do'n i ddim mor siŵr. Roedd Mam wastad wedi coelio'r cwacs a'r hipis efo pethau fel'ma. Aeth hi drwy gyfnod o goelio mewn homeopathi, ac roedd hi'n taeru mai dyna nath wella ecsema Elin. Roedd gan Elin benelinoedd a breichiau ofnadwy o sych pan oedd hi'n fach, a dechreuodd Mam roi ffisig a chrîm homeopathi iddi pan oedd hi tua deuddeg mlwydd oed. Mi gliriodd y blydi croen, ac ers hynny mae Mam wedi bod yn ffan mwya o'r stwff. Dwi wedi trio deud wrthi ganwaith mai cyd-ddigwyddiad oedd o, bod Elin jyst wedi tyfu allan o'i ecsema a bod cymaint o ddiolch i'r Dandelion and Burdock roedd hi'n ei yfed mewn galwyni, ond mae Mam yn meddwl mai sgeptig ydw i. Does gen i ddim clem sut mae cymaint o bobol yn meddwl bod darn bach o blanhigyn wedi ei wanhau dros dri deg o weithiau yn gallu eich iacháu, ond os ydi'r plasebo'n gweithio, pwy ydw i i ddechrau dadlau?

'Ti'n dal i wisgo dy fagnets?' gofynnais iddi efo gwên.

Cododd Mam ei garddwrn yn falch, a dangos y freichled fetal oedd amdano. Roedd hi'n taeru bod ei phoenau wedi lleihau ers dechrau gwisgo'r freichled, a'i bod hi'n teimlo ei hegni'n llifo'n llyfnach drwy ei gwaed. Trois at Dad a rholio fy llygaid arno.

'Gewch chi chwerthin,' meddai Mam wrth y ddau ohonan ni. 'Ond mae'r magnets yma'n gweithio gan gwaith gwell na hen barasetamols Dr Evans. A ma nhw'n naturiol, dim math o gemegion yn cael eu rhoi yn fy system i.'

'Croeso i chdi roi dy Valiums i fi, 'ta, os ti'm isio defnyddio cemegion,' medda fi wrthi'n gellweirus. 'A deud y gwir, 'sa chdi'n gallu dechra busnas bach yn eu gwerthu nhw i bawb yn yr Abbey. Dwi'n siŵr 'sa pawb yn reit falch o gael cymryd rwbath i gysgu drwy eu hangofyrs.'

'Paid â 'nychryn i, Lows. 'Sa chdi'm yn cymryd Valium heb bresgripsiwn, na 'sat?'

'Na 'swn, Mam. 'Swn i'm yn meiddio.'

Dwi'n cofio pan o'n i'n bymtheg mlwydd oed, roedd y teulu i gyd yn eistedd wrth y bwrdd bwyd amser te yn gwylio'r newyddion. Roedd y newyddiadurwr yn adrodd stori un tŷ yng Ngwynedd lle roedd 'na ddyn wedi bod yn tyfu reu. Dim ond digon i'w smocio'i hun neu efo'i ffrindiau oedd yn y tŷ cyfan, ond mi aeth 'na griw o blismyn i'r tŷ a tharo ei ddrws i lawr, a chafodd y dyn druan ei arestio. Roedd Mam yn meddwl bod yr holl beth yn warthus ac mi drodd at Elin a finnau ac ymbil ar y ddwy ohonan ni i beidio byth â chyffwrdd cyffuriau. Nodiodd y ddwy ohonan ni yn ufudd ar y pryd, a gorffen ein te yn blant bach da. Mi gafon ni'n dwy hwyl fawr yn cofio'r stori ddeufis wedyn wrth smocio'n joint cyntaf o dan bont Gors Ucha.

'Ti 'di clywad gan Anthony yn ddiweddar?' holodd Mam.

Griddfanais yn isel a chladdu fy wyneb yn un o'r clustogau. Ro'n i wedi siarad digon am Anthony heddiw, roedd yr holl beth yn fy ngwneud i'n reit nyrfys.

'Sori pwt, ti'm isio siarad am y peth?'

'Dim felly, nag oes. Dwi'm yn gwbod pam fod pobol yn mynnu siarad am Anthony efo fi o hyd. Dwi wir yn meddwl bod bobol yn gofyn i mi sut ma Anthony fwy na maen nhw'n gofyn sut ydw i.'

'Ocê, nawn ni siarad am rwbath arall. Mond isio deud o'n i nad ydw i wedi gweld ei fam ers cwpwl o wythnosa.'

Er ei beiau, roedd Miranda wedi bod yn dda iawn drwy salwch Mam. Roedd hi'n ddynes ddi-lol, ac mi fyddai'n dod draw ar ôl sesiynau cemo Mam efo quiche neu lasagne, ac yn glanhau'r tŷ, neu'n sortio'r ailgylchu tra oedd Dad yn ei waith. Roedd Dad wedi bod yn gweithio shiffts ychwanegol ers i Mam fynd yn sâl, ac er ei fod o'n trio'i orau, roedd o'n methu ei dal hi ym mhob man, ac roedd Miranda wedi camu i mewn i helpu. Weithiau mi fyddai hi'n gorfodi Mam i helpu hefyd, os oedd hi'n teimlo'n ddigon egnïol, ac roedd y teimlad o allu cyfrannu wedi gwneud lles aruthrol i ysbryd Mam tra byddai hi'n cael ei nerth yn ôl ati. Roedd yn gas ganddi deimlo fel hen ddynes ddiffrwyth yn gorweddian ar y soffa tra oedd pawb arall yn gwneud y gwaith caled i gyd.

'Dwi'n siŵr ei bod hi'n brysur yn llnau'r tŷ cyn i'w chyw bach ddod adra,' medda fi'n swta.

Edrychodd Dad a Mam ar ei gilydd yn anesmwyth, yn gwybod yn iawn fod 'na rywbeth o'i le arna i, ond yn fy adnabod yn rhy dda i ofyn am fwy o fanylion.

'Sut mae'r *job hunt* yn dod yn ei flaen?' gofynnodd Mam.

Roedd hi wedi bod yn poeni amdana i yn ofnadwy ers i fy swydd efo'r Parc Cenedlaethol ddod i ben. Ro'n i wedi bod yn chwilio am joban arall ers misoedd ond ro'n i'n methu â chael heibio'r cyfweliadau, er 'mod i'n gyrru degau o CVs allan bob wythnos. Doedd cael gradd yn y celfyddydau o Brifysgol Manceinion ddim yn helpu, mwn; dylwn i fod wedi astudio i fod yn ddeintydd. Neu'n blymar. Mae pawb angen trwsio dannedd a pheips – dydi Ieithyddiaeth ddim cweit mor angenrheidiol. Ond fiw i mi ddeud hynny. Fi oedd y person cyntaf o'r teulu i fynd i'r brifysgol ac ro'n i mewn clamp o ddyled o'r herwydd, ond roedd Mam a Dad mor browd. Do'n i ddim isio eu hatgoffa nhw 'mod i wedi talu miloedd o bunnau am ddarn bach o bapur a'r fraint o gael gwisgo cap a gŵn am un prynhawn.

'Mae gen i gyfweliad fory efo cwmni PR yng Nghaernarfon.'

'O, da iawn,' meddai Mam.

'Paid â dal dy wynt,' medda fi cyn iddi ddechrau cyffroi. 'Dim ond prentisiaeth chwe mis ydi o.'

'Duw duw.'

'Efo cwmni o'r enw Siop Siarad.'

'Dewis diddorol o enw,' meddai Dad yn goeglyd.

'Wel, bydd o'n brofiad da,' meddai Mam.

Rhywbeth arall i'w roi ar CV nad oes neb yn ei ddarllen, meddyliais, ond gwenais ar Mam i'w chysuro. Doedd hi ddim yn licio meddwl amdana i yn ddi-waith.

'Nath Myf ffonio noson o'r blaen,' meddai Mam. Ro'n i'n gwybod i lle'r oedd hyn yn arwain yn barod. 'Ti'n cofio fi'n sôn fod ganddi ffrind ym Mhrifysgol Bangor?'

Roedd Mam wedi bod yn trio fy ngwthio i fynd ar gwrs PhD yn Adran Ieithyddiaeth Prifysgol Bangor ers tipyn rŵan a bob tro y byddwn i'n dod draw, byddai hi'n sôn am ffrind Anti Myf i drio rhoi perswâd arna i. Ro'n i'n deud wrth Mam nad oedd gen i ddiddordeb, ond i ddeud y gwir, roedd y cwrs yn swnio'n hollol berffaith i mi. Ro'n i wedi archebu copi o'r prosbectws heb ddeud wrthi, ac ro'n i'n ysu am gael mynd i weld yr adran ond roedd rhywbeth yn fy stopio rhag cysylltu.

'Do, Mam, ti wedi sôn. Yli, dwi jyst ddim yn meddwl 'mod i ddigon da i wneud PhD.'

'Nonsens,' meddai Mam. 'Fedri di wneud unrhyw beth, siŵr.'

Rêl agwedd *baby boomer*, meddyliais.

'Gawn ni gân fach arall?' meddai Dad i newid y sgwrs, gan droi yn ôl am y piano.

''Na i chwara rwbath,' medda fi. 'Cer di i ista efo Mam.'

Roedd Mam yn sbio arna i'n gegagored, a do'n i ddim yn ei beio hi. Ro'n i'n arfer gwrthod yn daer chwarae'r piano o flaen cynulleidfa, ond ro'n i wedi ailgychwyn ymarfer yn y brifysgol heb ddeud wrth neb. Roedd Manon yn gadael i mi fenthyg ei phiano hi, ac ro'n i wedi bod yn gweithio ar ddysgu cân arbennig i Mam a Dad. Eisteddais ar y stôl biano a gadael i 'nwylo lifo dros yr allweddau'n drwsgl. Roedd y piano allan o diwn yn uffernol, ond ro'n i wedi arfar cymaint efo'r sŵn aflafar fel bod unrhyw biano mewn tiwn yn swnio'n od i mi. Pan ddechreuais chwarae'r cordiau cyntaf, fe ochneidiodd Mam yn hir a thawel.

'O Lows. Ti 'di dysgu "Seidir Ddoe"?'

Hon oedd cân Mam a Dad. Roedd gan Mam dast ofnadwy mewn miwsig, ac roedd hi'n rhoi'r Osmonds neu Bay City Rollers ar y chwaraewr CD bob tro y câi gyfle. Mi fyddai Dad, Elin a minnau yn tynnu arni bob tro, ond doedd hynny'n effeithio dim arni. Roedd hi wrth ei bodd yn dawnsio, ei llygaid wedi cau a'i bysedd yn pwyntio i bob man. Ond roedd y ddau yn llwyddo i gytuno ar Plethyn, a 'Seidir Ddoe' oedd y gân gyntaf i gael ei chwarae yn eu parti priodas. Weithiau, ar ôl chydig bach gormod o win coch ar nos Sadwrn, mi fyddai Dad yn nôl y record wreiddiol o'i gasgliad eang yn y stydi, a byddai'r ddau yn dawnsio o gwmpas y gegin yn wirion ac yn canu i gyfeiliant y miwsig wrth i'r ddisg droelli a chlecian ar yr hen chwaraewr recordiau yn y gornel.

Edrychais dros fy ysgwydd ar Mam a Dad, a gwenu. Roedd y ddau wedi closio ar y soffa, a Dad yn chwarae'n ddifeddwl â chyrls Mam.

Chwarddodd Dad yn ysgafn.

'Dwi'n falch nad "Bye Bye Baby" 'nest ti ddysgu.'

'Dwinna hefyd,' medda fi gan wenu arno, a Mam yn gwgu arnan ni'n dau am feiddio deud gair drwg am ei hannwyl Bay City Rollers.

Mi ddaliais i chwarae'r piano, gan ddechrau canu wrth

arwain i mewn i'r gytgan a Mam yn ymuno efo'i llais tawel.

'O am haf fel hafau Meifod, seidir ddoe yn troi'n siampên.'

'Roedd dy fam a finnau'n mynd i gigs Plethyn bob cyfle gaen ni ers talwm,' meddai Dad wrtha i. 'Ac wsti, roedd dy fam yn arfar gallu hoelio sylw stafell gyfan, a'r hogia i gyd yn baglu dros ei gilydd wrth drio gofyn iddi fod yn bartnar iddyn nhw. Ond fi oedd hi'n ei ddewis bob tro, yndê, Non? Ty'd, be am ddangos iddi?'

Cododd Dad gan gynnig ei law iddi, fel Prince Charming.

'M'lady,' meddai, mewn llais gwirion, gan foesymgrymu o'i blaen a chwifio ei ddwylo.

'M'lord,' meddai hithau, gan gymryd ei law a chodi, y flanced drydan yn disgyn oddi ar ei glin.

Tynnodd Dad hi i'w freichiau a gafael ynddi'n dynn. Dechreuodd y ddau siglo'n araf i gyfeiliant y piano, eu traed yn camu dros y carped mewn walts diog. Roedd Mam wedi gorffwys ei phen ar ysgwydd Dad ac wedi cau ei llygaid. Roedd hi'n edrych yn hamddenol braf ac yn ymddiried yn llwyr yn Dad wrth iddo ei thywys o amgylch y stafell. Roedd y gân ar fin dod i ben, felly dechreuais ei hailadrodd er mwyn peidio tarfu ar fodlonrwydd fy rhieni. Wrth i mi chwarae'r agoriad eto, mi wenodd Dad ar Mam, a rhoi sws ysgafn ar gorun ei phen.

Do'n i ddim yn eu priodas nhw, wrth gwrs. Doeddwn i ddim hyd yn oed yn bodoli, mond fel rhyw fymryn o syniad yn nyfnderoedd eu dychymyg. Ond wrth eistedd yma'n cyfeilio i'w dawnsio gan edrych ar y ddau dros fy ysgwydd bob hyn a hyn, teimlwn 'mod i'n eu gwylio'n dawnsio yn eu parti priodas. Roedd y ddau'n edrych yn ifanc eto, ac roedd eu hapusrwydd tawel fel petai'n llyfnhau'r rhychau oedd wedi ffurfio o amgylch eu llygaid.

Daeth y gân i ben eto, ond fe ofynnodd Mam i fi chwarae rhywbeth arall. Doedd gen i ddim llawer o dalent wrth y piano, ond llwyddais i faglu fy ffordd drwy 'Mil Harddach Wyt' yn ara deg, gan orddefnyddio'r pedalau er mwyn cuddio'r synau drwg. Ro'n i'n canolbwyntio gormod ar y piano i'w gwylio nhw y tro hwn, ond ar ôl i'r gân ddod i ben fe drois rownd ar fy stôl. Roedd y ddau wedi stopio camu, ac yn sefyll yn stond yng nghanol y carped, yn gafael yn dynn yn ei gilydd. Sefais ar fy nhraed yn ddistaw bach a gadael y stafell heb iddyn nhw sylwi. Cerddais drwy'r tŷ i'r gegin gefn, a sefyll â 'nghefn yn erbyn y wal. Ro'n i'n syllu allan drwy'r ffenest am yr ardd, ond o flaen fy llygaid ro'n i'n dal i weld Mam a Dad yn dawnsio, yn pwyso ar ei gilydd ac yn siglo o ochr i ochr yn ara deg. Doedd Mam heb edrych mor iach ers misoedd, a do'n i ddim yn coelio mewn magnets na phlanhigion o Tsieina, ond roedd cariad ac atgofion o gariad i'w weld yn donic gwell na dim.

3

MWNCÏOD

Yn wahanol i lawer math o fwnci, mae marmosets yn hapus i siarad ag unrhyw farmoset arall, nid yn unig â'u partneriaid. Maent yn sgwrsio yn gwrtais gyda'i gilydd, gan aros oddeutu pum eiliad wedi i'w cymar orffen siarad cyn ymateb, rhag torri ar draws.

ROEDD Y STAFELL aros yn arogli fel cefn hen gwpwrdd. Roedd hi'n waeth nag unrhyw stafell aros doctor achos doedd 'na ddim cylchgronau i'w gweld yn unman, ac roedd Dad wedi fy rhybuddio i beidio edrych ar fy ffôn. Doedd o ddim yn broffesiynol iawn, medda fo, ond god, roedd hyn yn ddiflas. Hanner awr wedi naw roedd y cyfweliad i fod, ond roedd hi'n nesu at ddeg. Roedd Miranda yn fy nghasglu i fynd i'r maes awyr am hanner dydd, ac er ei bod hi'n warthus am gadw amser ei hun, do'n i ddim am roi rheswm iddi fod yn flin efo fi drwy fod yn hwyr. Edrychais ar fy watsh a phesychu, gan obeithio tynnu sylw'r ferch wrth y dderbynfa, ond doedd honno'n poeni dim amdana i. Roedd dau ddyn mewn siwt yn eistedd yn y cadeiriau gyferbyn â mi, y ddau yn siarad yn dawel â'i gilydd, yn gwneud paratoadau munud olaf ar gyfer eu cyfarfod, mae'n debyg. Roedd un ddynes bengoch gyrliog yn eistedd wrth fy ochr hefyd, yn gwisgo *pant suit* werdd ac ew, roedd hi'n smart.

Canodd y ffôn y tu ôl i'r ddesg a symudodd y ferch ryw fodfedd er mwyn pwyso botwm. Roedd hithau'n edrych wedi diflasu hefyd.

'Siop Siarad,' meddai mewn llais monoton. 'Y *one stop shop* ar gyfer eich anghenion PR chi. Siop Siarad, *the one stop shop for your PR needs.*'

Crebachais ar y tu mewn wrth ddychmygu fy hun yn gweithio i'r cwmni PR efo'r arwyddair hiraf erioed, heb sôn am weithio i gwmni o'r enw Siop Siarad. Ond ro'n i angen y cyflog, er mai dim ond ceiniogau roedd y brentisiaeth yma'n ei dalu. Roedd fy nghyfrif banc yn dechrau gwagio ac mi faswn i wedi derbyn swydd yn golchi clustiau'r Cwîn erbyn hyn. Roedd Mam wedi gwneud ei gorau glas i sgwennu siec i mi wrth i mi adael eu tŷ nhw neithiwr, ond ro'n i'n rhy falch o lawer i gymryd pres Mam a Dad. Gwell gen i gymryd pres y trethdalwyr drwy'r Universal Credit.

Roedd merch y dderbynfa wedi rhoi uchelseinydd y ffôn ymlaen fel nad oedd angen iddi godi'r darn llaw i'w chlust.

'Haia Catrin, fi sy 'ma,' meddai'r llais toredig ben arall y lein. Roedd saib hir wrth i'r fenyw ddisgwyl i Catrin ei chyfarch, ond yn amlwg doedd gan Catrin ddim mynadd.

'Ym…' meddai'r llais yn betrusgar. 'Fydda i ddim yn dod i mewn heddiw. Dwi newydd ddeffro a mae gen i ufflwn o ddolur gwddw, sti, Catrin, dwi'n meddwl 'mod i wedi cael haint.'

Doedd gan Catrin ddim pwt o ddiddordeb yn haint y ddynes ac atebodd efo 'Mmm' ddiog.

'Dwi wedi cael brech ar hyd fy ngên a fy mron, cofia, a mae o'n cosi'n beth ufflwn.'

Syllais ar Catrin gan godi fy ael. Doedd gan y fenyw ddim syniad ei bod hi'n datgan ei phroblemau'n uchel i'r stafell aros gyfan. Ystwyriodd y fenyw gwallt coch yn ei sedd, ac roedd y ddau ddyn gyferbyn wedi stopio siarad hefyd.

'Wnei di ddeud wrth Dafydd 'mod i'n sâl felly? Wir yr, mae'r frech wedi dechrau troi'n blorod bore 'ma.'

Roedd Catrin yn dal i eistedd fel delw, heb owns o gywilydd am ei chyd-weithiwr.

'Rhai mawr melyn, sti.'

Trodd un o'r dynion mewn siwt i edrych yn hurt ar Catrin ac roedd y ddynes wrth fy ochr yn ysgwyd dan chwerthin.

'Mae o'n teimlo fel bod y poen yn dod o fêr fy esgyrn i.'

Fflipin hec, Catrin, meddyliais, coda'r blwming ffôn fel nad oes rhaid i ni wrando ar hyn. A deud wrth dy ffrind druan am fynd i'r sbyty, wir dduw.

'Reit o'n esgyrn i, cofia. Ond dwi'm isio gwneud môr a mynydd o'r peth. Wnei di ddeud wrth Dafydd?'

Ac yna roedd hi wedi mynd, i'w gwely, gobeithiais, ac nid allan o'r tŷ. Ro'n i'n teimlo braidd yn sâl erbyn hyn ac roedd Shreddies y bore yn bygwth ailadrodd arna i, diolch i'r holl sôn am blorod. Ro'n i'n nyrfys hefyd. Roedd pob cyfweliad dros y misoedd diwethaf wedi bod yn llanast llwyr, ac ro'n i'n amlwg wedi anghofio sut i frolio fy hun a swnio'n ddiymhongar ar yr un pryd. Ro'n i'n hanner meddwl jyst disgyn ar fy ngliniau ac ymbil am swydd, ella fasa hynny'n gweithio'n well na phalu clwydda am fy mhrofiadau gwaith. Gwyliais wrth i ddynes ganol oed mewn siaced smart gerdded i lawr y coridor tuag ata i, yn dilyn blaen ei thrwyn, a'i hesgidiau'n clecian yn erbyn y llawr teils. Plis ddim hon, meddyliais. Roedd hi'n edrych fel petai'n gwybod ei stwff.

'Lowri?' cyhoeddodd i'r stafell, a diflannodd fy ngobeithion am gyfweliad hawdd. 'Diolch am ddod draw,' meddai'n sych wrth i mi godi a mynd i ysgwyd ei llaw.

Fflachiais wên gam arni, a'i dilyn hi a'i thrwyn yn ôl i lawr y coridor. Dim ond prentisiaeth ydi o, medda fi wrtha i fy hun, fydd y cyfweliad ddim rhy drafferthus, ond roedd panel o bedwar yn aros amdana i tu ôl i fwrdd yn y stafell gyfarfod fel rhes o feirniaid yn yr Eisteddfod Sir. Blydi hel! Doedd gan y rhain ddim rhywbeth pwysicach i'w wneud na chyfweld hogan am swydd oedd mond un rheng i fyny o fod ar brofiad gwaith o'r ysgol?

Diflas oedd y cyfweliad ond atebais bob cwestiwn efo gwên, hyd yn oed pan oedd rhaid i mi edrych ar yr un dyn ar y panel oedd efo blew mawr du yn dod o'i drwyn. Bwlshit oedd pob ateb am sut o'n i'n hoffi gweithio fel rhan o dîm (celwydd noeth – roedd gas gen i waith grŵp yn y brifysgol achos fi oedd wastad yn gorfod gwneud y gwaith i gyd, a phawb yn cael y clod ar y diwedd) neu sut oedd gen i brofiad eang o weithio ar InDesign (dwi rioed 'di defnyddio'r peth, dwi'm yn gallu fforddio'r meddalwedd heb sôn am gyfrifiadur digon da i'w ddefnyddio), ond dyna ydi cyfweliad am swydd, yndê? Pwy sy'n gallu bwlshitio orau.

Ro'n i'n meddwl 'mod i'n gwneud yn reit dda ac roedd fy hunanhyder yn eithaf uchel o feddwl fod 'na bedwar pâr o lygaid llym yn syllu arna i heb emosiwn. Doedd y ddynes ganol oed heb siarad drwy gydol y cyfweliad, ond yna reit ar y diwedd agorodd ei cheg a theimlais fy sgwyddau yn tynhau.

'Reit,' medda hi. 'Dwi'n meddwl ein bod ni i gyd yn reit hapus efo dy gyfweliad di.'

Duw, meddyliais, ydw i am gael llwyddiant o'r diwedd?

'Cam nesaf y broses yw dy fod ti'n mynd i Gaerdydd, i'n prif swyddfa, i gael dy asesu a dy hyfforddi am y brentisiaeth. Mi fyddi di yno am bythefnos yn derbyn hyfforddiant.'

'O,' medda fi'n dwp. 'Do'n i'm yn sylweddoli... fydd 'na rywle i fi aros?'

Do'n i'm yn nabod neb yng Nghaerdydd, do'n i rioed 'di bod i Gaerdydd heblaw am i gêm rygbi unwaith, a'r unig beth o'n i'n cofio o hynny oedd chwydu ar hyd toiledau rhyw dafarn o'r enw City Arms, a Manon yn fy llusgo'n ôl i'r Holiday Inn. Gwenodd y ddynes yn llydan.

'Rydyn ni'n disgwyl i'n prentisiaid drefnu eu teithio a'u llety eu hunain.'

A thalu amdanyn nhw, mwn, meddyliais, gan gofio pa mor wag oedd fy nghyfrif banc.

'Am bythefnos?'

'Ac wrth gwrs,' meddai gan anwybyddu fy nghwestiwn, 'mae gofyn i ti ysgrifennu datganiad i'r wasg enghreifftiol i ni. Mi fyddwn ni'n rhoi dau grynodeb i ti a bydd rhaid i ti gwblhau'r rhain erbyn diwedd y dydd. Mi gei di aros yma am y dydd i weithio arnyn nhw.'

'Yn ddi-dâl?' gofynnais, a nodiodd y ddynes ei phen yn gyflym.

'Wrth gwrs,' chwarddodd. 'Mae'r tri mis cyntaf yn ddi-dâl, gyda chyfraniad o £500 y mis o hynny ymlaen am weddill y cyfnod. Bydd hefyd angen i ti fod ar gael dros y penwythnosau.'

'Ym...'

'Ac ar ddiwedd y brentisiaeth, efallai bydd swydd ran-amser ar gael i ti.'

Wel ffyc mi, dyna hael!

'Oes gen ti unrhyw gwestiwn i ni?'

'Sori, ga i jyst mynd 'nôl at y busnas cyflog 'ma. Ma raid i mi weithio'n ddi-dâl am dri mis, gan gynnwys penwythnosau?'

Edrychodd y pedwar arna i'n syn fel petawn i wedi gofyn fyddwn i'n cael gweithio o'r lleuad. Ro'n i'n sicr fod yr hysbyseb wedi nodi fod 'na gyflog cystadleuol. Cystadleuol, fy nhin! Mwmiodd y dyn efo'r trwyn blewog rywbeth am bobol ifanc o dan ei wynt ac roedd hynny'n ddigon i fy ngwylltio.

'Pwy ar wynab daear sy'n gallu fforddio gweithio am ddim am dri mis?'

'Miss Huws,' meddai'r dyn trwyn blewog. 'Dwi'n siŵr eich bod chi'n sylweddoli profiad mor dda fyddai gweithio yma.'

'Ydach *chi'n* cael eich talu mewn profiad, felly?'

'Mae 'na ddegau o bobol fyddai'n torri eu bol i weithio gyda ni.'

'Wel rhowch y job i un ohonyn nhw, 'ta.'

'Esgusodwch fi?'

'Na, esgusodwch *fi*.'

Codais a martsio o'r stafell. Argian, do'n i rioed wedi colli fy nhymer mewn cyfweliad o'r blaen, ac ro'n i'n teimlo'n reit falch ohona i fy hun nes i mi gyrraedd y dderbynfa a sylweddoli 'mod i wedi gadael fy mag yn y stafell gyfarfod, a gorfod picio'n frysiog yn ôl a chlywed y panel o bedwar yn dal i siarad amdana i fel petawn i wedi achosi sgandal fawr. O god. Ond yna sythais fy ysgwyddau a meddwl *Stwffio nhw* gan edrych yn ffyrnig, er bod fy mochau wedi troi yn fflamgoch mewn cywilydd. Cipiais fy mag a rhedeg oddi yno, yna gwelais fod fy ffôn yn canu'n fud. Miranda. Be aflwydd oedd hon isio?

*

'Get in the car, Lowry darling, for God's sake. We're already late.'

Camais i mewn i'r car moethus a gwenu'n annwyl ar Miranda er 'mod i'n teimlo'n reit bwdlyd ar y tu mewn. Hi oedd yn hwyr i fy nghasglu, ac ro'n i wedi bod yn disgwyl tu allan i 'nhŷ ers hanner awr. Ro'n i wedi hen arfer efo hi a'i diffyg cadw amser, ond do'n i erioed wedi gallu byw efo'i hawgrymiadau mai fi oedd ar fai bob tro. Doedd hi byth yn deud hynny'n blwmp ac yn blaen, ond ro'n i'n gallu clywed yr islais yn ei geiriau.

'You didn't tell me where your new house was, did you, love? I've been driving around the square for the last twenty minutes. You said you were down by the pharmacy.'

Do'n i rioed wedi deud ffasiwn beth, ond doedd fiw i mi ei chywiro. Ro'n i wedi esbonio'n union lle'r oedd y tŷ awr yn ôl ar y ffôn, ac wedi brysio o'r cyfweliad er mwyn bod yma ar amser. Ond petawn i'n deud hynny wrthi, mi fyddai'n fy nghyhuddo o fod yn amddiffynnol. Ro'n i'n adnabod yr hen gêm yma'n dda.

'Yes, it's a very difficult town to find your way around, isn't it?' medda fi'n sych. 'Very complicated, these little Welsh villages.'

Roedd Miranda wedi byw yma ers pymtheg mlynedd, dwn i ddim sut aflwydd roedd hi'n llwyddo i fynd ar goll bob tro, ond roedd hi'n haws peidio gofyn. Roedd y ddwy ohonan ni wedi gwrthdaro'n uffernol o'r eiliad gyntaf, ac roeddan ni wedi brwydro'n dawel ers hynny. Doedd dim gair cas yn cael ei ddeud o'r naill ochr na'r llall, ond roedd hi'n straen uffernol cadw fy ngheg ar gau weithiau.

'You look lovely, darling,' meddai wrtha i. 'Have you cut your hair? It suits you, your face doesn't look as round now.'

Gwenais arni heb ddeud gair, cyn troi fy mhen i sbio drwy'r ffenest. Mi roddais fy llaw ar fy moch yn dawel i'w theimlo, gan obeithio nad oedd hi'n gallu fy ngweld. Ro'n i wedi bod yn ymwybodol fod gen i wyneb crwn ers i mi ddechrau'r ysgol uwchradd a chael fy ngalw'n Lloeren gan yr hogiau i gyd.

Treuliais weddill y siwrne yn sgwrsio mor gwrtais â phosib efo Miranda, y ddwy ohonan ni'n trio dychmygu sut y byddai Anthony wedi newid. Er 'mod i wedi ei weld ar Skype yn reit aml yn ystod y flwyddyn ddiwethaf, ro'n i wedi anghofio sut roedd o'n teimlo, sut roedd o'n arogli. Roedd 'na rai pethau nad oedd hi'n bosib eu gwneud dros gyfrifiadur ac ro'n i'n dychmygu cyffyrddiad ei law ar fy moch, a fy stumog yn troelli fel ceffylau bach mewn ffair. Ro'n i'n hanner gwrando ar Miranda'n parablu am sut y byddai Anthony wedi datblygu i fod yn ddyn, a sut y byddai ei orwelion wedi ehangu wrth gyfarfod pobol debyg iddo fo a chael ei herio gan bersonoliaethau cryf o'r diwedd, pan welais faes awyr Manceinion yn y pellter. Edrychais ar fy watsh. Mi fyddai'n cyrraedd mewn tua chwarter awr.

Bu bron i Miranda gael y myll wrth i ni drio ffeindio lle parcio, ac mi barciodd hi'r car ar draws dau fwlch gwag yn y diwedd, gan gwyno am y ceir eraill yn y *multi-storey*.

'How the hell am I meant to park properly when all these idiots are taking up the space?' meddai hi o dan ei gwynt wrth ddiffodd yr injan. 'Pass me my handbag, Lowry darling.'

Gadawsom y car, a cherdded drwy'r maes parcio i'r maes awyr. Roedd y golau gwyn yn gorlifo dros y stafell, a phawb yn edrych yn welw er gwaethaf eu lliw haul. Brysiodd Miranda a minnau draw at y rhwystr, a gwylio rhesi o bobol yn pasio heibio heb unrhyw sôn o Anthony.

'Maybe his plên is a bit lêt,' medda fi gan droi at Miranda, ac wrth i mi sbio arni mi deimlais rywun yn agosáu atom o'r tu ôl. Roedd fy ymennydd ar go slo, ac felly ddudais i ddim pan welais law ddieithr yn ymestyn am Miranda ac yn ei thapio ar ei hysgwydd. Trodd Miranda, a gwichian yn uchel.

'Anthony, my baby! Eeee!'

Roedd ei breichiau'n chwifio o gwmpas ei phen fel llafnau hofrenydd, ac roedd Anthony'n chwerthin arni. Rhoddodd hi ei breichiau amdano a rhoi clamp o sws iddo ar ei foch.

'Hi, Mum.'

'Have you been waiting for us? When did you get here?'

'About half an hour ago, the plane landed early. I've been watching out for you, I wanted to creep up behind you and surprise you both.' Gwenodd arna i.

'Oh, I'm so sorry we were late, baby,' meddai hithau gan rythu arna i. 'We got a bit lost, Lowry was meant to be navigating.'

'And Miranda took a while to park,' medda fi gan wenu'n angylaidd.

Chwarddodd Anthony'n uchel, a gwneud ei orau i ateb cant a hanner o gwestiynau gan ei fam am yr awyren, y bwyd, y tywydd. Roedd ei lais yn swnio'n ddyfnach, ac roedd hi'n od ei glywed heb sŵn cefndir y cyfrifiadur, a heb i'w lais dorri'n ddirybudd oherwydd y cysylltiad sâl. Ar ôl beth oedd yn teimlo fel tair awr o gyfarch ei fam, fe drodd ataf innau.

'Haia, Lel.'

Rhoddodd ei freichiau amdanaf i a gwasgu'n dynn. Doedd neb arall yn fy ngalw i'n Lel, a dwi'm yn siŵr pryd wnaeth Anthony ddechrau chwaith, ond fyddai o byth yn fy ngalw i'n Lowri. Lel neu Lela fyddwn i ganddo o hyd, ac roedd hi'n rhyfedd clywed rhywun byw o fy mlaen yn fy ngalw i'n Lel eto. Gwasgais yn ôl, ond er bod ei gorff reit yn erbyn fy un i, roedd o'n teimlo'n bell. Wrth dynnu'n ôl fe roddodd sws ysgafn ar fy moch.

'Ti'n ocê?'

Nodiais. Trodd Anthony i gydio ym mraich ei fam a'i thywys o'r maes awyr. Ymlwybrais tu ôl i'r ddau, gan drio fy ngorau i ddilyn sgwrs nad oedd mewn gwirionedd yn fy nghynnwys i. Eisteddais yng nghefn y car yn gwrando ar y ddau'n parablu wrth iddyn nhw stwffio sach deithio Anthony i mewn i'r bŵt cyn dringo i mewn i'r seti ffrynt, ac mi fyddwn i wedi disgyn i gysgu â 'nhalcen yn erbyn y ffenest ar y ffordd adra oni bai am wichian parhaus Miranda. Roedd hi fel ci bach yn gweld ei berchennog ar ôl wythnos ar wahân. Wrth i ni gyrraedd y dref, dechreuais deimlo'n nyrfys eto gan wybod bod rhaid i mi dreulio'r pnawn efo teulu Anthony, ond trodd y poeni yn anghrediniaeth wrth i ni agosáu at dŷ Miranda a gweld bod yr ardd ffrynt yn llawn balŵns a baneri. Roedd Anthony'n chwerthin yn uchel yn y sêt ffrynt ac yn canmol ei fam nes ei bod hi'n cochi.

'Surprise, my love! I wanted you to have a fabulous homecoming.'

Rholiais fy llygaid yng nghefn y car a chamu i'r stryd. Dilynais Anthony a Miranda ar hyd llwybr yr ardd, ac wrth iddynt agor y drws clywais gorws o 'Welcome home' a 'Croeso adra' yn dod o'r tŷ. Dros bennau'r ddau, gwelais gonffeti a pharti-popyrs yn cael eu taflu o gwmpas y stafell ond ro'n i'n methu gweld pwy oedd yn eu taflu. Ro'n i'n gobeithio i'r diawl bod tad Anthony am fod yma – fo oedd yr unig un call yn y teulu cyfan.

Sleifiais i mewn heibio Anthony, ac es i sefyll yng nghefn y stafell fyw. Roedd pawb yn brysur yn rhoi mwythau mawr iddo, ac yn sylwi ar ei liw haul, ei wallt golau a'i gorff cyhyrog newydd, ond ro'n i wedi cael digon o gael fy anwybyddu. Eisteddais ar fraich un o'r cadeiriau esmwyth yn pigo fy ewinedd nes i hanner chwaer Anthony sgipio draw ata i.

'Lowri!' meddai efo gwên.

'Haia Siwsi-mwnci. Ti'n ocê?'

'Yndw, dwi'n licio partis.'

Roedd Siw yn bedair oed, ac roedd ei ffrindiau i gyd yn mynd drwy'r cyfnod 'pinc' ar hyn o bryd. Ond doedd Siwan ddim yn un i ddilyn y dorf. Roedd hi'n gwisgo dyngarîs bach denim a chrys coch oddi tanyn nhw. Am ei chanol roedd ganddi wregys lledr yn llawn cylchoedd a phocedi oedd yn dal pob math o declynnau bach pren; morthwyl, sgriwiau, dril, llif. Roedd ganddi het gowboi am ei phen, a neidr blastig yn ei llaw.

'Ti'n edrych yn cŵl iawn.'

'Yndw. Dad nath wneud rhein i fi,' meddai, gan bwyntio at yr offer am ei chanol. 'A sbia, neidr.'

'Argian fawr!' medda fi gan gogio bach bod arna i ofn. 'Ti'n ddewr.'

'Yndw. Ma nadroedd yn brathu, ond dydyn nhw ddim yn meiddio brathu fi!'

Chwarddais wrth i Siwan roi mwythau i'r neidr yn ysgafn, yna trio'i gorau i guro sgriw bren i mewn i'r carped efo'r morthwyl. Ro'n i'n gallu clywed Miranda yn cwyno am y sŵn yn y cefndir, a daeth tad Siwan heibio a gorwedd wrth ei hymyl ar y llawr.

'Siwan Piwan, dwyt ti ddim i fod i forthwylio sgriws i mewn i'r carped.' Edrychodd arna i a wincio wrth i Siwan roi y morthwyl i lawr yn drist. 'Ma sgriwdreifer yn gwneud joban lot gwell.' Estynnodd y sgriwdreifer o un o bocedi Siwan, a dechreuodd hithau daro'r sgriw efo'r sgriwdreifer yn swnllyd, heb sylwi ar Miranda'n gwgu arni o ochr arall y stafell.

'Lows, sut wyt ti ers talwm?'

Mi ges i glamp o goflaid ganddo er 'mod i wedi ei weld o bythefnos yn ôl. Roedd tad a mam Anthony wedi gwahanu, ond roedd y ddau yn dal i fod yn ffrindiau er mwyn Anthony a'i ddau frawd.

'Haia, Meic.'

'Sut ma dy fam?'

'Ma hi'n iawn, sti, chwara teg. Nath y rownd ddwytha o cemo roi cnoc iddi ond mae ganddi fwy a mwy o egni bob dydd erbyn hyn. A ma Dad yn trio bod adra mwy rŵan i gadw cwmni iddi. Mae hi 'di dod i arfar efo pawb yn plygu eu hunain yn ddau i weini arni erbyn rŵan, fydd o'n dipyn o sioc iddi pan eith petha 'nôl i normal.'

'Reit dda dduda i, waeth iddi gymryd mantais tra mae hi'n gallu. 'Sa'm byd fel cael aros adra a bod yn *kept woman*.'

Winciodd arna i yn chwareus. Roedd Meic wedi rhoi'r gorau i'w waith fel saer coed er mwyn cael aros adra i warchod Siwan, ac i'w wraig newydd gael parhau i weithio fel bargyfreithiwr yng Nghaer. Rŵan bod Siwan wedi dechrau yn yr ysgol, roedd Meic wedi ailgydio ychydig yn ei waith ac roedd o'n derbyn ambell i brosiect wedi ei gomisiynu, ond dim byd llawn-amser, ac roedd o wrth ei fodd.

'Ges i gyfweliad am swydd bore 'ma,' medda fi gan nad oedd unrhyw un arall wedi trafferthu gofyn fy hanes.

'Da iawn. Sut ath hi?'

'Shit.'

'Wel, ti byth yn gwbod, ella fod o'n well nag o'ch chdi'n meddwl.'

''Nes i ddeud wrthyn nhw am roi'r job i rywun arall.'

'O?'

'A stormio allan.'

'Wel. 'Na ni 'ta.'

Gwrandawodd Meic wrth i mi ddeud y stori am Catrin druan a'i phlorod melyn a'i haint, ond yna daeth chwerthiniad mawr o ochr arall y stafell wrth i Anthony adrodd rhyw stori am ei drafels. Trois fy mhen yn reddfol i edrych arno. Ro'n i isio bod yn rhan o'i gynulleidfa.

'Ti 'di cael cyfle am sgwrs efo Anth?' gofynnodd Meic.

'Ddim eto, naddo. Ches i'm cyfle i ddeud gair yn y car, ac ers i ni gyrradd mae o 'di bod yn siarad efo'r teulu a ballu.'

'Fydd bob dim yn iawn, sti,' meddai Meic. Do'n i heb drafod y peth yn rhy fanwl efo fo tra oedd Anthony wedi bod i ffwrdd, ond roedd o wastad wedi fy neall i'n reit dda, ac roedd o'n gallu gweld 'mod i'n poeni.

'Shooanne, you're making a bit of a racket over here, aren't you?'

Roedd Miranda yn amlwg wedi cael digon ar y sŵn, ac wedi dod draw i ddifetha hwyl Siws druan. Gwenodd Siwan arni heb unrhyw glem beth oedd ystyr 'racket'.

'Nice little girls like you shouldn't be playing with tools. I've got some pretty little dollies upstairs that you can play with if you want. They're very special. Would you like to see them?'

Tynnodd Miranda y sgriwdreifer o law Siwan, a'i thywys am y grisiau er mwyn ei dysgu i frwsio gwallt y dolis yn y ffordd berffaith.

'Watsia di dy hun,' medda fi wrth Meic, 'neu mi fydd Siws yn dod yn ei hôl yn binc ac yn glityr i gyd!'

Ysgydwodd Meic, gan gogio bach bod ias o ffieidd-dod yn rhedeg drwyddo, a chwarddodd y ddau ohonan ni wrth ddychmygu'r drafferth fyddai Miranda yn ei gael yn trio stwffio Siwan i mewn i dwtw fach binc.

'Reit, ma gen i sychad,' medda fi. 'W't ti isio rwbath i'w yfad?'

'Ew, mi gymra i botal o gwrw, os ti'm yn meindio.'

'Dim probs.'

Es drwodd i'r gegin i nôl diod i Meic a minnau, a difaru'r penderfyniad yn syth wrth weld ewythr Anthony yn sefyll yno'n chwilio drwy'r ffrij. Bu bron i mi droi rownd a cheisio dianc, ond roedd ganddo ryw fath o chweched synnwyr ac mi drodd ata i gan floeddio,

'Lowry! What a treat!'

'Hello, Garth. How are you?'

'Utterly disappointed that old Anth is back and that I can't have you to myself anymore, I'll tell you that.'

Chwarddais ryw chwerthiniad ffug, gan deimlo'n hun yn gwingo tu mewn.

'I bet you're worried sick that he's going to run off with a supermodel, with that glorious tan!'

'Well, I hadn't thought about it to be honest.'

Croesais y gegin gan estyn dwy botel o gwrw o'r bwcad rhew ar yr ochr, a thynnu'r topiau oddi ar y ddwy.

'Drowning our sorrows, are we? I'm just kidding of course. You two are like an old married couple – he'll never get rid of you.'

'Thanks a lot,' medda fi.

Chwarddodd Garth yn uchel ac yn ddwfn, y llais yn dod

yn syth o'i fol chwyddedig a'i ên yn bownsio i bob man efo'r sŵn. Daeth Miranda i'r gegin yng nghanol y chwerthin, wedi colli diddordeb yn Siwan erbyn rŵan am wn i.

'There you are, Randa,' meddai Garth wrthi. 'I was just teasing Lowry about Anth, and how he'll probably elope with a supermodel, now that he's all blonde and lean. What do you reckon?'

'Oh, Anthony would never do that to Lowry.'

Miranda oedd y person dwytha ro'n i'n ddisgwyl i gadw'n ochr i, ac ro'n i'n dechra meddwl tybed oedd hi wedi cael lobotomi rhwng rŵan a chyrraedd 'nôl o'r maes awyr, pan agorodd ei cheg eto.

'Anthony's much too loyal. And so he should be, he was brought up so well. At least, he was half brought up well!'

'Oh, I definitely agree that he was half brought up well,' medda fi, ond roedd y brawd a'r chwaer yn chwerthin mor uchel fel eu bod yn fy anwybyddu'n llwyr.

'And you put so much effort into teaching him Welsh, didn't you, Lowry?' meddai Garth wrtha i. 'He'll have forgotten all of it after being in Australia for so long. Not a very handy language over there, I imagine.'

Do'n i heb wneud dim i helpu Anthony efo'i Gymraeg. Roedd Meic wedi siarad Cymraeg efo'r hogia ers iddyn nhw gael eu geni, ac roedd y teulu wedi symud yma pan oedd Anthony'n wyth ac roedd o wedi bod i'r ysgol gynradd leol. Erbyn i fi ei gyfarfod o roedd o'n siarad Cymraeg glân gloyw, ond doedd Miranda erioed wedi dysgu. Roedd y ffaith bod yr hogia'n siarad Cymraeg yn destun jôc mawr i Garth.

'Yes,' meddai Miranda. 'Lowry helped Anthony with his Welsh when he needed it, and he helped a lot with her English, didn't he, love?'

Gwenais ar y ddau, fy nhu mewn yn corddi. Roedd Anthony'n camsillafu'r geiriau Saesneg symlaf yn y byd, ond fi oedd yr un efo Saesneg crap achos fod gen i acen gref? Esgusodais fy hun cyn i mi ddeud rhywbeth annerbyniol ac es yn ôl i'r stafell fyw. Roedd Meic yn trafod pêl-droed efo rhai o gefndryd Anthony, a rhoddais ei botel iddo gan ddeud 'mod i'n chwilio am Anthony a 'mod i am adael ar ôl siarad ag o. Es allan i'r ardd gan eistedd ar y wal yn yfed fy nghwrw yn ara bach yng nghanol y balŵns. Eisteddais yno am bron i ddeg munud yn cysidro sleifio adra heb ddeud gair wrth Anthony, ond wrth i mi ddechrau meddwl pa mor neis fasa bod adra ar fy mhen fy hun, clywais y drws ffrynt yn agor a daeth Anthony allan i'r ardd.

'Fama w't ti.'

Safodd o fy mlaen yn disgwyl i mi siarad.

'O'n i'n meddwl mynd adra,' medda fi o'r diwedd. 'Dwi'm yn teimlo'n grêt.'

'Yli, Low. Dwi'n sori 'mod i heb gael cyfla i siarad efo chdi'n iawn heddiw. 'Nes i'm gofyn i Mam drefnu parti i fi, 'sa well gen i 'di gallu ca'l sgwrs gall efo chdi. Ond ma raid fi fynd 'nôl mewn i siarad efo Grandad a ballu, so dwi'n dallt os wyt ti isio gadael.'

Eisteddais yno'n fud yn pigo'r baw o dan fy ewinedd. Doedd gen i ddim syniad be i ddeud; ro'n i wedi meddwl y byddai o'n gofyn i mi aros, nid lled-awgrymu y dylwn i fynd.

'Ma Mam yn mynd i Fangor nos fory i weld rhyw sioe,' meddai gan weld 'mod i'n teimlo'n anfodlon. 'Wyt ti isio dod draw am swpar a sgwrs? 'Na i goginio rwbath neis i ni, ia?'

Ro'n i'n teimlo fatha hogan fach amddifad wrth i mi nodio arno a deud y basa hynny'n lyfli.

'Ocê 'ta,' meddai. 'Wela i di nos fory.'

Rhoddodd sws i mi ar fy moch, a gadawodd fi yn yr ardd. Paid â chrio, medda fi wrtha i fy hun, paid ti â meiddio crio. Anadlais yn ddwfn a dechreuais gerdded am adra ar ôl dod ataf fy hun, gan adael y botel gwrw'n sefyll yn unig ar y wal.

4

PAROTIAID

Mae parotiaid yn adar cymdeithasol iawn fel arfer, ond pan maent yn cael eu cadw ar wahân, maent yn dechrau dangos tueddiadau rhyfedd. Mae'r unigrwydd yn effeithio arnynt yn ofnadwy, ac maent yn fwy tueddol o frifo eu hunain neu fynd o'u coeau heb gwmni dyddiol.

'DWI'N EDRYCH YN iawn?'

Do'n i erioed wedi teimlo mor nyrfys am fynd i weld Anthony, ond ers y parti ro'n i'n gwybod bod rhywbeth o'i le, a heno byddai'n rhaid i ni ddewis un ffordd neu'i gilydd.

'Ti'n edrych yn biwtiffyl.'

Ro'n i'n gwisgo ffrog fach ddu oedd yn dynn am fy nghanol, yna'n lledaenu fel sgert balerina nes cyrraedd fy mhennau gliniau. Do'n i mond yn mynd i'w dŷ o, ond am ei fod wedi gaddo paratoi pryd o fwyd arbennig i ni'n dau, ro'n i'n meddwl y basa well i minnau wneud dipyn bach o ymdrech hefyd. Ro'n i hyd yn oed wedi bod yn brysur efo'n ffon gyrlio ers y prynhawn, yn cyrlio 'ngwallt fesul darn. Mi gymerodd oriau i mi wneud yn siŵr ei fod o'n berffaith, ond roedd o werth pob eiliad.

'So be 'di'r ferdict? Ti 'di penderfynu be i'w neud?'

'Naddo,' medda fi. 'Dwi'n meddwl fydd raid i ni'n dau gael sgwrs, a gweld be ddigwyddith. Cyn ei weld o, ro'n i'n meddwl yn siŵr fod petha am fynd 'nôl i fel oedd hi, ond rŵan dwi'm yn rhy siŵr. Chwara teg iddo fo, dwi'n meddwl fod o am fynd i ymdrech reit fawr heno, sti. Ma Miranda 'di mynd i Fangor i weld rhyw sioe, ac mae o am goginio pryd o fwyd neis i fi.'

'Ma hynna'n swnio'n lyfli. Ti'n gwbod be mae o am goginio?'

'Dim syniad. Ond ma'n gogydd bach da. A rŵan ei fod o 'di bod yn teithio, ella ga i rwbath reit ecsotig. Mi glywais i o'n deud wrth ei yncl yn y parti fod o wedi bod am wersi coginio yn Fietnam, ar ei ffordd adra o Awstralia. 'Swn i wrth 'y modd efo rwbath fel'na.'

'Ww, paid, ti'n codi awydd bwyd mawr arna fi, a'r cwbl sgenna i'n tŷ ydi lentils a vanilla essence. Dwi'n meddwl fydd raid i mi fynd draw i dŷ Casi a ca'l têc-awê. Ella ga i Vietnamese.'

'Chei di ddim Vietnamese rownd fan'ma, y gloman. Ti'm yn Manceinion ddim mwy, sti.'

'Gwir iawn. Fydd raid mi setlo ar siop jips felly.'

'Ecsotig iawn.'

Edrychais ar fy ffôn yn gyflym. 'Blydi hel, mae'n han'di saith yn barod. 'Sa well i fi fynd. Wela i di nes ymlaen?'

Rhoddais sws i Manon ar ei boch a gadael y tŷ. Doedd tŷ Anthony mond lawr y ffordd, ac ro'n i wedi cerdded yno ganwaith o'r blaen, ond roedd heno'n teimlo'n wahanol. Er bod y dyddiau'n byrhau, roedd yr ha' bach Mihangel wedi gwneud yn siŵr fod yr awyr yn glir, heb gwmwl i'w weld. Roedd y glesni yn dechrau tywyllu, ac roedd y lleuad wedi ymddangos o rywle, yn gwthio'i olau pur drwy'r gwyll. Cerddais drwy'r sgwâr gwag. Roedd hi'n amser rhyfedd i fod yn cerdded drwy'r dre, rhy hwyr i bobol oedd yn mynd adra o'u gwaith ond rhy gynnar i fod yn mynd i'r dafarn. Mi fyddai'r rhan fwyaf o drigolion Dolgarwyn yn dechrau clirio'r bwrdd bwyd rŵan, ac yn meddwl am dreulio gweddill eu noson o flaen y teledu.

Cyrhaeddais y tŷ, a sefyll wrth y giât am eiliad. Doedd gen i ddim syniad sut fyddai heno'n diweddu ac roedd fy stumog yn gwneud rowli-powlis. Cerddais ar hyd y llwybr a chnocio'r drws, ac ymddangosodd Anthony y tu ôl iddo mewn jîns a chrys-t llwyd.

'Haia, Lela,' meddai gan fy ngwasgu'n dynn efo'i freichiau. Pwysais tuag ato er mwyn rhoi sws iawn iddo, ond tynnodd yntau yn ei ôl. 'Diolch am ddod draw.'

Diolch am ddod draw? Dyna ddywedodd y ddynes wrtha i yn y cyfweliad ddoe, meddyliais. Fel petawn i wedi dod yma ar gyfer apwyntiad doctor neu rwbath.

'Iawn siŵr,' medda fi gan guddio fy siom orau posib. 'Mae 'na ogla da 'ma.'

A deud y gwir, do'n i'm yn gallu ogleuo dim byd ond tomatos. Doedd 'na ddim ogla sbeisys ecsotig na pherlysiau estron.

'Diolch. Ma te bron yn barod. Ti isio gwydrad o win?'

'Oes plis. Coch?'

'Mond gwyn sgenna i.'

'Neith gwyn yn iawn.'

Do'n i rioed 'di teimlo mor lletchwith. Tasa 'na rywun wedi gwrando ar ein sgwrs, mi fasan nhw wedi taeru nad oeddan ni'n nabod ein gilydd o gwbl. Roedd o fel bod ar *first date*; doedd gen i ddim clem lle i ddechra na be i'w ddeud wrtho fo, felly derbyniais y gwin ganddo'n fodlon a chymryd llowciad go dda, er nad oeddwn i rioed 'di bod yn rhy hoff o win gwyn.

'Ti'n edrych yn lyfli, Lels.'

'Diolch. Ffrog newydd. Wel, nadi. 'Nes i brynu hi flwyddyn dwytha, ond ma hi'n newydd i ti. Ti'n edrych yn dda hefyd.'

Ac mi roedd o. Roedd ei groen yn frown fel Werther's Originals ac ro'n i isio ei lyfu fo. Roedd ei freichiau main wedi tyfu'n gyhyrog a llyfn ac roedd ei wallt wedi goleuo chydig yn yr haul di-dor. Ond roedd ei grys-t wedi crychu, a'r jîns yn dyllau ar ei bennau gliniau. Roedd ganddo un hosan ymlaen, ac roedd ei droed arall yn noeth ar y llawr pren. Ro'n i'n teimlo fel doli glwt wrth ei ochr yn fy ffrog a 'ngwallt cyrls.

''Nes i anghofio sut oeddat ti'n edrych, sti, wynab yn wynab,' medda fi gan edrych arno. Rhoddais fy llaw ar ei fraich gan deimlo ei groen yn gynnes am eiliad, cyn iddo dynnu ei fraich yn ôl a phwyntio at un o'r cadeiriau.

'Ti isio ista? Mae'r pasta'n dal i ferwi.'

Pasta? Dydi pasta ddim yn fwyd traddodiadol Vietnamese, meddyliais. A dydi pasta ddim yn rhywbeth sy'n cymryd llawer o ymdrech i'w goginio chwaith. Roedd gen i ddigon o brofiad o goginio blydi pasta. Eisteddais wrth y bwrdd bwyd ac aeth Anthony drwodd i'r gegin er mwyn gorffen coginio. Ar ôl rhyw bum munud o wrando arno fo'n tincial o gwmpas y gegin tra o'n i'n eistedd yn y stafell fwyta fatha lemon efo dim i'w wneud ond pigo fy ewinedd, daeth yn ei ôl i'r stafell fwyta efo dwy bowlen llawn o fwyd. Edrychais arno'n ddisgwylgar gan drio dyfalu beth oedd yn y bowlenni.

''Ma chdi, 'li,' meddai gan osod un o'r bowlenni o'm blaen. Powlen fawr o basta efo sos bolonês lympiog. Codais fy fforc yn araf.

'O'n i'n meddwl,' medda fi ar ôl munudau hir o dawelwch,

'unwaith ti 'di setlo, ella fedran ni chwilio am dŷ. Mae 'na gwpwl yn mynd jyst wrth y sgwâr.'

'Lel.'

'Dwi'n gwbod fod o'n gam mawr i ni, ond meddwl neis fasa fo. Fydda i angen ffeindio job iawn gynta wrth gwrs, a fydd angen gwneud yn siŵr fod rhywun yn symud mewn at Manon.'

Roedd y sos bolonês yn ddyfrllyd ac yn chwerw, ond daliais ati i siarad.

'Dwi 'di methu chdi, sti. Dwi 'di casáu bod ar ben fy hun. Hebddat ti.'

'Lela, gwranda...'

'Ella fedran ni gael rhywle efo gardd fach.'

'Dwi'n mynd 'nôl i Awstralia mewn pythefnos.'

'Be?'

'Dwi 'di cyfarfod rhywun. Dwi mewn cariad.'

Llyncais y lwmp o domato oedd yn pwyso ar fy nhafod a gallwn ei deimlo'n suddo i lawr i fy stumog. Jôc wael ydi hon, meddyliais. Anthony sy'n herian, a fi sydd wedi anghofio am ei hiwmor gwirion o. Ro'n i'n disgwyl iddo ddechrau chwerthin a deud wrtha i mai tynnu fy nghoes i oedd o. Ond parhau i syllu arna i wnaeth o, y piti yn cronni yn ei lygaid fel dagrau.

'Ti i fod mewn cariad efo fi,' medda fi yn dawel.

'Lel. Dwi *yn* dy garu di, ti'n gwbod hynna. Ond 'dan ni ddim 'run person ddim mwy. 'Dan ni 'di tyfu fyny, a 'di tyfu ar wahân. 'Dan ni isio petha gwahanol.'

Roedd yr holl beth yn swnio fel *cliché* o hen ffilm.

'Ti'm yn gwbod be dwi isio,' medda fi.

'Tŷ?' gofynnodd gan edrych arna i'n hurt. 'Gardd fach? Lel, dwi rioed 'di bod yn un am setlo.'

Setlo arna i?

'Ti'm hyd yn oed isio trio?' gofynnais.

'Lela. Gwranda. Dwi'n gwbod bod hi 'di bod yn anodd i chdi tra dwi 'di bod i ffwrdd, bod chdi 'nôl adra, yn styc yn Dol methu ffeindio gwaith ar ôl coleg ac yn gorfod edrych ar ôl dy fam, tra dwi 'di bod yn crwydro'r byd a gwneud ffrindia newydd...'

'Ti o ddifri?'

'... Ond fedra i ddim jyst dod adra a byw mewn tŷ bach efo chdi yn Dolgarwyn. Fedra i'm dy achub di o'r bywyd *boring* 'ma.'

'Dwi'm angen cael fy achub,' medda fi yn dawel, ond doedd o ddim yn talu sylw.

'Dwi'n gwbod fod o'n anodd i'w glwad, a dwi'm isio dy frifo di...'

Rhois y gorau i wrando a chanolbwyntio ar syllu ar fy swper. Roedd y pasta'n boddi yn y sos brown-lwyd ac roedd y cig yn nofio yn yr hylif fel brigau bach brown. Roedd yr hyn ro'n i wedi ei fwyta'n barod yn bygwth ailadrodd arna i.

'Ges i spag bol gan Dad nos Sul,' medda fi gan dorri ar draws Anthony. 'Ma spag bol Dad yn lysh. Ti'n cofio? Mae o'n coginio'r cig am oria nes bod y sos yn troi'n frowngoch tywyll, tew, nes bod hi'n amhosib gwahaniaethu rhwng yr hylif a'r cig. Ma'n blasu fel gwin coch a pherlysiau, ac mae'n cynhesu stumog yn syth.'

'Be w't ti'n —'

'O'n i 'di meddwl ella 'sa chdi'n coginio rwbath Vietnamese,' medda fi'n dawel.

'Sori, Lela, 'nes i'm meddwl.'

'Naddo.'

Ro'n i'n difaru gwisgo'r ffrog 'ma. Tynnais fy mysedd trwy fy ngwallt gan geisio cael gwared o'r cyrls gwirion. Roedd fy ngholur yn teimlo'n drwm ar fy nghroen ac ro'n i isio ei olchi i ffwrdd.

'Ti'm yn llwglyd?' gofynnodd Anthony ar ôl fy ngwylio'n pigo fy mwyd fel deryn bach.

'O'n i'n meddwl 'mod i,' atebais innau. 'Ond sgenna i'm llawar o awydd. Sori.'

Sefais ar fy nhraed, a dechrau cerdded mor gyflym ag y gallwn tuag at y drws.

'Lel, plis.'

Trois i'w wynebu cyn gadael y tŷ.

'Yli, dwi'n cytuno, 'dan ni 'di newid, dwi rili yn. Ond dyma dwi'n ga'l gen ti ar ôl saith mlynadd? Bowlan o bolonês shit, a dim math o ymddiheuriad? Sbia ar dy hun, Anthony. Ti jyst ddim yn fodlon gweithio ar betha. A ma gen ti'r *cheek* i edrych lawr arna fi jyst am bod chdi 'di bod yn Awstralia? *O waw, sbïwch arna fi*,' medda fi gan ddynwared ei lais dwfn. '*Dwi 'di bod yn Awstralia yn ffeindio fy hun a dwi 'di ffeindio 'mod i'n absoliwt twat*. Chdi sy'n *boring*, Anthony. Dwi'n hapus efo 'mywyd, a sgen ti'm uffar o hawl fy marnu i.'

Ro'n i'n teimlo'r dagrau yn casglu yng nghorneli fy llygaid er 'mod i'n trio bod yn ddewr, ac ro'n i isio gadael cyn iddo fy ngweld yn crio ond ro'n i'n methu symud. Ro'n i isio rhedeg o 'na, ond ro'n i hefyd isio gafael ynddo fo, ei ysgwyd o, ei dynnu yn ôl i flwyddyn dwytha pan oeddan ni'n hapus ac yn gweld ein dyfodol yn ein gilydd, mewn tŷ bach efo gardd.

'Plis paid â 'ngadael i,' medda fi.

Roedd fy llais yn cracio, ac ro'n i'n syllu arno, yn erfyn arno i ddeud rhywbeth. Ond atebodd o ddim, dim ond edrych arna i'n drist fel petai o'n edrych ar gi mewn cawell.

Trois ar fy sodlau a rhedeg o'r tŷ gan adael y drws ar agor ar fy ôl.

Roedd fy llygaid yn llawn o ddagrau bach poeth, hallt erbyn i mi gyrraedd y sgwâr, ac eisteddais ar fainc wag er mwyn dod ataf fy hun. Roedd y dref yn dawel ac ro'n i'n swnio fatha morfil amddifad yn trio cael fy ngwynt. Roedd gas gen i'r effaith roedd Anthony'n ei gael arna i, yn gallu fy newid yn oen bach llywaeth o fewn munudau. Do'n i ddim y math o berson i grio am hogyn. Ro'n i'n mynd i wrthod crio drosto. Canolbwyntiais ar fy anadlu nes i mi swnio fel person eto, yna tynnais fy ffôn o fy mag a gyrru neges fach gyflym at Dafydd i weld oedd o o gwmpas. Ro'n i angen rhywun cyfarwydd i lapio ei hunan amdana i fel na fyddwn i'n disgyn yn ddarnau, ac ro'n i'n gobeithio bod Dafydd a'i ddwylo ffarmwr mawr yn mynd i allu fy nal i. Codais fy mhennau gliniau at fy ngên a lapio fy mreichiau'n dynn am fy nghoesau.

'Ti'n iawn?'

Neidiais wrth glywed llais y tu ôl i mi a rhwbiais y dagrau oddi ar fy mochau. Ro'n i'n siŵr bod fy ngholur wedi diferu ar hyd fy wyneb ond doedd fawr ddim y gallwn ei wneud. O leiaf roedd hi'n dywyll yn y sgwâr.

'Sori,' meddai'r llais dieithr. ''Nes i'm trio dy ddychryn di. Ond 'nes i glywed rhywun yn crio, ac o'n i isio gneud yn siŵr dy fod ti'n iawn.'

'Dwi'n ocê,' medda fi'n gadarn. Ar unrhyw noson arall mi faswn i wedi teimlo cywilydd fod rhyw ddieithryn wedi fy nghlywed yn nadu fel cath ond heno doedd gen i ddim mo'r egni.

Edrychodd arna i yn ofalus gydag elfen o amheuaeth yn ei lygaid.

'Iawn, os w't ti'n siŵr.'

Gadawodd fi'n eistedd yno, a gwyliais wrth iddo gerdded i ochr arall y sgwâr cyn diflannu i lawr un o'r strydoedd cefn. Do'n i erioed wedi ei weld yn y dref o'r blaen, a doedd gen i ddim syniad pwy oedd o. Torrodd caniad fy ffôn ar draws fy myfyrdod.

Dwi efo Gwenllian. Nawn ni siarad fory

Dyna ni, 'lly. Dim sws, dim byd. Codais oddi ar y fainc gan drio fy ngorau i anwybyddu'r don o unigrwydd oedd yn torri drosta i. Fedrwn i ddim mynd adra, ddim fel hyn. Mi fyddai Manon yno a do'n i ddim yn barod i siarad. Codais a sychu fy wyneb, yna cerddais tuag at yr Abbey gan obeithio y byddai'r hogia yno. Ro'n i angen rhywbeth i dynnu fy meddwl, ac roedd peint a siot yn swnio fel jyst y peth.

5

LLYGOD

Mewn astudiaethau gwyddonol, yn wahanol i lygod aeddfed mae llygod ifanc yn dueddol o yfed mwy o alcohol pan maen nhw yng nghwmni llygod ifanc eraill. Pan fyddant ar eu pen eu hunain ac yn cael dewis o ddŵr neu alcohol, maent fel arfer yn yfed yr un faint o'r ddau. Ond pan maen nhw yng nghwmni llygod eraill ac yn cael yr un dewis, maent yn dueddol o yfed alcohol wyth deg y cant o'r amser.

DOIS O HYD i'r hogia'n syth, yn ista yn y gornel arferol. Rhedai Huw 'nôl ac ymlaen o'r jiwcbocs bob dwy eiliad ond roedd Llŷr wedi gwneud ei hun yn gyfforddus. Roedd o'n dal i wisgo ei drowsus cogydd afiach efo patrwm bwrdd gwyddbwyll a staeniau oren er ei hyd, a phâr o Crocs pinc llachar. Doedd o'n amlwg heb fod adra ers ei shifft cinio. Rhwbiodd ei ben moel yn araf wrth i mi esbonio digwyddiadau'r noson hyd yn hyn. Roedd y cogydd tu mewn i Llŷr yn gwybod yn iawn fod 'na drwbl wrth i mi esbonio be ges i gan Anth i swpar.

'Spag bol?' medda fo'n syth.

'Ia.'

'Jyst spag bol?'

'Iep.'

'O'dd 'na Parmesan?'

'Nope.'

'Nath o iwsio sbageti go iawn?'

'Penne.'

'Awtsh.'

Ro'n i'n reit hapus i barhau i drafod dim ond y bwyd; roedd siarad am y pasta yn haws na thrafod y ffaith fod fy nghalon yn ddarnau.

'Gest ti'm bara garlleg hyd yn oed?'

'As if.'

'Bastad.'

'Y'ch chi'n siarad ambyti fi 'to?' gofynnodd Huw wrth ddod yn ôl o'r jiwcbocs. I fod yn deg, Huw oedd testun y sgwrs fel arfer pan oedd y gair 'bastad' yn cael ei ddefnyddio, ond nid y tro hwn.

'Nace, Anth,' esboniodd Llŷr.

'A ie. Yr hen Anth. Glywes i fod e'n blond ac yn olygus nawr fod e gytre o Awstralia.'

'Diolch, Huw,' medda fi'n swta.

'Unrhyw bryd, cariad bach.'

Eisteddodd Huw wrth fy ochr i a rhoi ei fraich am fy sgwydda.

'O leia ti'n edrych fel bod ti 'di edrych yn ddel gynne.'

'Be?' medda fi gan droi at Llŷr. 'Be ma'n drio'i ddeud?'

'Dwn i'm,' meddai Llŷr. 'Dwi'm yn dallt hwntw.'

Roedd Huw wedi ei eni a'i fagu yn Nolgarwyn, ond roedd teulu ei fam yn dod o Gastellnewydd Emlyn ac roedd Huw yn mynnu gwneud ati i siarad fel ei daid. Mynnu sylw oedd o, yn fy marn i. Roedd Huw o hyd yn mynnu sylw.

'Be sy'n bod efo'r ffordd dwi'n edrach?'

'Llygaid panda,' meddai Huw, gan rwbio ei fysedd ar hyd gwaelod fy llygaid, a dangos y marciau duon oedd wedi dod i ffwrdd yn hawdd. Rhwbiodd eto efo'i fodia. 'Dyna ti, lot gwell.'

'T'bo be? 'Di o'm bwys genna i. Dwi off hogia.'

'Doedd e ddim yn edrych fel'na yn clwb penwythnos 'ma.'

Syllais ar Huw efo llygaid miniog, yn ysu i'w holi fo beth oedd o'n feddwl, ond roedd o wedi mynd yn ôl i yfed ei beint gan sbio arna i yn ddiniwad fel tasa fo rioed 'di deud gair.

'Stwffio hyn,' medda fi. 'Dwi angan meddwi. Gawn ni feddwi plis?'

'Lows, ma hi'n nos Fawrth,' meddai Llŷr. 'Ma gen i waith fory.'

'Ddudist ti dy fod ti ar shifft hwyr, felly sgen ti'm esgus. Huw, ti mewn?'

'Pam lai? Ti moyn i fi roi caniad i Aled?'

'Oes plis. Llŷr, ei di i nôl rownd?'

'Pfft. Dy emyrjensi di ydi hon,' meddai heb owns o biti.

'Ond dwi'n drist.'

Rholiodd ei lygaid arna i a chodi ael.

'A' i i nôl rownd os 'di Huw yn talu fi'n ôl.'

Chwarddodd Huw yn uchel, ac ysgwyd ei ben. Roedd hi'n jôc fawr yn y grŵp fod gan Huw ddyled anferth efo pob un ohonan ni. Roedd o'n mynnu peidio cario cash gan ei fod yn perthyn o bell i Llywelyn ein Llyw Olaf, meddai o, ac os nad oedd y Cwîn yn cario cash, doedd Huw ddim am wneud chwaith.

'A gei di wy gan yr iâr fydda i'n ei phrynu hefyd,' meddai Llŷr.

'Iawn, mi a' i. Dwi'n nôl tri siot o tequila, a dwi isio Aled yma erbyn i fi gyrradd 'nôl o'r bar. Os na fydd o yma, fo fydd yn prynu'r rownd nesa.'

Cerddais draw at y bar, lle'r oedd Alan y Barman – Baman i ni – yn edrych arna i'n ddisgwylgar.

'Be sy'n gneud y nos Fawrth 'ma mor sbesial 'ta?' gofynnodd wrth i mi agosáu.

'Ges i spag bol i de, a wedyn ges i'n dympio.'

Jyst dal i siarad am y pasta, dywedais wrtha i fy hun. Roedd siarad am y pasta yn gwneud pethau'n haws.

'Wel, 'na chdi noson uffernol. Dwi'm yn ffan o spag bol chwaith, sti. Be ti isio 'ta, i leddfu'r boen?'

'Tri tequila plis. Tri mawr.'

Tolltodd Baman y stwff aur yn flêr i dri gwydr bach, a rhoi tair sleisan o leim i bwyso ar y top, fel ceirios sur ar ben cacen afiach.

'*On the house*, 'li. Dwyt ti, o bawb, ddim yn haeddu ca'l spag bol i de.' Winciodd Baman arna i, a rhoi'r tri gwydr ar hambwrdd efo potyn bach o halan.

'Ti werth y byd, Bams.'

'A dach chitha yn 'y nghadw i mewn busnas! Wel, pan dwi'n cymryd 'ych pres chi 'lly.'

Brysiais yn ôl at yr hogia cyn i Baman newid ei feddwl a gosod yr hambwrdd yng nghanol y bwrdd.

'Dyna dwi'n ei alw'n *centrepiece*,' meddai Llŷr gan gymryd un o'r gwydrau.

''Sda ti lun o'r Aussie 'de? Siŵr bod hi'n un fach handi,' meddai Huw, cyn cael uffar o slap ar ei gefn gan Llŷr.

'Ty'laen, y twat. Gei 'di gwglo "Hot Aussies" pan ti adra.'

'Lle ma Al?' medda fi.

'Ar ei ffordd,' atebodd Huw. 'O'dd rhaid iddo fe helpu ei fam i symud oergell neu rywbeth. Fydd e 'ma mewn dwy funud.'

'Wel ei rownd o fydd hi adag yna,' medda fi gan godi fy ngwydr. 'Iechyd da.'

Llyfodd pawb yr halen oddi ar gefn eu dwylo a llowcio'u siâr o'r tequila. Wrth i bawb frathu ar y leim gan dynnu stumiau daeth Aled drwy'r drws, ei fochau'n goch a'i wynt yn ei ddwrn. Roedd ei wallt melynbinc hir yn glynu i'w dalcen lle casglai ei frychni haul, ac am ryw ryfedd reswm, roedd o'n gwisgo crys a thei o dan ei siaced ledr arferol.

'Paid ti â mentro ishte!' gwaeddodd Huw arno. 'Ti'n hwyr, gwboi. At y bar!'

'Ffoc!' meddai Aled gan stompio ei droed ar y llawr. 'Be dach chi isio?'

'Na!' meddai Huw, gan godi ei law i ddangos nad oedd o'n gwrando. 'Dim siarad nes ti wedi bod at y bar.'

'Ffoc,' meddai Al druan eto, a throdd at y bar gan afael yn ei ochr, wedi cael stitsh ar ôl rhedeg i'r Abbey, debyg iawn. Daeth yn ei ôl mewn dim efo pedwar gwydr o stwff clir, ar ôl bod at y jiwcbocs i ddewis pedair cân Oasis. Roedd Aled yn methu bod mewn tafarn am hirach na dau funud heb roi cân Oasis ymlaen.

'Sambuca,' meddai gan osod y gwydrau o'n blaenau a thynnu ei ddwylo drwy ei wallt hir fel bod ei ffrinj yn edrych yn *messy-cool*, a'i *sideburns* yn daclus. Roedd o fel trydydd brawd Gallagher heblaw am ei wallt oren, ac yn bictiwr perffaith o Britpop-mod heblaw am ei acen Dolgarwyn gryf. 'Reit 'ta, lads, neith rywun ddeutha i be sy'n digwydd? Cwbl ddudodd Huw oedd bod emyrjensi.'

'Anthony,' meddai Huw.

'Penne bolonês,' meddai Llŷr

'Aussie fach handi,' ychwanegodd Huw wedyn.

'Sambuca,' medda finna gan godi un o'r gwydra a llowcio'r lot.

'Reit. Wel. Cachu Mot, lads.'

'Cachu Mot, yn wir,' medda fi.

'*In other news,*' meddai Llŷr gan droi at Aled. 'Pam w't ti'n gwisgo crys a thei?'

'Mam nath neud i fi fynd i 'marfar Cwarfod Bach heno, yndê, lads, a ddudodd hi bod hi'm yn barchus mynd mewn tishyrt. Felly o'dd raid fi wisgo rhein, yn doedd, a ches i'm cyfla i newid ar ôl i Huw ffonio a deud bod rhaid i mi ddod yma. Do'n i'm isio bod yn hwyr, lads.'

'Wel, hwyr oeddat ti'n diwedd beth bynnag,' meddai Llŷr.

''Sa chditha'n hwyr 'fyd, lad, yn basat, tasa Huw 'di ffonio tra'r o'ch chdi'n styc tu ôl i blydi ffrij. Ma Mam 'di ca'l y syniad gwych o ailbeintio'r gegin, yn do, felly ma'r ffrij a'r peiriant golchi llestri 'di ca'l eu symud i'r parlwr. Ma'n edrych fatha bo' ni'n ca'l car bŵt sêl, lads.'

'Uffar o gar bŵt sêl crap os mai mond ffrij a dishwashar sydd ar werth,' meddai Llŷr.

'Ia, wel, ddudis i ddim fod o'n car bŵt sêl gwerth ei weld, yn naddo.'

Roedd Huw wedi dychwelyd o'r bar heb i neb sylwi'i fod o wedi mynd, ac roedd ganddo bedwar gwydr o rywbeth o'n i'n amau oedd yn beryg.

'Jin,' medda fo, efo gwên wallgo ar ei wyneb. 'Gan bod ti'n hen ferch nawr 'to, Lows.'

'Diolch yn fawr,' medda fi.

'Ac mae rhywun angen rhoi wyth punt i Bams.' Cododd Huw ei ysgwyddau'n ddiniwed gan esbonio am y canfed tro nad oedd ganddo arian yn ei boced.

'Jin ar ben ei hun?' cwynodd Aled. 'Ti'm yn gall, lad.'

'Fyddan ni i gyd yn crio erbyn hannar nos,' meddai Llŷr.

'Dewch mlân, y babis,' meddai Huw, gan dollti'r hylif cryf i'w geg fel tasa fo'n ddŵr.

Ro'n i wedi dechrau meddwi. Roedd waliau'r dafarn yn edrych yn simsan iawn i mi, ac er 'mod i'n gwneud fy ngorau i anghofio, ro'n i'n dal i weld wyneb Anthony yn gwenu arna i'n llawn piti, ei liw haul perffaith yn gwneud iddo edrych yn fwy golygus nag arfer. Codais heb esgusodi fy hun a cherddedd yn sigledig tuag at y toiledau.

'Paid ti mentro hwdu, y paffiwr pwyse ysgafn!' gwaeddodd Huw ar fy ôl, a chlywais nhw'n dal i siarad wrth i mi bellhau oddi wrthynt.

'Be ddudist ti oedd hi?' meddai Aled yn y pellter.

'Paffiwr pwyse ysgafn. Dyna ma BBC Cymru Fyw yn galw bocswyr *lightweight*. Da 'de!'

Caeais ddrws y toiledau merched ar eu sŵn ac anadlu'n drwm yn y distawrwydd newydd. Tynnais fy ffôn o 'mag i weld oedd gen i unrhyw negeseuon, unrhyw beth i fy stopio rhag tecstio Anthony yn fy nghwrw. Dwy neges. Y gyntaf gan Manon.

Sut ath hi? X

Sgwennais yn ôl ati gan graffu ar y sgrin oedd yn gwrthod aros yn llonydd.

Cachu Mot. Gesi sgabeti bolones gan y proc. dwin yr abdey rwan efor boiss. Welai di foz xxx

Ges i sioc ar 'y nhin pan welais i'r neges arall.

Gwenllian di mynd i gwely. Tn oce? Ben dy hun?

Ro'n i'n gwbod yn iawn na ddyliwn i ateb pan o'n i wedi meddwi, ond roedd gan fy modiau syniad gwahanol.

ben fy hun bach. Wti?

Erbyn i mi eistedd ar gaead y toiled, roedd ei ateb wedi cyrraedd, ac ew, roedd ganddo feddwl budur! Mi gyfnewidion ni gwpwl o negeseuon, y cynnwys yn waeth na fy sillafu meddw, yn futrach na cheg Huw hyd yn oed, ac roedd y sylw'n gwneud i mi deimlo'n well. Ro'n i'n dechrau mynd i hwyl pan aeth Dafydd yn dawel a ches i ddim neges yn ôl.

'Ffoc sêcs,' medda fi wrtha i fy hun gan ddarllen dros y neges ddwytha i mi yrru, rhag ofn 'mod i wedi mynd rhy bell. Ailddarllenais hi eto ac eto, cyn penderfynu gyrru un neges fach arall, jyst rhag ofn ei fod o heb dderbyn y gyntaf. Ches i ddim ateb eto, felly codais oddi ar gaead y toiled a mynd yn ôl at yr hogia.

'Amser cyfadde,' meddai Huw wrth i mi eistedd i lawr eto. 'Ti naill ai 'di bod yn hwdu, neu'n ca'l uffar o gachad. P'un o'dd hi?'

'Gei di fyth wbod, Huw bach,' atebais innau. 'Dwi'n llawn dirgelwch, a dwi'm isio i hynny newid, diolch yn fawr iawn.'

'Wel, ti ar ei hôl hi, beth bynnag. Yf dy bop,' meddai gan wthio dau wydraid bach ata i.

'Rownd fi 'di hon,' slyriais wrth yr hogia ar ôl gorffen. 'Dwisio chwara Russian Roulette.'

'Iawn i chdi, Miss Ar-y-dôl,' meddai Llŷr wrth i fi godi o'n sêt. 'Ma gen i waith fory i fod.'

Canodd Aled, 'Ffonia i mewn yn sâl,' i diwn 'You're my Wonderwall', cyn chwerthin fel peth gwirion. Roedd ynta'n methu dal ei gwrw fatha finna.

Daeth Llŷr efo fi at y bar i helpu fi gario'r gwydra.

'Ti'n ocê, wyt?' meddai ar ôl i mi ordro pedwar siot o fodca, a deuddeg siot o ddŵr. 'Ti'n edrych yn ocê, ond wyt ti'n ocê go iawn?'

'Yndw siŵr,' medda fi gan drio gwenu arno. 'Neith o les i fi, bod ar ben fy hun.'

'Wel, os ti angan siarad efo rhywun am gael dy dympio, ty'd ata i,' meddai Llŷr. 'Mi fasa rhei genod yn deud 'mod i'n *expert*.'

'Ti'm yn helpu dy hun drwy wisgo Crocs.'

Chwarddodd Llŷr yn uchel gan siglo ei draed fel petai'n gwneud yr Hokey-Cokey.

'Ti'm yn licio'n sgidia pinc i?'

'Ocinel nadw.'

Pwniodd fy mraich yn chwareus a thynnu ei lawes i fyny i ddangos un o'i datŵs i mi. Roedd ei freichiau yn llawn tatŵs ond roedd 'na un arbennig oedd o hyd yn dod allan pan oedd rhywun yn y grŵp yn teimlo'n fflat. Un noson ar ôl shifft hir a lot fawr iawn o beintiau, roedd Llŷr wedi mynd i siop datŵs amheus iawn yn Bermo ac wedi mynnu cael tri gair bach wedi eu crafu i mewn i'w fraich am byth.

'Be w't ti?' gofynnodd Llŷr i mi gan bwyntio at y tatŵ.

'Ffwc o foi,' medda fi gan ddarllen y geiriau yn ôl iddo.

'Ffwc o foi,' meddai yntau ar fy ôl.

Nodiais fy mhen gan geisio edrych yn hyderus.

'Ti'n gwbod be? Yndi, ma hyn yn shit, ond weithia ma angan mynd drwy lefydd shit er mwyn cyrraedd rwla da. Fatha... Runcorn!' cyhoeddais yn uchel. 'Ma raid i chdi ddreifio drwy Runcorn cyn cyrraedd Manceinion. Dwi yn Runcorn rŵan, a mae'n shit.'

'God, ma Runcorn yn shit.'

'Yndi, Llŷr. Mae o. Ond fydda i ddim yna'n hir.'

Cerddodd y ddau ohonan ni yn ôl at y bwrdd efo dau hambwrdd llawn, a deud wrth bawb am ddewis un gwydraid yr un. Mi gafodd Huw ac Aled lwc mul yn y gêm o Russian Roulette ac yfodd y ddau ddŵr bob tro. Fi ar y llaw arall, dewisais dri gwydr bach o fodca ac ro'n i'n teimlo'n sâl.

'Ma raid fi ga'l awyr iach.'

Heglais am ddrws ffrynt y dafarn, lluchio fy hun allan i'r sgwâr, a syrthio yn un lwmp ar un o'r meinciau gan drio anadlu peintia o aer er mwyn atal fy hun rhag chwydu. Teimlais wres y fodca yn pylu yn fy stumog wrth i'r aer oer fy llenwi fel diffoddwr tân. Ro'n i'n meddwl 'mod i am chwydu, ond nid chwd ddaeth allan ond dagrau. Dagrau bach poeth a blin. Ro'n i'n crio eto, yn yr union le ro'n i gynna. Ro'n i'n crio'n flêr ac yn wlyb, ac roedd synau fy meichiadau yn cwffio ei gilydd i ddod allan o 'ngheg gyntaf. Blydi jin.

'Ti'n ocê?'

Neidiais unwaith eto, gan deimlo ufflwn o *déjà vu*. Roedd y llais dwfn yn llenwi'r sgwâr a thrwy fy nagrau ro'n i'n gallu gweld rhywun yn sefyll o fy mlaen. Do'n i ddim yn teimlo'n gymdeithasol iawn.

'Blydi hel,' medda fi unwaith roedd fy nyrfs wedi setlo. 'W't ti'n sefyll o gwmpas y sgwâr 'ma'n aros i ferched ddod i grio?'

'Yndw. Dwi fatha Superman. Dwi'n gallu synhwyro genod yn crio ar eu pen eu hunain yn y tywyllwch.'

'Chdi 'di'r *superhero* mwya crîpi dwi rioed 'di'i gyfarfod.'

'Diolch. Ga i ista?'

Codais fy ysgwyddau.

'*Free country*, am wn i.'

'Ti isio siarad?' gofynnodd i mi ar ôl ista.

Ysgydwais fy mhen, ac eisteddodd y ddau ohonan ni mewn distawrwydd yn y tywyllwch am ychydig. Ro'n i'n ymwybodol iawn 'mod i'n mynd i slyrio fy ngeiriau, felly gwnes fy ngorau i beidio siarad, ond ro'n i'n methu peidio. Roedd gas gen i seibiau tawel.

'Dwi yn Runcorn.'

'Ti yn Runcorn?'

'Yndw.'

'Wel, ma gen i sym biti drosta chdi. Ma Runcorn yn shit.'

'Dwi'n gwbod. Ond dwi'n styc. Dwi'n styc yn Runcorn.'

'Dwi'n cymryd bo' chdi'm isio bod yn Runcorn?'

'Nag oes.'

'Lle w't ti isio bod?'

Meddyliais am eiliad.

'Adra.'

'Reit. Wel, dos adra 'ta.'

Dyna oedd y peth calla ro'n i wedi ei glywed drwy'r nos, a sefais ar fy nhraed ychydig yn rhy gyflym. Disgynnais am yn ôl wrth i fy nghoesau beidio gwrando arna i.

'Woa, ddim rhy gyflym,' meddai wrth roi ei freichiau o dan fy ngheseiliau, gan fy nal fel doli glwt. 'Ara deg mae dal iâr.'

Camais yn ofalus oddi wrth y fainc, cyn dod i stop a throi i'w wynebu.

'Dwi'm isio cerddad adra ar ben fy hun.'

'Ti isio fi gerddad chdi adra?'

Cnoais ewin fy mawd yn ansicr.

'Dwi'm isio chdi feddwl 'mod i'n gofyn i chdi ddod adra efo fi.'

'Ti isio fi gerddad chdi adra?'

'Ddim fel'na...'

Ochneidiodd. 'Ti isio fi gerddad chdi adra?'

'Oes.'

Cododd oddi ar y fainc gan roi ei fraich drwy fy un i, a gadael i mi bwyso ar ei gorff.

'Fydd raid i chdi ddangos y ffordd, cofia,' meddai. 'Falla 'mod i 'di ffeindio chdi'n crio ddwy waith, ond sgenna i'm syniad lle ti'n byw. A dwi'm yn nabod y dre 'ma.'

'Newydd symud wyt ti?' medda fi, gan ei dynnu i'r chwith er mwyn croesi'r ffordd.

'Ia. Dydd Sul. Dwi'n dal i ddod i arfer efo byw mewn tref eto. Dwi'n siŵr fydda i'n hiraethu am Lundain yn reit fuan.'

'Change,' medda fi, gan drio 'ngora i ynganu'r gair yn iawn ond yn gwybod 'mod i'n swnio'n feddw gaib.

'Ia, change bach neis. Ond bydda i'n ysu am Vietnamese neu rwbath mewn chydig, a —'

'Does 'na'm Vietnamese yn Runcorn,' medda fi gan dorri ar ei draws.

'Reit. Sori. Nag oes. Oes 'na Korean?'

Nodiais yn dawel.

'Korean, 'ta. Fydda i'n ysu am Korean neu rwbath a fydda i angan mynd 'nôl i ddinas fawr. Gwirion 'de.'

Cerddodd y ddau ohonan ni mewn tawelwch am ychydig.

'Dwi'n meddwl mai chdi ydi'n Ffêri Godmyddyr i.'

'Wyt ti?' meddai.

'Yndw. Chdi 'di'r Ffêri Godmyddyr. 'Nest ti ddod allan o nunlla i drio'n helpu i.'

'Wel, do'n i ddim wedi meddwl…'

'Dwi'm angan i chdi'n achub i.'

Sefais yn stond yng nghanol y llwybr. Roedd fy llais wedi troi'n galed heb i mi drio, a do'n i ddim yn siŵr pam roedd fy nhymer wedi newid cymaint yn yr eiliadau diwethaf. Roeddan ni wedi cyrraedd fy nrws ffrynt ond roedd o wedi dal i gerdded heibio, gan ollwng fy mraich. Trodd ar ei sodlau wrth sylwi bod fy hwyliau wedi newid yn ddirybudd.

'Be?'

'Dwi'm angan i chdi'n achub i. Dwi'm isio ca'l fy achub.'

'Iawn.'

'Dwi o ddifri.'

'Ocê. 'Na i drio peidio dy achub di.'

Roedd o'n edrych arna i efo gwên fach ar ei wyneb a'i lygaid yn llawn cwestiynau wrth iddo aros i mi siarad. Aeth fy llais yn feddal eto.

'Diolch am fy ngherddad i adra.'

'Dim problam.'

'Fan'ma dwi'n byw.'

'O'n i 'di dyfalu.'

'Reit.'

'Reit.'

'Mi a' i rŵan 'ta. Pob lwc ar fynd i fyny grisia.'

'Diolch,' medda fi. 'Ti isio panad?'

''Sa well mi beidio.'

'Ddim fel'na...'

'Dwi'n gwbod. Ond ma hi'n hwyr, a dwi'm yn foi panad beth bynnag.'

'Ocê 'ta. Nos da.'

'Nos da.'

Trodd, ac wrth iddo gerdded yn ôl i lawr y stryd ro'n i bron â rhedeg ar ei ôl i ymddiheuro ac esbonio nad o'n i'n arfer crio yng nghanol y sgwâr ar ben fy hun. Ond ro'n i'n gwybod bod hynny'n syniad gwirion, a doedd hyd yn oed y cwrw ddim am drio fy mherswadio. Ymbalfalais yn swnllyd yn fy mag am fy ngoriadau, ac wrth i mi gau fy llaw amdanyn nhw, agorodd Manon y drws o'r tu mewn.

'Ti'n ocê?'

Roedd hi'n gwisgo ei phyjamas ac roedd hi wedi golchi'r colur oddi ar ei hwyneb cyn mynd i'r gwely.

'Dwi'm yn gwbod.'

'Ty'd 'laen, gei di gysgu efo fi heno 'li.'

Rhoddodd ei braich am fy nghanol gan fy nhywys i'r tŷ, wrth i minnau droi fy mhen a gweld bod fy Ffêri Godmyddyr wedi diflannu rownd y gornel ac i mewn i'r nos.

6

GWARTHEG

Mae gan wartheg ffrindiau gorau, a phan maent yng nghwmni eu ffrindiau mae cyflymdra curiad eu calon yn arafu a lefelau straen yn lleihau. Pan mae'r gwartheg yn cael eu gwahanu, maent o ganlyniad yn cynhyrchu llai o laeth nag y byddent yng nghwmni eu ffrindiau.

PEDWAR DIWRNOD YN ddiweddarach, ar ôl wythnos hir o ddisgwyl am y penwythnos a chrio yn fy llofft ar ben fy hun, ro'n i a Manon yn y car ar ein ffordd i Dreffynnon ar bererindod. Roedd Manon wedi penderfynu mynd â fi allan am y bore i godi fy nghalon ar ôl i mi grio'n feddw ar ei hysgwydd a'i chadw hi'n effro drwy nos Fawrth. Felly hanner ffordd drwy'r daith cynigiodd ein bod ni'n chwarae'r gêm idiomau. Roedd hynny o hyd yn rhoi gwên ar fy wyneb.

'Codais cyn cŵn Caer bora 'ma i ddod efo chdi,' meddai Manon. 'Felly dwi'n gobeithio y bydd heddiw werth bob tamaid!'

'Dim ond unwaith yn y pedwar amser y cei di ddiwrnod fel heddiw.'

'Mi fydd o'n ddiwrnod i'r brenin, dwi'n siŵr.'

'Ti'n llygad dy le, 'mach i.'

Ers i ni gyfarfod yn y brifysgol ym Manceinion roedd y ddwy ohonan ni wedi bod yn chwarae'r gêm idiomau.

Y bwriad oedd taflu idiomau at ein gilydd o fewn y sgwrs nes y byddai un ohonan ni un ai'n methu meddwl am un newydd neu'n defnyddio idiom oedd yn anghyfarwydd i'r llall. Roedd rhaid i ni ailadrodd ein hunain weithiau, ond efo ychydig bach o ymchwil roedd hi'n bosib dod o hyd i rai gwych.

'W't ti 'di dod â phicnic?' gofynnodd Manon. 'Cofia 'mod i'n licio 'nhe fel troed stôl.'

'Iawn, ti'n ennill! Be ma honno'n feddwl?'

'Uffernol o gry! Da 'de, ffeindiais i honna mewn rhyw lyfr idiomau yn tŷ Nain. Dwi 'di bod yn aros i'w defnyddio hi ers oes pys.'

Canodd fy ffôn ddwywaith ac edrychais ar y sgrin a gweld bod neges wedi cyrraedd. Codais fy ael wrth ei darllen a gofynnodd Manon pwy oedd yno.

'Neb,' medda fi cyn stwffio'r ffôn yn ôl i fy mhoced. 'Jync.'

Daeth cân newydd ymlaen ar y radio a throais y sŵn i fyny; ro'n i'n siŵr 'mod i'n adnabod y llais oedd yn canu i gyfeiliant gitâr.

'Be 'di'r gân 'ma?' gofynnodd Manon.

'Dwn i'm. Mae'n gân *boring*, ond ma'r llais yn gyfarwydd.'

'Dwi'n licio hi,' meddai Manon. Doedd gan yr hogan druan ddim tast. Wrth i'r gân ddod i ben, sylweddolais yn sydyn 'mod i'n adnabod y llais.

'O mai god, Dyfed 'di o.'

'Hmm?' holodd Manon, gan ganolbwyntio mwy ar y ffordd nag arna i.

'Dyfed. Ti'n gwbod, mab Anti Myf.'

Roedd Anti Myf yn un o'r antis-sydd-ddim-yn-antis oedd

wedi fy ngweld yn tyfu i fyny ac wedi hanner fy magu. Roedd hi'n byw drws nesa ond un i Mam a Dad, ac roedd ein teuluoedd wedi gwneud popeth gyda'i gilydd erioed. Roedd Lisa a Dyfed bron fel brawd a chwaer i Elin a fi, a Lisa fyddai'n arfer ein gwarchod ni pan fyddai Mam a Dad yn mynd i ffwrdd, ond Dyfed o'n i wedi'i ffansïo erioed, er ei fod o ddeg mlynedd yn hŷn na fi. Ro'n i wedi sgwennu cerdyn Santes Dwynwen iddo fo bob blwyddyn ers 'mod i'n saith mlwydd oed tan 'mod i'n dair ar ddeg. Crinj.

'Do'n i'm yn gwbod bod o'n canu,' meddai Manon.

Roedd Dyfed yn awdur ac yn fardd ac wedi ennill Llyfr y Flwyddyn ddwy waith am gyfrol o gerddi ac am nofel. Ges i gopi o'r nofel gan Anti Myf ond roedd hi wedi byw wrth droed y soffa am fisoedd nes i Manon ei phigo i fyny a'i darllen. Yn ôl y sôn, roedd hi'n chwip o stori.

'Na finna,' medda fi. Do'n i heb feddwl am Dyfed ers talwm. Priododd o hogan o Sir Fôn pan o'n i'n bedair ar ddeg, a dwi'n cofio pwdu wrth i Mam fy llusgo i'r capel i wylio. Chafodd o ddim cerdyn Santes Dwynwen gen i ar ôl hynny.

Ro'n i'n gallu teimlo fy nghalon yn codi wrth dreulio diwrnod efo Manon. Roedd hithau wedi hen arfer edrych ar fy ôl ers ein dyddiau yn y brifysgol – fi oedd yr un emosiynol oedd yn gwylltio ar ddim neu'n gweiddi crio am rywbeth, a hi oedd wastad yr un oedd yn fy nhawelu, yn mwytho fy mhen ac yn gwneud i mi deimlo'n well. Roedd 'na ryw dawelwch amdani. Falla mai i'r yoga roedd y diolch am hynny.

Roedd y ddwy ohonan ni wedi clicio'n syth ar ôl cyfarfod mewn tafarn ym Manceinion wrth wylio un o gêmau'r Chwe Gwlad yn ystod ein blwyddyn gyntaf. Doedd yr un ohonan ni'n nabod Cymry eraill oedd yn y brifysgol, felly dechreuon ni fynd i bob gêm efo'n gilydd o hynny ymlaen. Mi gafon ni dŷ efo'n gilydd yn ein hail a'n trydedd flwyddyn, ac ar ôl gwneud ei chwrs dysgu ym Mangor cafodd Manon swydd fel athrawes yn yr ysgol yng Nghaereifion, y dref nesaf i Ddolgarwyn. Ro'n i'n gwbod mai ffawd oedd yn gyfrifol, gan 'mod i wedi bod yn byw adra ers blwyddyn erbyn hynny, a chynigiais iddi ddod i fyw adra efo fi, Mam a Dad, ond llwyddodd i fy mherswadio i rannu tŷ efo hi i lawr y ffordd.

Erbyn i ni gyrraedd Sir y Fflint roedd hi'n naw o'r gloch, ac mi aethon ni'n syth i Ffynnon Sanctaidd y Santes Gwenffrewi. Ar ôl talu, brysiodd y ddwy ohonan ni heibio ffrwd y ffynnon at y pwll nofio. Aethom i mewn i un o'r pebyll melyn a thynnu ein crysau a'n jîns.

'Barod?'

'Barod.'

Gadawsom y babell fach efo'n gilydd a wynebu'r tu allan. Er bod yr awyr yn las, doedd hi ddim yn dywydd nofio. Roedd y boreau wedi dechrau troi'n aeafol erbyn hyn a doedd yr haul heb gael amser i gynhesu'r pwll eto. Do'n i ddim fel arfer yn gweld yr adeg yma o'r bore ar ddydd Sadwrn, a'r peth olaf ro'n i isio ei wneud y funud honno oedd nofio mewn pwll o ddŵr amheus. Ro'n i'n gallu gweld sawl deilen frown yn arnofio ar wyneb y dŵr.

'Ma'n edrych yn oer,' medda fi wrth Manon.

'Dydi dŵr ddim yn gallu edrych yn oer.'

'Wel, ma raid bod y dŵr 'ma'n oer uffernol felly, achos ma'n edrych yn oer.'

Doedd neb arall wrth y pwll – dim ond Manon a minnau oedd yn ddigon gwirion i drochi mewn ffynnon rewllyd ym mis Hydref, mae'n amlwg.

'Jyst neidia i mewn yn gyflym. Fydd o ddim mor boenus wedyn,' meddai Manon.

Edrychais ar y dŵr yn betrusgar cyn sticio bawd fy nhroed ynddo a theimlo'r oerni fel miloedd o nodwyddau yn pigo fy nghroen.

'O, mam bach, ma'n oer,' medda fi. 'Oes raid i ni neud hyn?'

'Oes! Jyst meddwl gymaint gwell fyddi di'n teimlo ar ôl trochi. Ma'r dŵr 'ma i fod i dy iacháu di, sti.'

'Dwi'm angan fy iacháu, dwi'n teimlo'n grêt.'

Do'n i ddim yn teimlo'n grêt. Ro'n i'n sefyll ar ochr y pwll yn crynu fatha blendar ar y cyflymder ucha, ac roedd fy mreichiau a 'nghoesau'n groen gŵydd i gyd. Ond wrth i mi sefyll yno'n cwyno, eisteddodd Manon ar ochr y pwll a llithro i'r dŵr gan ddechrau gwneud *breast stroke* ar draws y pwll heb unrhyw fath o ebychiad. Roedd hi'n edrych mor heddychlon a braf yn gwthio ei ffordd drwy'r dŵr fel tasa fo'n olew, ac roedd hi'n gwneud i mi deimlo fel lembo.

Plygais i lawr ar fy nghwrcwd ar yr ochr a phenderfynu mai'r unig ffordd i mi allu mynd i mewn i'r pwll oedd drwy neidio. Ro'n i'n methu llithro i mewn yn urddasol fel Manon, roedd arna i ormod o ofn, felly pwysais ymlaen fesul ychydig bach a phowlio i mewn i'r dŵr yn un lwmp gan drochi dros fy mhen a 'nghlustiau. Chwifiais fy mreichiau fel peth gwallgo dan y dŵr cyn i fy wyneb ddod i'r lan ac anadlais yn ddwfn fel petawn i ar fy ngwely angau. Roedd Manon yn dal i nofio'n braf er ei bod hi'n trio'i gorau i beidio piffian chwerthin.

'Ffoc. Blydi cont. Ffoc mi. O fy nuw.'

'Ti mewn lle sanctaidd, Lowri.'

'Sori. Iesu Grist ar y groes, ma hi'n oer,' sibrydais gan

nofio yn fy unfan a thasgu'r dŵr o'm cwmpas fel chwadan flêr.

'Tria nofio hyd y pwll, a 'nei di gnesu mewn dim.'

'Dwi'm yn meddwl bod fy mreichiau am wrando arna i, Mans. Dwi'm yn gallu eu teimlo nhw.'

'Ti'n gymaint o fabi. Ty'd 'laen,' meddai, gan fy nhynnu gerfydd fy ngarddyrnau i ochr arall y pwll wrth i mi boeri dŵr a dail o 'ngheg.

'Dwi'n boddi!'

'Nag wyt ti ddim, ti'n ca'l dy iacháu.'

'Dydi ca'l fy iacháu ddim yn teimlo'n neis iawn.'

'Shh, gad i Santes Gwenffrewi wneud ei gwaith.'

Nofiodd y ddwy ohonan ni'n dawel am ryw bum munud arall. Wel, nofiodd Manon a chefais innau fy llusgo ar ei hôl fel slej. Ond dechreuais gwyno go iawn pan aeth fy nhraed yn hollol ddideimlad.

'Manon,' cwynfanais. 'Dwi 'di merwino. Gawn ni plis fynd am banad?'

Cytunodd Manon a dringodd o'r pwll gydag un symudiad urddasol. Ceisiais innau dynnu fy hun o'r pwll efo fy mreichiau piws, ond bu raid i Manon fy helpu achos doedd fy nghorff ddim yn medru dal ei bwysau ei hun. Gorweddais ar yr ochr, yr egni wedi ei sugno ohona i gan oerni'r dŵr.

'Cwyd, y lwmp,' meddai Manon wrth chwerthin arna i'n cwyno a chrynu ar y llawr cerrig. 'Awn ni i newid.'

'O'ch chdi'n gwbod,' medda fi'n dal i orwedd ar y llawr, fy llais yn crynu, 'bod y gair *well* yn Susnag yn perthyn i'r gair olwyn yn Gymraeg?'

'Ddim rŵan 'di'r amsar am un o dy ffeithiau di, Lows.'

'Ma'r ddau yn tarddu o'r gair "volvere" yn Lladin, *to roll*, achos bod olwyn yn rholio, a ma'r dŵr mewn ffynnon yn

rholio a byrlymu hefyd. A dyna o ble ma'r gair Volvo yn dod
'fyd, fatha'r car. *I roll* yn Lladin 'di "volvo".'

'Diddorol iawn,' meddai Manon gan gerdded at y pebyll
newid.

Codais innau a hanner hopian, hanner baglu ar ei
hôl er mwyn gwisgo fy nillad a chynhesu. Yn rhy hwyr,
sylweddolodd y ddwy ohonan ni ein bod wedi anghofio'n
dillad isaf, a bu raid i ni wisgo ein dillad dros ein croen tamp,
heb nicyrs na bra. Pam mae hyn wastad yn digwydd pan
ti'n gwisgo dy wisg nofio o dan dy ddillad er mwyn sbario
newid? Sut 'mod i o hyd yn llwyddo i bacio tywel a phob
math o golur diangen, ond bob tro yn anghofio nicyrs?

'Amsar panad?' medda fi.

'Te troed stôl?'

'Perffaith.'

Cerddom drwy strydoedd Treffynnon yn ddiamcan, yn
cynhesu dim yn yr haul llwynog. Ro'n i'n dal i grynu hyd
yn oed ar ôl gwisgo fy nghôt ac ro'n i'n ysu am gael eistedd
wrth dân neu dwymydd yn rhywle. O'r diwedd daeth Manon
o hyd i gaffi bach ffrili ac aethom i mewn, y gloch ar y drws
yn canu'n uchel uwch ein pennau. Roedd tsieina blodeuog
a lluniau o gathod ar hyd y waliau, ac roedd y papur wal fel
rhywbeth o gartref hen bobol. A deud y gwir, roedd y lle yn
ogleuo chydig fel cartref hen bobol hefyd.

'Pa gwrw ti'n meddwl sydd *on tap* yma?'

'Cau dy geg,' meddai Manon gan chwerthin. 'Be ti
ffansi?'

'Earl Grey, dwi'n meddwl. A chacan. Dwi'm yn meindio
p'run.'

Aeth Manon at y cownter i holi am baned ac eisteddais
innau yng nghornel y caffi wrth gloc wyth niwrnod. Do'n i

ddim am dynnu fy nghôt – roedd yr oerfel wedi mynd o dan fy nghroen – a theimlais ryddhad mawr pan ddychwelodd Manon efo pot mawr o de. Do'n i ddim cweit mor hapus efo'i dewis o gacan, fodd bynnag.

'Iced buns? Be sy haru ti?'

''Nest ti ddeud bo' chdi'm yn meindio p'run.'

'Ia, ond o'n i'm yn meddwl 'sa chdi'n dewis iced buns.'

'Be sy'n bod efo iced buns? Dwi wrth 'y modd efo nhw.'

'Iced buns ydi twll tin y byd cacenna, Manon. Cwbl ydi iced buns ydi bara efo eisin crap ar eu penna. Does 'na ddim byd da am iced buns.'

'Wel, dwi'n anghytuno,' meddai gan gymryd clamp o frathiad o un ohonynt. 'Mm, iym, iym, iym,' meddai wedyn, drwy gegiad fawr o fara ac eisin.

''Na i fyta'r eisin, ond gei di'r bỳn.'

'Aidîal. Dyna 'di'r darn gora.'

Fel ddudais i, doedd gan yr hogan druan ddim tast. Crafais yr eisin oddi ar y toes efo fy mawd, yna'i lyfu oddi ar fy nwylo fel ci llwglyd. Gwyliais Manon yn sglaffio gweddill ei chacen cyn dechrau ar f'un i, heb unrhyw syniad sut roedd hi'n aros mor dena ac yn bwyta cymaint. Do'n i erioed wedi ei gweld hi'n mynd i'r *gym*, ond roedd ei bol hi'n lot mwy fflat na'n un i. Gnawas.

'Ydi Santes Gwenffrewi wedi gneud i chdi anghofio am Anthony 'ta?' gofynnodd Manon drwy gegiad o does.

'Do, tan i chdi sôn amdano fo eto, diolch yn fawr.'

'Does 'na'm rhaid i ti actio'n iawn, sti,' meddai Manon gan lyfu briwsion oddi ar flaenau ei bysedd. 'Dwi'n dy nabod di'n rhy dda i chdi esgus bod yn gry.'

Roedd fy llygaid i'n teimlo'n boeth, fel petaen nhw'n llenwi, ond ro'n i'n benderfynol o beidio crio. Ia ocê, ro'n i wedi crio o flaen Manon nos Fawrth, ond ro'n i wedi meddwi bryd hynny ac roedd hynny'n ddigon o esgus. Ac ia ocê, ro'n i wedi crio drwy'r wythnos pan oedd Manon yn y gwaith, ond pan fyddai hi'n dod adref ro'n i'n rhoi gwên ar fy wyneb ac yn deud wrthi fod popeth yn iawn. Ro'n i'n meddwl 'mod i wedi ei thwyllo hi tan rŵan.

'Dwi'm isio crio drosto fo,' medda fi. ''Di o'm yn haeddu fi'n crio drosto fo.'

Estynnodd Manon am fy llaw gan roi hances boced fach ynddi. Ond do'n i ddim am grio.

'Dwisio adeiladu nyth i ti.'

Roedd gen i a Manon draddodiad – pan fyddai un yn teimlo'n drist neu'n isel – o adeiladu nyth o flancedi ar lawr y stafell fyw ac adrodd straeon gwirion er mwyn codi calon y llall. Ond do'n i ddim yn meddwl y byddai perchennog y caffi yn hapus iawn petawn i a Manon yn dechrau adeiladu nyth o dan y bwrdd.

'Dwi'm yn meddwl bod hynny'n syniad da iawn.'

'Iawn 'ta. Mae hon yn emyrjensi felly. Dwi am ddeud fy stori fwya *embarrassing* erioed wrthat ti, i godi dy galon.'

Roedd y stori yma'n swnio'n addawol.

'A ti ddim yn cael fy marnu i.'

Roedd y stori yma'n swnio'n addawol iawn. Anadlodd Manon yn ddwfn.

''Nes i gwrdd â merch yn y Glôb ar noson allan yn ystod fy PGCE,' meddai, 'ac o'n i'n meddwl ei bod hi'n hollol gorjys. Ddim yn aml ma genod yn fy ngneud i'n swil. Ond o'dd 'na rwbath gwahanol amdani, o'dd hi'n hollol cŵl ond mewn ffordd ddiymdrech, ti'n gwbod? Efa. Typical artist. Pan 'nes i ei chyfarfod hi am y tro cynta, o'dd hi'n gwisgo côt ffyr ac yn siarad am fand o'r enw Acoustic Ladyland. O'n i'n meddwl mai sôn am *theme park* oedd hi, ffor god's sêc. 'Nes i ddeud wrthi 'mod i'n licio *rollercoasters*.'

Chwarddais wrth i Manon gochi. Doedd hi erioed wedi bod yn ffan o'r sin gerddorol 'cŵl'.

'Ta beth, nathon ni fachu'r noson yna, rywsut. Dwi'm yn gwbod be oedd hi'n licio amdana fi wir, y ffaith 'mod i mor ddiniwad, ma siŵr.'

'Neu'r ffaith bo' chdi'n hollol gorjys?'

Anwybyddodd Manon fy sylw gan barhau efo'i stori, mor wylaidd ag arfer.

'So nathon ni ddechra tecstio chydig a 'nes i ei gweld hi'n reit aml tra oedd hi ym Mangor, bob penwthnos am ddeufis bron. O'n i'n rili licio hi, o'n i'n meddwl 'mod i mewn cariad...'

'Wrth gwrs.'

'... A nath hi ofyn os faswn i'n licio dod draw i Birmingham i'w gweld hi. O god, fan'ma ma hi'n dechra mynd yn flêr. O'dd hi'n byw mewn fflatia stiwdants, ac o'dd ganddi lofft fach, fach, a stafall molchi yn sownd iddi efo drws tena uffernol rhwng y ddwy stafall. Athon ni allan am gwpwl o ddiodydd, a wedyn ddudodd hi bod hi awydd mynd â fi i'r *pop up restaurant* 'ma oedd yn gwerthu bwyd stryd Mecsican. O'n i 'di dechra meddwi erbyn hyn, sydd ddim fel fi, ond o'n i'n nyrfys uffernol.'

'O na.'

'Do'n i rioed 'di ca'l bwyd stryd Mecsican o'r blaen. Do'n i rioed 'di bod mewn *pop up restaurant* o'r blaen chwaith, a ges i banics. 'Nes i ordro rwbath o'r enw taquito, a faswn i heb allu dewis rhywbeth gwaeth. O'dd y blydi peth yn llawn crîm, a biff sbeisi uffernol, a'r holl beth 'di cael ei ffrio fatha sbring rôl y diafol. Do'n i'm yn teimlo'n grêt, ond roedd Efa'n mwynhau ei hun a do'n i'm isio edrych fel taswn i ddim yn gwbod be o'n i'n neud, felly mi fytais i'r platiad cyfan.'

'O diar.'

'Gwitshia di. Pan aethon ni'n ôl i'w lle hi, o'dd 'y mol i'n teimlo'n rhyfadd uffernol ac ro'n i'n benysgafn ar ôl yr holl win a'r coctels, ond o'n i'n gwbod bod hitha 'di meddwi dipyn hefyd ac ro'n i'n edrych ymlaen gymaint i fynd 'nôl i'w llofft hi. Ro'n i 'di ca'l wacs a 'di prynu dillad isaf bach del a bob dim. Nathon ni ddechra bachu ar ei gwely hi pan 'nes i ddechra teimlo'r taquito uffar yn ailadrodd arna i. Nath hi drio rhoi ei llaw o dan fy sgert, a'r adag yna o'n i'n gwbod bod 'na rywbeth drwg am ddigwydd. Ddudis i 'mod i angan pi-pi, a rhedais am y toilet gan faglu ar fy nheits oedd wedi ryw hannar ddod i ffwrdd. Pan steddis i ar ei thoiled hi, ar fy ngwir, Lows, dyna oedd y rhyddhad a'r cywilydd mwya dwi rioed 'di'i deimlo ar yr un pryd. O'n i'n piso allan o 'nhin. Ac o'dd o'n llosgi. Ro'n i'n gwbod yn iawn bod hi'n gallu clwad bob diferyn, ond ro'n i'n methu stopio. Hannar ffor trw wagio 'nghorff, 'nes i sylweddoli ei bod hi wedi rhoi miwsig ymlaen yn uchal fel nad oedd hi'n gorfod gwrando. Acoustic Ladyland am wn i. Ond doedd 'na ddim byd ro'n i'n gallu ei wneud ond gorffan.'

Ro'n i yn fy nyblau erbyn hyn. Ro'n i wedi gwneud fy ngorau i beidio chwerthin, ac wedi brathu fy ngwefus nes roedd hi'n goch, ond roedd hyn yn ormod. Manon, yr hogan fwya parchus a sidêt ro'n i'n nabod, efo'r *runs* yn stafell molchi rhyw stiwdant arlunio cŵl. Bron bod yr holl beth yn ddigon i wneud i mi ddisgyn oddi ar fy nghadair.

'Ar ôl i bob darn o daquito ddod allan ohona i, 'nes i folchi'n gyflym, fflyshio'r toiled, a sefyll yna yn meddwl. O'dd yr ogla yn uffernol. Doedd gen i'm clem be i'w wneud, a do'n i'n sicr ddim isio mynd 'nôl i'w stafall wely hi, ond roedd hi wedi dau o'r gloch yn y bora a doedd 'na'm trena 'nôl i Fangor tan o leia saith. Felly fu raid i mi fynd 'nôl ati hi i ymddiheuro nes oedd fy wyneb i'n gochach nag y mae o rŵan. Mi ddudodd hi fod bob dim yn iawn, ond roedd hi'n amlwg yn meddwl mai dyna oedd y peth lleia cŵl erioed. Chwara teg, o'dd hi'n neis iawn am y peth, ond nath hi ddim fy nanfon i'r stesion bora wedyn, a chlywis i ddim ganddi ar ôl hynny.'

'Wel. Am stori.'

Gostyngodd Manon ei phen nes oedd ei thalcen yn pwyso ar y lliain bwrdd ac ochneidio'n hir.

'Pam fi?' meddai, ei llais yn swnio'n dew drwy'r lliain. 'A pham 'nes i ddewis y taquito?'

'Wel, Mans, ti'n gwbod be maen nhw'n ddeud,' medda fi efo gwên, gan rwbio ei phen efo cledr fy llaw. 'Mae hi'n rhy hwyr codi pais ar ôl piso. Allan o dy din.'

Cododd Manon ei thalcen oddi ar y bwrdd yn ara deg, a gwenu'n ôl arna i.

'Ti 'di taro'r hoelen ar ei phen.'

'A chofia bod hi'n hawdd cynna tân ar hen aelwyd.'

'Stopia falu awyr, ti'n siarad drwy dy het.'

Wrth i Manon ganolbwyntio ar feddwl am idiom arall, cymerais gipolwg cyflym ar fy ffôn a gwenais wrth weld bod neges arall wedi cyrraedd. Stwffiais fy ffôn yn ôl i fy mhoced cyn i Manon sylwi.

7

CŴN

Pan mae eu perchnogion yn rhoi sylw i rywbeth arall, hyd yn oed i wrthrych difywyd fel tedi neu ddol, mae cŵn yn teimlo'n genfigennus. Byddant yn ceisio dod rhwng y perchennog a'r gwrthrych, ac weithiau hyd yn oed yn ceisio ymosod ar y gwrthrych er mwyn sicrhau eu bod yn cael y sylw i gyd.

A R ÔL I mi a Manon gyrraedd yn ôl o Dreffynnon, rhuthrais i gael cawod a gwneud fy hun yn ddel. Ro'n i wedi meddwl am glamp o esgus i'w ddefnyddio fel alibi ond roedd gan Manon waith marcio i'w wneud yn ystod y pnawn beth bynnag, felly ro'n i'n gallu gadael y tŷ heb orfod deud celwydd. Roedd Dafydd wedi tecstio y bore hwnnw yn gofyn i mi ei gyfarfod wrth y garej am han'di dau, felly cerddais yno yn fy sandals a'm ffrog fach ddel a chardigan i aros amdano. Ro'n i'n benderfynol o edrych yn neis, er ei bod hi'n fis Hydref. Roedd yn rhaid i mi gyfaddef 'mod i'n nyrfys. Do'n i heb weld Dafydd yn sobor ar ben fy hun o'r blaen ac ro'n i'n poeni na fasa ganddon ni ddim i'w ddeud wrth ein gilydd.

Do'n i heb ddeud wrth unrhyw un 'mod i am fynd i'w weld o, ddim hyd yn oed Manon, am fod arna i ormod o ofn y byddai'n fy marnu. Doedd gen i ddim clem lle roeddan ni am fynd chwaith ond ro'n i'n gobeithio y basa fo'n mynd â fi i lan y môr Harlech. Roedd 'na rywbeth rhamantus a gwyllt am dwyni tywod.

Sefais wrth y garej am hanner awr. Roedd hi wedi dechrau cymylu eto ac ro'n i'n diawlio fy hun am wisgo dillad haf. Ro'n i am roi llond ceg i Dafydd am wneud i fi aros ond pan glywais sŵn ei gar yn bomio i lawr y beipas theimlais ddim byd ond cyffro. Ro'n i'n barod am yr helfa eto. Gwenodd arna i wrth i'r car lithro o fy mlaen ac eisteddais yn y sêt ffrynt.

'Haia,' medda fi.

Syllodd Dafydd arna i yn ddrwg a cheisiais feddwl am rywbeth secsi i'w ddeud, ond y cwbl ddaeth allan oedd, 'Pam ti'n sbio arna fi fel'na?'

'Achos ti'n edrych yn *hot*.'

Rhoddodd ei law ar fy mhen-glin a rhwbio ei fysedd ar du mewn fy nghoes, ei fys bach bron â chyffwrdd hem fy sgert a'i lygaid yn dal i sbio i mewn i'n rhai i.

'Lle 'dan ni'n mynd?' gofynnais iddo.

'Be ti'n feddwl?'

Sbiais arno, ddim cweit yn deall ei ateb.

'Lle ti'n mynd â fi?'

'O'n i jyst am ddreifio fyny Gors Ucha, sbario neb ein gweld ni.'

'O reit. Ocê.'

Doedd parcio mewn lei-bai yn Gors Uchaf am shag cyflym ddim cweit yr helfa ro'n i wedi ei disgwyl, ac edrychodd Dafydd arna i efo hanner gwên wrth i mi bwdu.

'Pam, lle o'ch chdi ffansi? *Michelin star restaurant*? *City break*?'

Gwenais, a sbio arno drwy fy amrannau gan frathu fy ngwefus isaf.

'Nace. Paid â cymryd y pis. Ond o'n i'n meddwl y basan ni'n gallu mynd am dro i lan y môr?'

'Lan y môr? Ym mis Hydref? Ti'm yn gall.'

'Dwi wrth fy modd efo'r traeth yn yr hydref. Cerddad ar hyd y tywod heb sgidia a ballu. A mae'n ddiwrnod clir heddiw er ei bod hi'n oer. Ond ma'r lle hyd yn oed yn well pan ma'r tywydd yn wyllt. Ma dy wallt di'n chwythu i bob man, a'r tonnau'n gneud uffar o sŵn.'

'Ti 'di bod yn gwylio gormod o ffilms.'

Roedd ei law arw yn dal ar fy nghoes, yn anwesu fy nghroen.

'Yli, Lows. 'Swn i'n mynd â chdi i lan y môr, wrth gwrs y baswn i. Ond be fasa pobol yn ei feddwl? 'San ni'n gorfod dreifio drw dre, a drw Harlech. 'Sa rhywun yn siŵr o'n gweld ni.'

Tynnodd ei law yn ôl er mwyn rhoi'r car mewn gêr.

'Ti'n dallt, dwyt?'

Arhosais yn dawel am eiliad. Doedd ganddo fawr o gonsýrn be oedd pobol yn ei feddwl pan oedd o'n trio teimlo pob modfedd o 'nghroen i tu allan i'r clwb rygbi. Doedd o ddim yn meddwl am bobol eraill pan oedd o'n tecstio fi ganol nos tra oedd ei gariad yn cysgu wrth ei ochr o, i ddeud faint oedd o'n licio fi a be oedd o am ei wneud i fi. Ond do'n i ddim isio iddo fo feddwl 'mod i'n bwdlyd, felly gwenais arno'n ddel a deud fod trip i Gors Ucha'n iawn, gan gadw fy meddyliau i fi fy hun.

Wrth ddreifio, estynnodd Dafydd ei fraich drosta i a dechra chwilota wrth fy nhraed.

'Am be ti'n chwilio?'

'CD. Mae 'na un dda lawr fan'na yn rwla. Cas du a gwyn.'

Chwiliais amdani a throdd yntau yn ei ôl i wylio'r ffordd.

'Hon?'

'Perffaith. O'n i'n gwbod 'sa chdi'n ei ffeindio hi.'

Rhoddodd ei law yn ôl ar fy nghoes a'i llithro i fyny nes bod defnydd fy sgert yn crychu, a blaenau ei fysedd prin fodfedd oddi wrth fy nicyrs. Oedodd yno am eiliad a minnau'n methu anadlu, yna cymerodd y CD o fy llaw a'i gwthio'n daclus i mewn i'r peiriant.

''Nei di licio hon. Greg Wilson.'

Gwrandawodd y ddau ohonan ni ar y caneuon, a Dafydd yn cyffroi wrth i'w hoff rannau ddod ymlaen ac yn deud wrtha innau am wrando. Doedd gen i fawr o ddiddordeb a deud y gwir, do'n i ddim balchach o fiwsig electronig, ond defnyddiais fy sgiliau TGAU Drama gorau a doedd o ddim callach.

'Ma'r record 'ma'n *limited edition*, sti. Mond pum cant o gopïs gafodd eu gneud, a gath 'y mrawd un o siop yn Lerpwl. Mi roddodd hi i mi'n bresant pan ath o i weithio ffwrdd.'

'Lle ath o 'fyd?'

'I Seland Newydd.'

'Cneifio oedd o?'

'Ai. Ma'n sym cneifiwr da. Ma'n gneud uffar o bres, 'de.'

'Sgen ti'm ffansi gneud 'run peth?'

''Di o'm mor hawdd â hynny, nadi. Dwi'n helpu Dad ar y ffarm, a dwi'm isio gwbod be fasa Gwenllian yn ei ddeud.'

''Sa hi ddim yn gadal i chdi fynd?'

'Na fasa, beryg. Shit 'de.'

'Ia,' medda fi. 'Shit.'

Aeth y ddau ohonan ni'n dawel am eiliad wrth wylio'r ffordd o'n blaenau, y tarmac yn sgleinio yn yr haul a'r awyr uwch ei ben yn crynu fel rhith wrth i'r gwres godi'n ffyrnig o'r tir.

'O'n i'n clwad bod Anth 'nôl,' meddai Dafydd, gan drio cynnau sgwrs eto ac osgoi'r seibiau lletchwith oedd fel y tyllau yn y ffordd.

'Yndi. Ddoth o ryw wthnos yn ôl...'

Torrodd Dafydd ar fy nhraws cyn i mi orfod ymhelaethu.

'God, ti'n lwcus bo' chdi 'di ca'l blwyddyn o fod oddi wrtho fo, sti. 'Swn i'n gwneud rwbath am bach o lonydd weithia.'

'Ti'n byw efo Gwenllian rŵan, wyt?'

'Yndw, ers tua deufis. Dyna pam dwi'm yn cael y cyfle i siarad efo chdi'n iawn, sti. Esgus crap, dwi'n gwbod. Ond blydi hel, ti'm yn gwbod pa mor lwcus wyt ti i gael blwyddyn o ryddid.'

Arhosais yn dawel am eiliad ond roedd yn rhaid i mi ddeud wrtho.

''Dan ni 'di gorffan.'

'E? Go iawn?'

Nodiais arno ac edrych i fyw ei lygaid.

'Dwi'n ca'l chdi gyd i fi'n hun rŵan 'lly?' meddai gan droi ata i a gwenu'n ddrwg.

'Gwatsia'r ffordd, 'nei di?' medda fi wrth chwerthin.

'Na 'naf. Dwi methu helpu'n hun ddim mwy. Ma raid i fi stopio'r car.'

Daeth i stop cyflym mewn encil ar ochr y ffordd. Datododd ei felt a'n un innau, a 'nhynnu ar ei lin. Rhoddodd un law ar fy nghefn, un ar gefn fy mhen, a thynnodd fy nghorff yn agos wrth i mi chwerthin yn ei geg. Roedd fy nwylo'n crwydro'n wyllt o dan ei ddillad ac ro'n i isio teimlo pob modfedd sgwâr ohono. Ro'n i'n teimlo'n bwerus ac ro'n i'n gwbod ei fod o isio fi. Tynnodd fy ffrog mewn un chwipiad a dechrau brathu'r croen oddi tani yn galed. Roedd blew ei hanner barf ffasiynol yn crafu yn erbyn croen fy mronnau, y croen gwyn, meddal hwnnw sydd ddim ond yn cael ei weld gan gariad. Gafaelodd yndda i a hanner fy stwffio rhwng dwy sêt flaen y car ac i'r sêt gefn gan fy nilyn fel heliwr yn arogli gwaed. Estynnais fy mreichiau er mwyn ei dynnu i mewn i goflaid, isio ei gusanu, ei fwytho, ei deimlo o dan fy mysedd, ond gafaelodd yn fy ngarddyrnau gydag un llaw fawr a dal fy nwylo uwch fy mhen nes o'n i'n methu symud. Ceisiais glymu fy nghoesau gyda'i rai o, gan ysu am gael teimlo ei groen arna i, ond gafaelodd yn fy nghanol a 'nhroi wyneb i waered nes oedd fy nhalcen yn pwyso yn erbyn ffenest drws y car, a ganddo fo oedd y pŵer i gyd rŵan. Rhoddodd ei law gryf am gefn fy ngwddf gan fy nal i lawr wrth iddo wthio ei hun i mewn i mi'n frysiog.

'God, dwi'n ffansïo chdi,' meddai, ei lais yn bradychu'r ffaith ei fod yn fyr ei wynt.

Roedd fy nghefn yn gam ac yn anghyfforddus ac ro'n i'n dechrau cael cramp yn fy ochr. Ceisiais droi fy hun i'w wynebu ond ro'n i'n methu dianc o'i afael, felly gorweddais ar fy mol yn llonydd wrth i'r ffenest daro yn erbyn fy nhalcen gyda phob hergwd, yn aros iddo orffen.

*

'Ti'n ffrindia reit dda efo Al a Llŷr a'r rheiny, yn dwyt?'

Roedd y ddau ohonan ni'n eistedd yng nghefn y car erbyn rŵan, yn hollol noethlymun, a'n breichiau ni fel rhaffau wedi clymu â'i gilydd.

'Yndw,' medda fi. 'Ma nhw'n edrych ar fy ôl i.'

"Sa well i fi watsiad fy hun 'lly? 'Cofn i un ohonyn nhw roi dwrn i fi efo'u breichia gwymon?'

Chwarddais, a brathu Dafydd yn ysgafn ar ei ysgwydd.

'Gad lonydd iddyn nhw, neu mi dduda i wrthyn nhw am fynd ar dy ôl di.'

Pwysais fy mhen tuag at ei wyneb, gan osod fy nghorun ar ei foch. Ro'n i'n clywed gwres ei anadl yn dod o'i drwyn ac yn cynhesu croen fy mhen. Roedd fy mysedd yn dilyn yr amlinellau a'r siapiau ar ei gorff, ei freichiau, ei fol, a do'n i erioed wedi teimlo croen mor esmwyth o'r blaen. Ro'n i isio'i rwbio fo ar fy hyd, a'i ddefnyddio yn lle eli babi.

'Dwi'n mynd yn jelys, sti,' meddai Dafydd. 'Pan dwi'n gweld chdi efo nhw, yn cael hwyl efo hogia erill.'

Stopiais symud fy mysedd ar ei hyd ac edrychais arno mewn penbleth. Am be ar wyneb daear oedd o'n sôn? Roedd yr awyrgylch wedi newid yn ddirybudd ac roedd Dafydd wedi rhoi'r gorau i chwarae efo fy ngwallt. Curai fy nghalon yn erbyn fy mrest a minnau'n poeni fod Dafydd yn gallu ei chlywed.

''Sa ddim angan i chdi fod yn jelys,' medda fi'n dawel. 'Ffrindia ydan ni.'

'Dwi'n gwbod. Gwirion dwi 'de.'

Ro'n i bron â sôn wrtho fo mai fo oedd yr un efo cariad, ac mai fi ddylai fod yn genfigennus. Ond ddudis i ddim, do'n i ddim isio treulio'r pnawn yn siarad am Gwenllian.

'Lows,' medda fo. Roedd gwefr yn rhedeg drwydda i bob tro y dywedai fy enw. 'Dwi methu gaddo dim byd i chdi, cofia.'

O, dyma ni.

'Be ti'n feddwl?'

'Wel, dwi'n rili licio chdi. Ond dwi'n teimlo fod genna i fwy i'w golli na chdi. Ti'n dallt?'

Do'n i ddim yn deall.

'Ym...'

'Dwi'm yn barod i luchio bob dim i ffwrdd am ddim byd,' meddai.

O god. O'n i'n cael fy nympio eto, am yr ail dro mewn wythnos? Ro'n i'n difaru cytuno mor hawdd i'w gyfarfod o, ro'n i wedi meddwl mai fi oedd efo'r llaw uchaf yma ond ro'n i'n anghywir.

'Dwi'm yn gofyn i chdi neud hynna.'

'Nag wyt, dwi'n gwbod.' Dechreuodd anwesu fy ngwallt efo'i law eto. 'Ond fi sgen gariad. Ti'n sengl.'

Ffycin twat.

'Mond ers nos Fawrth.'

'Ia ond dwi 'di bod yn meddwl. Ma dy sefyllfa di 'di newid rŵan fod gen ti ddim cariad, a dwi'm isio i chdi ddisgwyl gormod gen i...'

Deallais yn syth yr hyn roedd o'n trio ei ddeud. Roedd o'n meddwl 'mod i am ei ddilyn o gwmpas fel ci bach rŵan nad o'n i'n 'fusus' i neb. Roedd o'n saff pan oedd gen i gariad gan na fyddwn i wedi peryglu fy mherthynas, ond rŵan 'mod i'n hen ferch doedd gen i ddim byd i'w golli trwy ddatgelu wrth bawb ein bod ni wedi ffwcio.

'Mond newydd ddeud wrthat ti am Anth ydw i,' medda fi'n ddryslyd, ond doedd o ddim yn gwrando.

'... A chdi ydi'r un sy wastad yn yr Abbey yn fflyrtio efo Aled a Llŷr.'

'Dwi'm yn fflyrtio...'

'Nag wyt,' torrodd ar fy nhraws. 'Sori, dim dyna be o'n i'n feddwl.'

'Dwi'm yn gofyn am ddim byd gen ti.'

'Dwi jyst ddim isio i chdi ddisgyn mewn cariad efo fi.'

Ffyc sêcs. Doedd gen i ddim syniad sut roeddwn i wedi llwyddo i golli'r holl bŵer oedd gen i tu allan i'r clwb rygbi, a sut mai Dafydd oedd yn rhedeg y sioe rŵan. Mae 'na rywbeth od yn digwydd rhwng dau berson ar ôl cael secs, rhyw newid yng nghydbwysedd y berthynas, a doedd dim ots faint o weithiau ro'n i'n deud wrtha i fy hun 'mod i'n gallu cael rhyw heb boeni am fy nheimladau, ro'n i wastad yn ffeindio fy hun yn colli. Pwysais fy mhen yn ôl yn erbyn y ffenest gan geisio gwagio fy meddwl. Do'n i ddim am ffrwydro a rhoi rheswm arall iddo feddwl 'mod i o 'ngho.

'Ti isio mynd am dro bach?' gofynnodd ar ôl chydig. 'Gan bo' ni heb fynd i lan y môr.'

Cytunais, er 'mod i isio mynd adra, gan geisio cofio pa bryd heddiw ro'n i wedi colli fy asgwrn cefn. Stryffaglodd y ddau ohonan ni yn y sêt gefn i wisgo ein dillad dros ein croen chwyslyd. Roedd y car wedi mynd yn boeth uffernol ac roedd 'na anwedd a hoel traed ar du mewn y ffenestri, ac mi gefais ryddhad mawr o agor y drws a chael teimlo'r awel ar fy nghroen. Sefais wrth y car gan ddisgwyl i Dafydd ddod allan ata i. Llithrodd ar hyd y sêt gefn a gosod ei ddwy droed ar y tarmac gan gau a chloi y drws y tu ôl iddo. Rhoddodd ei fraich am fy nghanol a 'nhywys i lawr y ffordd, tuag at yr afon.

'Ty'd, groeswn ni'r afon,' meddai.

Roedd o'n pwyntio at bedair carreg wastad oedd yn yr afon, pob un tua maint plât. Edrychais i lawr ar fy sandals yn gyflym gan sylwi nad o'n i'n gwisgo'r sgidia mwya ymarferol, ond ceisiais ddilyn Dafydd dros yr afon. Pan gyrhaeddais y garreg olaf, sylwais nad oedd fy nghoesau cweit ddigon hir i gyrraedd y lan, a sefais yno yn brefu arno fel dafad golledig.

'Dwi'n styc! Ma'n rhy bell!'

'Ty'd 'laen, 'na i dy ddal di,' meddai gan chwerthin arna i o'r lan.

Neidiais oddi ar y garreg, a baglu tuag at y lan wrth i Dafydd lwyddo i fachu ei freichiau o dan fy ngheseiliau. Tynnodd fi i fyny ond teimlais glwmp o frwyn yn glymau am fy nhroed.

'Awtsh!'

Cyn i mi esbonio 'mod i'n sownd, rhoddodd Dafydd un haliad i mi a daeth fy nhroed yn rhydd, ond powliodd y ddau ohonan ni ar y llawr mewn un twmpath. Rholiais ar fy nghefn wedi colli fy ngwynt ac ymddangosodd Dafydd uwch fy mhen. Gafaelodd unwaith eto yn fy ngarddyrnau gydag un llaw, a'u pinio i lawr ar y llawr gwlyb.

'Ti'n wirion, yn dwyt?' meddai, gan godi fy sgert. Agorodd sip ei jîns yntau a cheisio gwthio ei hun heibio fy nicyrs ond ro'n i'n gallu teimlo nad oedd o'n ddigon caled. Ond roedd Dafydd yn mynnu dyfalbarhau.

'Dwi'n mynd i ddysgu gwers i chdi,' meddai'n benderfynol.

Bu bron i mi chwerthin. Ro'n i'n amau'n fawr fyddai o'n gallu dysgu gwers i mi gan ei fod yn tuchan wrth rwbio ei goc yn erbyn fy nghlun i geisio ei gymell i sefyll yn syth. Rhoddodd law ar fy mron ac ysgwyd honno fel petai'n degan. Roedd lleithder y gwair yn gwlychu fy ffrog ac ro'n i isio rhoi help llaw bach iddo, i gyflymu pethau, fel 'mod i'n gallu mynd adra'n gynt.

'Ti isio fi drio?' gofynnais gan gynnig fy llaw iddo, ond daeth yn amlwg 'mod i wedi deud rhywbeth o'i le. Cododd ar ei eistedd gan stwffio'i goc yn ôl i'w drowsus a mwmian yn flin nad oedd unrhyw bwynt.

''Di hyn rioed 'di digwydd o'r blaen,' meddai, cystal â deud mai arna fi oedd y bai, fel petai ei goc wastad yn barod i fynd pan nad o'n i o gwmpas. Roedd fy hanner i isio pwdu, ond er ei fod o wedi bod yn dwat pur heddiw, ro'n i'n benderfynol o ennill y frwydr od 'ma roedd y ddau ohonan ni'n ei hymladd. Ro'n i isio iddo fo fod fy isio i, fy angen i hyd yn oed. Ceisiais ei sediwsio eto, ac eisteddais y tu ôl iddo gan lapio fy nghoesau am ei ganol a theimlo cynhesrwydd ei gorff yn erbyn fy nghluniau. Anwesais ei gefn gyda blaenau fy mysedd gan geisio dadmer ei dymer oeraidd.

'Faint o betha tlws w't ti wedi eu gweld heddiw?' sibrydais wrtho.

'Be?'

'Petha tlws,' medda fi'n uwch gan feddwl nad oedd wedi fy nghlywed. 'Dwi'n trio meddwl am o leia un peth tlws dwi 'di'i weld bob dydd.'

Daliais ati i fwydro wrth i Dafydd aros yn ddistaw.

'A bob hyn a hyn, dwi'n trio cofio faint o betha tlws dwi 'di'u gweld ers y bora. Faint o betha ti 'di'u gweld heddiw?'

'Dwi'm yn gwbod, Lowri. Ma'n gwestiwn gwirion braidd.'

Tawelwch. Ro'n i wedi meddwl deud wrtho fo mai fan'ma, efo fo, oedd y lle tlysa i mi ei weld heddiw, ond roedd o'n amlwg yn gwrthod chwarae a doedd hyn ddim am weithio.

'Dwi'n siŵr fod gen ti ateb, yn does?' medda Dafydd yn siort. 'Mae gen ti ateb i bob dim.'

Gan anwybyddu'r wg ar ei wyneb, dechreuais esbonio wrtho am gael fy iacháu, ac am y dŵr rhewllyd a'r caffi ffrili ac ro'n i'n meddwl ei fod o'n gwrando tan iddo dorri ar fy nhraws pan ddywedais wrtho am yr iced buns.

'Ty'd 'laen, 'sa well i ni fynd.'

'Yn barod?' medda fi.

Diolch byth.

'Ia. Dwi'n gorfod nôl partia tractor o ffarm Taid cyn mynd adra, a fiw i mi dorri ar draws ei swpar o.'

Sefais ar fy nhraed yn barod i fynd ond wrth i mi gamu tua'r afon, teimlais rywbeth llac yn fflopian o gwmpas fy ffêr a gwelais fod strap fy sandal wedi torri.

'Shit.'

'Be sy?' meddai Dafydd, oedd ar y lan arall yn barod, yntau'n amlwg ar frys i fynd adra.

'Fy sandal i. Ma siŵr bod hi 'di malu pan 'nes i faglu. Damia, fedra i'm gwisgo hon rŵan, dwi'n methu cerddad ynddi.'

Tynnais y sandal a dechrau cerdded dros gerrig yr afon fel taswn i'n gloff, un droed mewn esgid a'r llall yn noeth, ac mi faswn i wedi bod yn disgwyl am byth taswn i wedi disgwyl i Dafydd fy helpu i. Roedd o'n edrych arna i'n ddiamynedd ac yn gwneud sioe fawr o edrych ar ei oriawr wrth i mi faglu drwy'r blydi afon. O'r diwedd roedd y ddau ohonan ni wrth y car, Dafydd yn cerdded yn frysiog gyda'i gamau anferth, a minnau'n hopian dros y tarmac pigog ar flaenau fy nhraed. Wrth i ni ddechrau gyrru tuag adra, trodd Dafydd ata i.

'Ti'n meindio os dwi'n gollwng chdi wrth y garej eto? Dwi'm isio troi mewn i dre, ma tŷ Taid jyst fyny'r beipas, so 'sa mynd â chdi adra yn bach o *detour*.'

Ti'n ffycin jocian, meddyliais. Ond cyn i fi ei ateb,

'A 'dan ni'm isio i neb ein gweld ni, nag oes? Ein cyfrinach fach ni.'

'Reit. Nag oes siŵr. Na, ma'r garej yn iawn.'

Ro'n i hanner awydd rhedeg drwy sgwâr Dolgarwyn yn sgrechian gweiddi 'mod i a Dafydd newydd ffwcio, jyst i ddangos iddo fo a'i blydi cyfrinach. Ond ro'n i'n well na hynny. Cyrhaeddom y garej o fewn pum munud ac arafodd Dafydd y car heb droi am y maes parcio bach oedd ar y chwith. Gadawodd yr injan i redeg a throi i chwilio am rywbeth ar y sêt gefn.

'Wel, diolch am bnawn *ffantastig*,' medda fi'n sarcastig, yn gwybod nad oedd o'n talu sylw. 'Ac am ddysgu gwers i fi bron i un *a hanner* o weithiau.'

'Be ddudist ti?'

'Dim byd,' medda fi. 'Jyst meddwl pa mor lwcus dwi. Wela i di 'ta, am wn i?'

Pwysodd tuag ata i wrth i mi dynnu fy ngwregys diogelwch, a gwthiodd ei dafod yn ddwfn i mewn i 'ngheg. Ro'n i ffansi ei frathu.

'Cer adra at dy gariad rŵan,' medda fi gan dynnu oddi wrtho efo gwên ffug.

'Ti'n rêl bitsh weithia, sti.'

'Diolch.'

Wel am ffycin disastyr! Camais o'r car a'i wylio'n gyrru i fyny'r beipas. Ro'n i'n gafael yn fy sandal yn llipa ac roedd fy ffrog wedi ei gwlychu ar hyd fy nghefn fel ei bod hi'n glynu am fy nghoesau. Roedd fy ngwallt mewn clymau hefyd ac ro'n i'n edrych yn llanast. Heb feddwl, taflais fy sandal i lawr y ffordd efo sgrech, ond roedd car Dafydd wedi hen ddiflannu. Yna cofiais 'mod i wedi trefnu gweld yr hogia yn yr Abbey mewn awr a rhegais yn uchel. Dechreuais gerdded am adra, yn diawlio fy sandals wrth i mi hercian ar draws y ffordd fawr. Mi gymerodd chwarter awr dda i mi gyrraedd y tŷ, ac erbyn i mi fynd drwy'r drws roedd hoel y tarmac wedi pwyso ei hun ar groen fy nhroed gan adael marciau. Sleifiais yn dawel i fyny'r grisiau ac yn syth i'r gawod am y trydydd tro y diwrnod hwnnw, a golchi oglau Dafydd oddi arna i cyn i Manon fy ngweld. Lluchiais fy ffrog i'r fasgiad olchi dillad yn un pentwr, a chamu o dan y llif o ddŵr poeth gan ochneidio'n ddwfn a hir, cau fy llygaid, a diawlio'n hun wrth feddwl am Dafydd.

8

ELIFFANTOD

Mae hen chwedlau yn sôn bod eliffantod yn hoff o feddwi wrth fwyta ffrwythau wedi eu heplesu oddi ar y goeden *marula*. Mae ymchwil yn gwrth-ddweud y chwedlau hyn, ond mae prawf bod eliffantod bellach wedi magu blas am alcohol, a bydd eliffantod gwyllt yn aml yn meddiannu gwin reis y pentrefi lleol, yn ei yfed, ac yn meddwi. Mae'r eliffantod wedi dysgu bellach bod pentrefi ac alcohol yn mynd law yn llaw.

R O'N I'N HWYR yn cyrraedd yr Abbey ac roedd Huw, Aled a Llŷr ar eu trydydd peint yn barod. Roedd y tri wrthi'n gwneud rhyw fath o gynllwyn ar gyfer y noson ganlynol.

'So dach chi isio dod i tŷ fi pnawn fory 'ta?' gofynnodd Llŷr. 'Dwi'n unig.'

Roedd rhieni Llŷr wedi mynd ar eu gwyliau i Ben Llŷn yn eu carafán ac wedi ei adael yn gyfrifol am y tŷ a'r ci.

'Parti?' gofynnodd Huw, ychydig yn rhy eiddgar.

'Pfft. Ga i barti yn tŷ fi pan ti'n talu pawb yn ôl.'

'Nefar,' meddai Huw yn benderfynol.

'Yn union. Dim parti, ond ma genna i lwythi o fwyd.'

Roedd mam Llŷr yn licio bod yn barod am unrhyw beth, a byddai'n ail-lenwi'r cypyrddau bwyd a'r rhewgell bob wythnos, fel petaen ni ar drothwy'r trydydd rhyfel byd. Roeddan ni'n lwcus iawn ohoni, a deud y gwir, achos petaen ni'n cael unrhyw fath o drychineb neu'n cael ein cau yn y cwm oherwydd eira, mi fasa ganddi ddigon o fwyd i fwydo'r dref gyfan am ddeufis. Y tro dwytha i rieni Llŷr fynd ar eu gwyliau aeth y pedwar ohonan ni draw am fwyd i'w dŷ bob noson am wythnos, a chael gwledd o fwyd rhewgell bob tro. Er bod Llŷr yn gogydd, roedd o'n gwrthod yn lân â choginio unrhyw beth o sgratsh os na fyddai'n cael ei dalu.

'Sori, dwi'n mynd adra am ginio dydd Sul fory,' medda fi. 'Ma Dad yn cwcio, no we 'mod i'n methu hwnna. A ma gen i gyfweliad dydd Llun.'

'Cyfweliad be?'

'Gweithio yn y dderbynfa mewn cwmni colur yng Nghaereifion.'

Syllodd y tri arna i yn methu'n glir â choelio 'mod i o bawb isio gweithio i gwmni colur.

'Be?' gofynnais. Roedd cegau'r tri yn trio dal pryfaid.

'Wel,' mentrodd Aled yn llywaeth, ei fochau'n cochi o dan ei frychni haul. 'Wyt ti'n... ym... addas ar gyfar gweithio mewn... t'bo... cwmni colur?'

'Be ti'n trio'i ddeud?'

'Ti'n llanast, gwboi,' meddai Huw gan sbio arna i i fyny ac i lawr. Roedd o'n iawn, do'n i'm yn gwisgo colur nac wedi brwsio fy ngwallt ar ôl fy nghawod, ac ro'n i'n gwisgo pâr o legins tyllog a hen siwmper lwyd.

'Ia wel, 'na i newid cyn y cyfweliad, gwnaf.'

Edrychodd y tri ar ei gilydd yn lletchwith a thynnodd Llŷr ei law dros ei ben moel gan chwibanu'n isel.

'Eniwe,' meddai. 'No we 'mod i am wneud cinio dydd Sul, ond ma gen i lwythi o spring rolls, a lemon meringue pie yn y *freezer*. A digon o stwff i neud fajitas.'

'Waw, 'dan ni'n cael gwledd ryngwladol felly, lads?'

meddai Aled gan dynnu ei law drwy ei wallt melynbinc er mwyn gwneud yn siŵr fod ei ffrinj yn dal yn llanast-ar-bwrpas.

'Dere â potel o win Ffrengig. Fi'n sgint,' meddai Huw.

'Un botal o win? 'Dan ni'n porthi'r pum mil?' gofynnodd Aled.

'O'n i'n arfar meddwl mai "pobi'r pum mil" oedd pawb yn ei ddeud, sti,' medda fi. 'A phawb yn deud boi mor glên oedd Iesu, a finna'n meddwl bod o'n sticio pobol mewn torth ac yn eu crasu nhw, a'u bwydo nhw i'w ddisgyblion. "Hwn yw fy nghorff a roddir drosoch", a ballu.'

'O-ho!' meddai Aled. 'Gêm newydd, lads, pa fwyd fasa Iesu yn ei goginio? A' i gynta. Bethleham a pys.'

'Lazarus-agne,' meddai Llŷr heb saib.

'Smoked salmon,' medda fi wedyn, a phawb yn edrych arna i'n hurt. 'Smoked Psalm-on, 'de. Ma'r "p" yn *silent*.'

'Ymm… Chicken tikka meseia!'

Gwenodd Huw'n falch wrth i bawb weiddi canmoliaeth.

'God a tsips?' meddai Aled yn ansicr.

'Neith tro,' meddai Llŷr. 'Duwd i frecwast?'

'Duwd a Ffydd oren!' ychwanegodd Aled.

Ac fel'na fuodd hi am ryw dri chwarter awr, y jôcs yn mynd yn wannach wrth i'r munudau fynd heibio. Ro'n i'n rybish ar y gêm yma ond roedd yr hogia'n gallu cario ymlaen am oriau. Daeth y gêm i ben a'r hogia'n llongyfarch ei gilydd cyn mynd yn dawel eto.

'Ro'n i'n arfar bod wrth 'y modd efo samon,' medda fi'n feddylgar. 'Samon tun 'de, doeddan ni ddim digon posh i gael smoked salmon. Ond ges i fechdan samon bob dydd yn fy mocs bwyd pan o'n i'n fach, a fedra i'm diodda fo rŵan. Nath yr un peth ddigwydd efo Elin, a bechdan caws a picl.

Rhyfadd sut w't ti'n ca'l digon ar wbath pan ti'n ei fyta fo ormod, yndê?'

Sbiodd Huw arna i'n hurt.

'Lowri, fi yn hoffi ti, wir fi yn. Ond blydi hel, ma storis ti'n crap.'

'Be?'

'Wir nawr, Low,' meddai, gan bwnio fy mraich yn ddireidus. 'Tro nesa, cyn dechre stori, jyst meddylia, "odi pawb wirioneddol isie gwybod hyn?" A wedyn penderfyna os wyt ti am gario mlân.'

Chwarddodd pawb, a minnau'n cymryd arna i 'mod i'n pwdu. Tynnodd Huw fy mhen i'w gesail a rhwbio 'ngwallt i nes oedd o'n ffris i gyd, a thriais innau ei bwnio yn ei ochr, ond roedd ei ddwylo mor fawr fel ei fod yn gallu dal fy nau ddwrn ar yr un pryd, a doedd dim gwerth i mi drio cwffio efo fo.

'Wedes i hyn wrthot ti o'r blaen, Low,' meddai gan chwerthin ar fy ymdrech bitw i'w hitio. ''Nei di byth fy nghuro i ar reslo.'

'Blydi hel,' medda fi. 'Dwi angan mwy o ffrindia sy'n genod. Lle ma Manon pan ti'i hangan hi? Dwi isio siarad am hogia a bras a... dwn i'm... tampons weithia, chi!'

Wrth glywed y gair 'tampons', mi ddechreuodd y tri ohonyn nhw luchio matiau cwrw ata i, a bwio yn uchel.

''Dan ni'n gadal i chdi ddod allan efo ni, Low, so stopia fod mor afiach, 'nei di?' meddai Aled.

'A croeso i chdi neud ffrindia newydd sy'n genod,' meddai Llŷr. 'Rhei gwallt coch os ti'n gallu. A pan ti'n eu ffeindio nhw, ddoi di â nhw i'r Abbey?'

'As if. Dwi'm yn mynd i gyflwyno unrhyw hogan druan i chi i gyd.'

'Wel, 'nei di o leia dod â Manon i lawr i'r pyb yn fwy aml, lad?' gofynnodd Aled. 'Ma fatha bo' chdi'n trio'n cadw ni rhagddi hi am ryw reswm.'

'A fedra i'm yn fy myw â meddwl pam,' atebais.

'Gaddo nawn ni fihafio,' meddai Llŷr efo gwên ddrwg ar ei wyneb.

'Dere nawr,' meddai Huw. 'Fisie ca'l merch bert a ledi-laic i edrych arni.'

'Dwi'm yn meddwl bo' chdi cweit ei theip hi,' medda fi, gan roi pwniad iddo wrth gerdded heibio at y bar. Wrth iddo gogio bach griddfan yn uchel mi glywais Aled yn gweiddi'n falch, 'Caws EMYN-tal!' a'r lleill i gyd yn chwerthin yn wirion.

'Rownd arall, Lows?' meddai Alan Baman wrtha i.

'Ti'n nabod ni rhy dda.'

Dechreuais chwarae efo un o'r matiau cwrw tamp ar dop y bar, cyn deud wrth Bams 'mod i'n picied i'r toiled. Ro'n i bron â chyrraedd drws y toiledau yn y cyntedd pan glywais lais dwfn tu ôl i mi.

'Chdi eto.'

Trois rownd gan ddisgwyl y gwaethaf, ond digwyddodd rhywbeth rhyfedd i 'nghalon wrth i mi weld pwy oedd yno; mi neidiodd ac mi suddodd yr un pryd.

'Ffêri Godmyddyr,' medda fi gan wenu. 'Ga i fynd i'r ddawns heno?'

Chwarddodd yntau a gofyn o'n i'n teimlo'n well. Gallwn deimlo fy mochau yn cochi wrth feddwl am y stad oedd arna i y noson o'r blaen, felly newidiais drywydd y sgwrs cyn iddo gael cyfle i fy atgoffa.

'Be wyt ti'n da 'ma?'

'Meddwl y baswn i'n dod i nabod fy local newydd i.'

'Ti 'di symud i dre?'

Gyda gwên, esboniodd ei fod yn byw mewn fflat jyst uwchben y sgwâr. Roedd gen i deimlad ein bod ni wedi cael yr union sgwrs yma nos Fawrth.

'Efo pwy wyt ti felly?' gofynnodd.

Sbeciais drwy'r drws i weld o'n i'n gallu gweld bwrdd yr hogia. Ro'n i ar fin pwyntio draw tuag atynt, ond gwelais Huw yn neidio am ben Llŷr gan weiddi rhywbeth am reslo, ac Aled yn pledio'r ddau efo matiau cwrw ac yn chwerthin. Penderfynais nad o'n i'n eu hadnabod.

''Na chdi ryfadd,' medda fi gan droi fy nghefn at yr hogia. 'Dwn i'm lle ma'n ffrindia i 'di mynd.'

Edrychodd yntau drwy wydr y drws. Roedd Llŷr bellach yn cario Huw o gwmpas y dafarn ar ei gefn, a Bams yn rhedeg ar eu holau efo mop, ac roedd Aled wrth y jiwcbocs yn anwybyddu'r holl ddrama, yn chwarae *air guitar* i un o ganeuon Oasis efo'i lygaid wedi cau. Edrychodd y Ffêri Godmyddyr arna i gyda gwên yn ei lygaid a chochais unwaith eto. Mi ladda i nhw.

'Yli, ma'n rhaid i mi fynd,' meddai, er bod ei lygaid yn dal i ddilyn Llŷr o amgylch y stafell. 'Dwi'n dosbarthu posteri.'

Cynigiodd daflen i mi a sylwais fod swp ohonynt dan ei gesail. Cymerais gipolwg arni a gweld dyddiad a rhywbeth am dafarn y George yng Nghaereifion.

'Fy ffrind i sy'n trefnu'r noson, ond dydi o ddim cweit at fy nant i,' meddai gan edrych ar y poster oedd wedi ei lynu ar wal y cyntedd. 'Ma'r *headline act* yn dipyn o ben mawr, yn fy marn i. Cadwa draw.'

'Dwyt ti ddim llawer o *salesman*,' medda fi gan chwerthin.

Cododd ei ysgwyddau'n ddramatig a throdd i adael. Sefais

innau yn y cyntedd gan ei wylio'n diflannu o'r dafarn a stwffiais y daflen i 'mhoced. Roedd fy stumog wedi cynhyrfu ac ro'n i wedi colli'r ysfa i bi-pi, felly es yn ôl at yr hogia gan gasglu pedwar peint gan Bams ar y ffordd. Roedd y tri'n eistedd yn ddigon del ac yn bihafio'n iawn pan gyrhaeddais yn ôl, y diawliaid.

'Lle fuest ti?' gofynnodd Aled, oedd yn tacluso ei *sideburns* wrth i mi roi'r gwydrau peint ar y bwrdd.

'Toilet.'

Edrychodd Llŷr arna i'n amheus.

'Pam bod dy fochau di'n goch 'ta?'

'Wedi bod yn stryglan am gachiad mae hi,' meddai Huw.

'Welis i rywun yn y cyntedd,' medda fi ar ôl rhoi slap i ben Huw.

'Pwy?' meddai Aled.

'Hogan?' gofynnodd Llŷr yn obeithiol. Ysgydwais innau fy mhen. 'Hogyn?'

'Dy gariad di?' ychwanegodd Huw.

'Dwi'm hyd yn oed yn ei nabod o,' medda fi wrthyn nhw. 'Calliwch.'

'Ie, calliwch,' meddai Huw eto. 'Dyw Lows druan ddim isie siarad am ei chariad.'

Rhoddais slap iddo, ond doedd y tri heb orffen holi.

'Pwy 'di o?' gofynnodd Aled, a sylweddolais nad oedd gen i syniad beth oedd enw'r Ffêri Godmyddyr.

'Neb.'

'Deud.'

'Dduda i,' medda fi efo gwên, 'pan mae Huw yn talu pawb 'nôl.'

Cwynodd Llŷr ac Aled wrth i Huw ddeud 'Nefar' yn benderfynol, a dyna ddiwedd ar y sgwrs.

'Dach chi'n chwara rygbi bora fory?' gofynnais, yn falch o gael newid testun y sgwrs o'r diwedd. Roedd fy mochau'n dal i deimlo'n boeth, ac ro'n i'n trio 'ngora i actio'n ddi-hid.

'Yndan, adra yn erbyn Rhuthun,' meddai Llŷr, a throdd at yr hogia'n gyflym. 'Hei, oddach chi'n gwbod bod Dafydd 'di tynnu allan o'r tîm wthnos yma?'

Wrth glywed enw Dafydd, safodd fy nghlustiau ar i fyny, a dechreuais wrando'n ofalus.

'Be?' meddai Huw mewn dipyn o banig. 'Ond dim ond cwpwl o weithie ma fe wedi chware tymor yma. Geith e ddim chware o gwbwl 'da Ger Coach os yw e'n cario mlân fel hyn.'

'Dwi'n gwbod. Siarad efo Ger Coach o'n i ddoe. Ma hi'n ben-blwydd ar Gwenllian, dydi. Ac yn ôl y sôn, gafodd y ddau ffrae arall nos Wenar a doedd hi ddim yn hapus. Mae o 'di mynd â hi i ryw westy neis yn Gaer heno, i wneud iawn am y ffrae. O'n i'n gweld y ddau yn mynd yn y car ar y ffordd yma.'

'Jyst rŵan?' gofynnais, ond doedd Llŷr ddim yn gwrando.

'Blydi hel,' meddai Aled, wedi ei siomi.

'Pam nath y ddau ffraeo?' gofynnais, gan geisio peidio meddwl am Dafydd yn brysio oddi wrtha i i fynd i weld ei daid.

'Dwn i'm. Ma'r ddau yn ffraeo gymaint, mae'n amhosib dal i fyny efo nhw.'

'Fydd y ddou lot gwell ar ôl penwythnos o shelffo yn Gaer,' meddai Huw. 'A fydd e ddim yn tynnu mas o geme rygbi munud olaf wedi 'ny.'

Ro'n i'n teimlo'n sâl. O'n i'n methu gwrando ar fwy o'r sgwrs 'ma, felly sefais ar fy nhraed.

'Dwi'n... mynd i toilet.'

'Eto?' gofynnodd Llŷr wrth i mi godi.

'*Runs*,' meddai Aled.

Rhedais i'r cyntedd unwaith eto lle'r oedd arogl y toiledau'n dianc drwy waelod y drysau, a chamais yn frysiog i mewn i doiledau'r genod. Eisteddais ar gaead y toiled a chau drws y ciwbicl yn swnllyd, gan sythu fy nghoesau a phwyso gwadnau fy sgidiau yn erbyn y drws. Ro'n i'n chwysu, ac roedd fy nghalon i'n curo fel diawl bach. Roedd 'na lwmp yn fy stumog ac ro'n i'n ymwybodol ei fod yn teithio i fyny fy nghorn gwddf yn sffêr bach tyn, poeth, ond wnes i ddim symud oddi ar gaead y toiled tan i'r lwmp gyrraedd fy ngheg. Mi gyfogais yn uchel, a rywsut mi lwyddais i ddal y chwd yn fy ngheg. Teimlais gryndod cry yn rhedeg drwy fy nghorff, ac mi fu raid i mi symud yn gyflym er mwyn agor caead y toiled a phoeri'r chwd asidig i gyd allan.

Tagais yn wan a phoeri eto ac eto i mewn i'r bowlen wen gan drio cael gwared o'r hylif tew oedd wedi casglu yn fy ngheg. Do'n i ddim wedi meddwl y byddwn i'n ymateb fel hyn o glywed bod Dafydd a Gwenllian yn mynd i ffwrdd i Gaer am y penwythnos, ond doedd gwrando ar hanes y ddau'n mynd i aros mewn gwesty, brin awr ar ôl i ni ffwcio, yn gwneud dim ond fy atgoffa nad oedd neb isio mynd â fi i ffwrdd i westy yng Nghaer. Ffwcio Dafydd. A ffwcio Anthony hefyd.

Eisteddais ar lawr teils y toiledau ac anadlu allan yn drwm. Roedd fy nghorff yn chwys i gyd ar ôl ei wrthryfel bach, a phwysais fy mhen yn erbyn powlen y toiled. Roedd y seramig yn oer a gallwn ei deimlo'n sugno'r gwres o groen fy nhalcen yn ara bach. Llifai dafnau bach o chwys oddi arna fi i mewn i bowlen y toiled gyda sblash, a disgynnai fy ngwallt fel dwy gyrtan garpiog am fy wyneb. Ro'n i'n eithaf siŵr bod rhai cudynnau wedi disgyn i'r dŵr chwydlyd oedd yn sefyll yn llonydd yng ngwaelod y bowlen, ond do'n i ddim isio edrych i gadarnhau. Mi fyddai Manon wedi cael y myll efo fi tasa hi yma, ac wedi deud 'mod i'n mentro dal cannoedd o afiechydon, a phwy a ŵyr pwy eisteddodd ar y toiled yma ddiwethaf, ond doedd gen i ddim digon o egni i boeni am facteria. Ro'n i'n poeni am fy nghalon.

Roedd oerni'r seramig yn fy helpu i ganolbwyntio, yn pylu gwres fy nghorff fel bod mewn garej yn llenwi i fyny ar betrol, ac yn rhoi egni i mi unwaith eto. Mi wnes fy ngorau i drio esbonio i'n hun sut y llwyddais i gyrraedd *rock bottom*, llawr toiled yr Abbey, heb hyd yn oed yfed un siot o decila, ond doedd gen i ddim clem. Ro'n i'n teimlo'n rêl pleb. Rhywsut ar hyd y ffordd yn yr wythnos ddiwethaf, ro'n i wedi colli pob synnwyr cyffredin a doedd gen i ddim syniad sut i ddod o hyd iddo eto. Meddyliais yn ôl am y noson honno efo Anthony. Ella'i fod o'n iawn, ella 'mod i angen rhywun i'm hachub i.

Ar ôl rhyw ddeg munud o eistedd wrth y toiled a chlywed tair arall yn dod, piso, a mynd, codais a gadael y ciwbicl. Golchais fy nwylo, fy ngheg, a'r darnau o wallt oedd wedi sychu'n glympiau caled ar ôl eu hymweliad â'r dŵr budr. Cymerais jiwing gym o fy mhoced a'i gnoi yn gyflym i gael gwared o'r blas asidig yn fy ngheg, cyn gadael y toiledau a cherdded yn ôl at yr hogia. Roedd Aled a Llŷr yn chwerthin ar un o'u jôcs gwirion ac yn pwyntio at rywbeth y tu allan i'r ffenest ond roedd Huw yn sbio i 'nghyfeiriad i, a phan ddois i'n nes mi welais fod golwg ryfedd yn ei lygaid. Ro'n i'n gobeithio i'r diawl nad oedd am ddechrau tynnu arna i eto – doedd gen i ddim digon o egni i'w wrthsefyll.

'Ti'n iawn?' meddai wrtha i, efo tinc bach o gonsýrn yn ei lais. Roedd y ddau arall yn dal i chwerthin fel pethau gwirion ac ro'n i'n siŵr eu bod nhw heb sylwi 'mod i wedi gadael yn y lle cyntaf, heb sôn am ddod yn ôl at y bwrdd.

'Be? Yndw siŵr. Pam ti'n gofyn?' Ceisiais siarad â llais ysgafn, llon, ond daeth allan o 'ngheg yn wichlyd ac yn uchel.

'Jyst meddwl...' Tawodd ei lais wrth iddo feddwl am sut i orffen ei frawddeg, ond daliodd i sbio arna i efo'i ddau lygad glas. Ddim yn aml y byddai Huw yn siarad yn onest heb fod yn dwat gwirion.

Ro'n i wedi eistedd ar y gadair drws nesaf i Huw ac ro'n i'n trio 'ngorau i gogio bach 'mod i'n iawn, ond ro'n i'n methu canolbwyntio ar jôc yr hogia ac ro'n i'n siŵr bod fy wyneb yn wag o deimlad. Heb ddeud gair, rhoddodd Huw ei fraich am fy nghanol, a 'nhynnu tuag ato ac ar ei lin. Lapiodd ei freichiau mawr amdana i, a 'ngwasgu fel arth yn gwasgu ei chenau.

'Sdim rhaid i ti fod yn iawn,' sibrydodd i mewn i 'ngwallt gan wasgu fy llaw. 'Ma bechgyn yn prics beth bynnag.'

'Nes i ddim gofyn sut oedd o'n gwybod, na gofyn pam ei fod o'n poeni cymaint amdana i, dim ond gobeithio ei fod o'n gallu teimlo fy rhyddhad wrth fy nghyffwrdd i, achos ro'n i'n methu deud gair i ddiolch iddo.

TAMARINIAID

Mae tamariniaid yn byw mewn grŵp gydag aelodau eraill o'u teulu. Maen nhw'n bwyta ffrwythau, pryfaid, ac anifeiliaid di-asgwrn-cefn bychain eraill. Maent yn rhannu eu bwyd gyda gweddill eu teulu, a bydd y tamariniaid ieuangaf yn dwyn bwyd yn chwareus oddi ar eu rhieni.

Y BORE WEDYN, cerddais tuag at dŷ Mam a Dad ar ôl cael tipyn o *lie-in*. Wrth adael fy nhŷ ro'n i wedi baglu dros amlen drwchus ger y drws oedd wedi cyrraedd y diwrnod cynt, gyda stamp Prifysgol Bangor arni. Stwffiais yr amlen i fy mag yn gyflym ac allan â fi, gan feddwl ella y byddwn i'n ei dangos i Mam. Ro'n i'n gallu clywed oglau'r cinio dydd Sul yn hongian yn yr aer wrth i mi droi'r gornel am eu stryd nhw a dechreuodd fy ngheg sych lafoerio; roedd cinio Dad yn lleddfu pob hangofyr. Roedd fy meddwl ar fy mol wrth i mi gerdded tua'r oglau da a sylwais i ddim ar y ci bach oedd yn trotian ar hyd y pafin. Bu bron i mi fynd ar fy hyd nes i mi deimlo angor o fraich o dan fy nghesail.

'Wow, Benson, y nionyn!'

Ro'n i'n adnabod y llais, ac mi sbiais i fyny a gweld y Ffêri Godmyddyr yn sefyll yno gydag un fraich wedi ei bachu o amgylch f'un i a'r llall newydd ei lapio am fol Jack Russell bach brown a gwyn. Roedd y ci'n ysgwyd ei gynffon ac yn trio ei orau i ddianc o afael ei berchennog er mwyn croesawu'r person newydd, diarth fu bron â tharo'i wyneb ar y pafin eiliad yn gynharach.

'Helô,' medda fi yn fy llais babi gorau, gan gosi'r ci o dan ei ên a gadael iddo lafoerio ar fy llaw. 'Ti'n un bach del.'

'Mae o'n licio gwneud ffrindia newydd,' meddai'r Ffêri Godmyddyr wrth iddo adael i Benson ddod ata i am fwythau. Rhwbiais fy wyneb yn ei ffroen gan adael iddo lyfu fy nhrwyn.

'Lle dach chi 'di bod?' gofynnais, gan gyfeirio'r cwestiwn at Benson yn fwy na'r Ffêri Godmyddyr.

'Am dro bach, dod i nabod yr ardal a ballu. 'Dan ni 'di ffeindio lot o lefydd bach tlws, yn do, Ben?'

Roedd Benson yn rhy brysur yn mwynhau ei fwythau i gytuno.

'Wyt ti isio dod am ginio dydd Sul efo fi?' medda fi wrth y ci. 'Dwi'n siŵr dy fod ti'n licio biff, yn dwyt?'

'Mae o'n ddigon tew fel mae hi,' meddai'r Ffêri Godmyddyr wrth brocio'r ci druan yn ei fol bach crwn, ei gymryd oddi wrtha i, a'i osod yn ôl ar y pafin.

Ro'n i ar fin deud ta-ta pan ganodd ffôn y Ffêri Godmyddyr a dywedodd wrtha i am aros dau funud. Plygais i roi mwy o fwytha i Benson tra oedd ei berchennog yn codi ei lais ac yn ffraeo efo rhywun ar ochr arall y ffôn. O'r diwedd, gydag ochenaid anferth, rhoddodd y ffôn yn ôl yn ei boced.

'Trouble in paradise?' gofynnais, a gwenodd yntau arna i.

'Y blydi noson 'ma mae'n ffrind i'n ei threfnu,' esboniodd. 'Mwy o drafferth nag o werth. Dim ond helpu efo chydig o waith marchnata o'n i ond mae o newydd ffonio yn deud bod y bastad *headliner* yn bygwth canslo os na cheith o fwy o bres. Blydi beirdd.'

'Fedrwch chi ddim ffeindio rhywun arall?'

'Ddim efo wthnos o rybudd. A beth bynnag, ella ei fod o'n *diva* ond mae'r boi yn gwerthu tocynnau.'

Tynnodd ei law drwy ei wallt tywyll, blêr ac ochneidio'n anobeithiol cyn deud bod rhaid iddo fynd adref er mwyn helpu ei ffrind i ddatrys y broblem. Chwifiais fy llaw arno fo a Benson wrth eu gwylio'n diflannu i lawr y stryd, yna trois am dŷ Mam a Dad. Ro'n i'n barod am fy nghinio ar ôl yr oedi annisgwyl ac erbyn i mi agor y drws ffrynt roedd fy mol yn rhuo.

'Oes 'na bobol?'

Roedd yr arogl cig eidion yn hyfryd. Cerddais drwy'r coridor i'r gegin gefn gan gamu dros beth wmbrath o focsys cardfwrdd ar y ffordd. Sbeciais i mewn i ambell foc a gweld eu bod nhw'n llawn o hen dedis a theganau, ac ysgydwais fy mhen yn drist gan ddychmygu Dad yn trio cael *spring clean* o'r atig ar ei ben ei hun. Es drwodd i'r gegin a ffeindio Dad yn ei ffedog yn troi'r grefi.

'Ti'n symud tŷ heb ddeud wrtha i?' medda fi gan roi sws ar ei foch.

'Mm?'

'Yr holl focsys 'na. 'Ta dechra busnas car bŵt wyt ti?'

Chwarddodd Dad. 'Oes gen ti syniad faint o hen geriach sgen ti a dy chwaer yn yr atig 'na? Cym olwg drw'r bocsys pnawn 'ma, a cadwa be bynnag lici di, ond ma'r gweddill yn mynd.'

Roedd yn gas gen i gael gwared o hen bethau. Roedd 'na wastad ryw stori neu atgof i fynd efo pob un o'r teganau, y posteri neu'r hen lyfrau oedd yn y bocsys, ac ro'n i'n un drwg am gasglu. Anwybyddais orchymyn Dad gan obeithio y byddai'n anghofio ac yn cadw fy holl atgofion yn yr atig am byth.

'Mae 'na ogla da 'ma,' medda fi gan roi fy mys yn y grefi i'w flasu. 'Oes 'na Yorkshire Puds?'

'Oes 'na Yorkshire Puds, wir? Be ti'n feddwl ydw i?'

Yorkshire Puds Dad oedd y pethau gorau ac ysgafna yn y byd, a fasa fo ddim yn meiddio gwneud cinio dydd Sul hebddyn nhw. Agorais ddrws y stof i sbecian ar y cig a'r tatws, a daeth niwl y nefoedd allan ohoni ac i fyny fy nhrwyn.

'Ww, ma'r tatws rhost yn rêl sioe, Dad! Ers pryd ma'r rheiny mewn?'

Sbiodd Dad ar ei watsh yn gyflym, dros ei sbectol.

'Ryw dri chwartar awr dda rŵan, dwi'n meddwl. Chwartar awr fach arall, ac mi fyddan nhw'n berffaith.'

'Lle ma Mam?'

'Yn y stafall fyw,' meddai Dad, yn dal i ganolbwyntio ar y grefi oedd yn dechrau twchu. 'Mae Anti Myf 'di dod draw, cer drwodd i ddeud helô.'

Tolltais ddiod o ddŵr i mi fy hun, a mynd i'r stafell fyw lle'r oedd Mam yn eistedd ar y soffa efo Anti Myf, ei blanced drydan wedi ei thaenu dros ei phennau gliniau. Sgwrsio oedd y ddwy am fore coffi roedd Mam yn bwriadu ei gynnal ymhen tua mis i hel pres ar gyfer un o wardiau Sbyty Gwynedd. Ro'n i'n gallu gweld fod Anti Myf wedi trio perswadio Mam nad oedd o'n syniad da, ond roedd Mam mor benderfynol ag arfer.

''Di o ddim trafferth, siŵr,' meddai Mam. 'Amball i sgon, un o'r boilars mawr 'na sydd yn y festri. Dwi'n ddigon 'tebol.'

'Ti'm yn meddwl y byddai'n well i ti ganolbwyntio ar ddod yn ôl atat ti dy hun, d'wad?'

'Haia, Anti Myf,' medda fi gan roi sws ar ei boch. 'Haia, Mam.'

'Lowri, diolch byth. Tria roi perswâd ar dy fam, 'nei di? Mae'n meddwl ei bod hi'n rhyw fath o Superwoman.'

Gwenais ar Myf gan godi fy sgwydda gystal â dangos nad oedd gen i ddim dylanwad ar ystyfnigrwydd Mam, ac eisteddais yn y gadair esmwyth i wrando ar y ddwy yn cega. Doedd yr un o'r ddwy yn gwrando ar y llall ond doedd hynny ddim i'w weld yn poeni'r un ohonyn nhw. Wedi pum munud o din-droi, cododd Myf ei dwylo i'r awyr ac ebychu fod 'na ddim pwrpas wir a'i bod hi erioed 'di cyfarfod rhywun mor bengaled â Mam, heblaw amdani hi ei hun. Cododd o'i chadair a rhoi sws i Mam ar ei phen, yna un i mi cyn gadael.

'Cofiwch fi at Lisa,' medda fi.

'Mi wna i,' atebodd ar drothwy'r stafell fyw. 'O ia, bron i mi anghofio. Mae Dyfed mewn rhyw gonsart draw yng Nghaereifion nos Sadwrn yma ond dwi methu mynd. Mae 'na ymarfer Cwarfod Bach fedra i mo'i fethu. Mi wnes i gynnig fy nhocynnau i dy rieni ond dydyn nhw ddim ffansi. Wyt ti isio nhw, Lows?'

Doedd consarts ddim cweit fy sin i ond cytunais i gymryd y ticedi gan feddwl y byddai'n neis ei weld o eto, hyd yn oed os nad oedd gen i ddiddordeb mawr iawn yn y miwsig ei hun. Ro'n i'n dychmygu cynulleidfa llawn o *blue rinses*, a minnau yn eu canol.

'Fydd o'n dod ag Ifan i fyny efo fo?' gofynnais i Myf. Roedd Dyfed a'i wraig wedi cael babi newydd chwe mis yn ôl ac roedd Myf wrth ei bodd yn actio Nain pan gâi'r cyfle i'w weld.

'Dwn i'm, dwi'm yn siŵr os fydd Anni'n dod, felly ella fydd Ifan yn aros adra efo hi. Gawn ni weld. Reit, 'sa well i mi fynd cyn i'r gŵr 'cw ddechrau cwyno fod ei ginio'n hwyr.'

Winciodd Myf arnon ni'n dwy ac i ffwrdd â hi. Trois i wenu ar Mam a mynd i eistedd wrth ei hochr, gan dynnu'r flanced drydan dros y ddwy ohonan ni. Roedd o fel cael coflaid gan arth.

'Ti'n iawn, pwt?' gofynnodd. Roedd hi'n dechrau rhoi pwysau ymlaen o'r diwedd.

'Yndw, sti. Ti?' medda fi. 'Ma Manon yn cofio atat ti.'

''Nest ti ddim ei gwahodd hi draw?'

'Do, ond roedd ganddi ormod o waith marcio.'

'Dyna biti. Be w't ti'n neud fory, pwt, ddoi di draw?'

'Mae gen i gyfweliad yn y bore…'

'O, reit dda,' meddai.

'Efo cwmni gwneud colur.'

Edrychodd hithau arna i'n rhyfedd, yn union fel wnaeth yr hogia ddoe.

'Ma hwnna'n ddewis… gwahanol. I chdi.'

'Ia, wel,' medda fi. 'Mae o'n talu.'

Dechreuodd Mam sôn am ffrind Myf ym Mhrifysgol Bangor eto, ond mwya'n byd roedd hi'n ceisio rhoi perswâd arna i, mwya'n byd ro'n i'n gwthio yn ei herbyn. Penderfynais beidio sôn gair am y prosbectws oedd yn cuddio yn fy mag neu faswn i byth yn clywed ei diwedd hi. Dwn i'm be oedd am y cwrs PhD oedd yn fy nychryn i cymaint. Ro'n i'n gwybod y byddwn i'n mwynhau'r ymchwil, ond roedd tamaid ohona i'n poeni nad o'n i ddigon da, nac yn ddigon clyfar.

'Ti'm gwaeth na holi,' meddai Mam yn dal i sôn am y cwrs. Ond dyna'n union oedd yn fy mhoeni i. Be taswn i'n holi, a bod yr Adran yn chwerthin yn fy wyneb? Neu be taswn i'n gwneud cais ac yn cael fy ngwrthod? Gwell peidio holi o gwbl weithiau. O'r diwedd daeth Dad drwy'r drws, a stopiodd Mam am eiliad, diolch byth.

'Cinio'n barod,' meddai.

Cododd y ddwy ohonan ni gan adael y flanced drydan ar ochr y soffa a mynd drwodd i'r gegin lle'r oedd Dad wedi gosod y bwrdd bwyd. Roedd y pren yn gwegian dan yr holl blatiau, er mai dim ond tri ohonan ni oedd am fwyta.

'Deud dy hanas diweddara wrtha fi 'ta,' meddai Dad wrth dorri ei foron yn ddarnau bach. Helpais innau fy hun i fresych coch a stwffin.

'Dwn i'm,' medda fi. 'Ma bob dim yn iawn am wn i. Ma gen i gyfweliad fory.'

'Efo cwmni colur,' meddai Mam.

'O.'

'Dwi'm hyd yn oed yn gwbod os dwi isio'r swydd,' medda fi gan wgu ar Mam.

Ro'n i wedi dechrau diflasu ar y dref yn ddiweddar. Roedd rhywbeth wedi digwydd i mi ar ôl i Anthony fynd eto ac ro'n i'n teimlo fod y dre'n gwasgu amdana i. Roedd o yn Awstralia ac ro'n i'n yr un hen dre'n stiwio, ac roedd ei eiriau yn atseinio yn fy mhen bob dydd. *Dwi'n gwbod bod hi 'di bod yn anodd i chdi yn styc yn Dol, methu ffeindio gwaith ar ôl coleg ac yn gorfod edrych ar ôl dy fam, tra dwi 'di bod yn crwydro'r byd a gwneud ffrindia newydd.* Ai dyna pam ro'n i'n mynnu hunanddinistrio drwy yfed a rhedeg ar ôl bechgyn oedd yn fy nhrin i'n crap; trio ei brofi fo'n anghywir? Wel, da iawn, Lowri, meddyliais, ti'n gneud uffar o job dda o ddangos bo' chdi'n iawn hebddo fo. Ar ben hynny, bob man ro'n i'n mynd roedd 'na rywbeth yn fy atgoffa ohono ac roedd hi'n edrych yn fwy amhosib dianc bob dydd. Ro'n i'n gwastraffu pob penwythnos yn yr Abbey efo'r hogia ac er 'mod i'n eu caru, ac wrth fy modd yn byw efo Manon, ro'n i'n teimlo 'mod i angen rhywbeth newydd.

'Sgen ti unrhyw syniadau eraill i fi?' gofynnais i Dad.

'Ia,' meddai Mam, 'achos dydi hi'n gwrando dim arna i.'

'Wel, dwi wedi bod yn meddwl. Ddoth Elin ar y ffôn neithiwr, yn deud bod Lee'n mynd i ffwrdd efo gwaith dydd Llun nesa. Pam na ei di lawr i'w gweld hi am wythnos neu ddwy? Ella gei di flas ar y ddinas fawr, neu ella y bydd gweld swyddfa grand Elin yn rhoi syniad i ti o be hoffet ti neud.'

Cnoais fy nghig yn ara wrth feddwl am eiriau Dad. Roedd Elin yn byw yn Llundain ers tair blynedd rŵan, ac ro'n i wedi bod yn ei gweld hi efo Mam a Dad, ond erioed ar ben fy hun. Efallai fod gan Dad bwynt – roedd hi'n hen bryd i mi gael newid bach. Ac roedd o'n amlwg yn poeni 'mod i dal yn ddi-waith er 'mod i'n mynd i gyfweliad ar ôl cyfweliad.

Ar ôl gorffen cinio, es i a Dad drwodd i'r gegin i olchi'r llestri a rhoi gweddillion y cinio yn y ffrij. Roedd 'na beth wmbrath o fwyd yn sbâr, felly ges innau chydig bach o bopeth mewn bocs *tupperware* i fynd adra.

'I dy ginio di fory, 'li.'

Aeth Dad allan i'r cefn wedyn i fynd â'r bocs ailgylchu allan, ac mi es i'n ôl i eistedd efo Mam yn y parlwr. Roedd hi'n syrthio i gysgu ar y soffa, y flanced drydan wedi'i lapio o'i chwmpas ac yn gwneud iddi edrych fel fajita bach. Eisteddais wrth ei thraed gan dynnu mymryn o'r flanced am fy nghoesau a phwyso fy mhen ar fraich y soffa. Gwrandewais arni'n anadlu'n drwm, a gan adael i wres y cinio fy nghynhesu o'r tu mewn, caeais fy llygaid, a chysgu.

AFANCOD

Mae afancod Ewropeaidd yn paru am oes ac yn magu eu plant gyda'i gilydd fel cwpwl priod, ond mae afancod Gogledd America yn parhau i gyplu gydag afancod eraill hyd yn oed ar ôl dod o hyd i gymar oes.

YN HWYRACH Y prynhawn hwnnw, ro'n i'n sefyll ar stepan drws oedd yn hollol gyfarwydd i mi ond doedd y teimlad o gnoi yn fy stumog ddim yn gyfarwydd o gwbl. Ro'n i wedi bod yn dod yma ers bron i saith mlynedd, ond do'n i heb orfod cnocio a sefyll ar y stepan i ddisgwyl nes byddai rhywun wedi dod at y drws ers tro. Ro'n i'n teimlo fel nionyn ac yn dechrau difaru dod o gwbl pan agorodd y drws ac ymddangosodd Meic y tu ôl iddo mewn ofarôls gwyn, a smotiau o baent gwyrdd ar ei fochau.

'Duw, Lowri! Ers talwm. 'Sa'm rhaid i chdi gnocio siŵr, ty'd i mewn.'

Dilynais Meic drwodd i'r gegin ag arogl paent cryf yn llenwi fy mhen. Roedd blancedi wedi eu taenu dros y dodrefn i gyd ac roedd y lle ar gychwyn.

'Sori, o'n i'n teimlo'n rhyfadd jyst yn cerddad i mewn,' medda fi gan gamu dros y rholeri a'r tuniau paent gan geisio peidio staenio fy nhrowsus. 'Ti'n brysur? 'Na i'm aros yn hir.'

'Paid â bod yn wirion,' meddai Meic. 'Ma pob gweithiwr da angen panad bob hyn a hyn. Ti ffansi rhoi'r tecall ymlaen?'

Es drwodd i'r gegin a llenwi'r tecall efo dŵr gan sbio ar yr holl luniau oedd yn gorchuddio drws yr oergell – y rhan fwyaf o Siwan yn dringo coed neu'n neidio i mewn i byllau dŵr yn ei welis llyffant, ond ambell un o Anthony a'i frodyr hefyd, a fy wyneb innau'n ymddangos mewn un neu ddau. Yng nghanol y lluniau roedd un cerdyn post o Awstralia, ac un amlen wen wedi ei gwneud o bapur tew, gydag enwau Siwan, Meic a'i wraig arno mewn llythrennau troellog. Tynnais y cerdyn post oddi ar y drws a darllen y neges fer oedd arno am y tywydd, y bwyd, y ffrindiau newydd. Doedd Anthony rioed yn un da iawn am sgwennu llythyrau dwys. Rhoddais y cerdyn yn ôl ar ei lwmpyn o Blu Tack, a tholltais ddau lond mygiad o de tramp.

'Lyfli,' meddai Meic wrth gerdded i mewn i'r gegin a chymryd llowciad o'r te berwedig. 'Dim byd gwell na panad. Ti'n iawn 'ta, Lows? Be sgen ti i'w ddeud?'

'Dim byd mawr, 'sa'm llawar yn newydd. Dal i chwilio am job. Mam yn iawn ar hyn o bryd. Bywyd yn mynd yn ei flaen, t'bo?'

Eisteddodd y ddau ohonan ni wrth y bwrdd yn yfed ein paneidiau mewn distawrwydd, yn ceisio meddwl am rywbeth, unrhyw beth, i'w ddeud.

'Ma Dad isio fi fynd i Lundain at Elin am chydig bach.'

Nodiodd Meic yn araf gan chwyrlïo'r te o gwmpas ei geg fel petai'n blasu gwin.

'Syniad da. *Change* bach i chdi. Ti am fynd?'

Codais fy sgwyddau'n ddiog. Do'n i heb benderfynu eto a doedd gen i ddim llawer o fynadd meddwl am y peth. Ro'n i'n difaru codi'r pwnc yn barod, felly ceisiais feddwl am rywbeth arall i'w ddeud. Estynnais am fy mag gan gofio pam 'mod i wedi galw heibio.

'Ydi Siws o gwmpas?'

'Nadi, cofia, mae 'di mynd at ei nain heddiw. Ond mae hi'n dy fethu di, ma bob dim yn Lowri-hyn-Lowri-llall ar y funud.'

Gwridais. Ro'n i'n teimlo'n ofnadwy o euog nad o'n i wedi bod draw i'w gweld hi'n gynt, a feiddiais i ddim cyfadda fod arna i ofn dod draw ers i Anthony fynd yn ôl i Awstralia.

'Wel, ma Dad yn gneud i mi luchio fy hen deganau a ballu, ac mi ddois ar draws amball beth ella y bydda Siws yn licio.'

O'r bag, dechreuais dynnu cant a mil o deganau, fel Mary Poppins mewn ffair antîcs. Roedd 'na anifeiliaid fferm plastig, datgelydd metel bychan, car rheolaeth o bell a pheth wmbrath o lego. Gosodais bopeth yn daclus o fy mlaen gan greu byd bach rhyfedd.

'Ma rhein yn grêt, Lows, diolch ti. Mi fydd Siws ar ben ei digon. Ti'n siŵr dy fod ti ddim isio nhw?' Chwarddais arno. Be aflwydd o'n i'n mynd i'w wneud efo datgelydd metel bach, bach? Trio ffeindio trysor bach, bach yn yr ardd? Roedd Meic yn byseddu'r holl deganau efo gwên yn union fel plentyn, ac ro'n i'n dechrau amau pwy fyddai'n cael y mwynhad mwyaf o chwarae efo nhw.

'Gwych. Ro'n i'n digwydd meddwl bora 'ma bod hi'n amser i mi stopio prynu teganau newydd i Siws, a ninnau efo priodas i safio ati hi.'

'Duw, ydi Siwan yn priodi'n barod? Ma nhw'n tyfu fyny mor gyflym dyddia 'ma,' medda fi gan herio Meic, ond chwarddodd o ddim.

'Shit,' meddai. ''Di o heb ddeutha ti, naddo? Damia fo, nath o addo i mi.'

Rhoddodd Meic y mochyn a'r ddafad fach blastig yn ôl ar y bwrdd, wrth ochr y car oedd yn edrych yn anferthol wrth eu hymyl.

'Be sy?' gofynnais wrth weld ei wyneb yn duo'n sydyn. 'Pwy sy'n priodi?'

Yna dalltais, a sbiais eto ar yr oergell lle'r oedd amlen dew, wen yn hongian efo enwau tri o'r teulu arni mewn llawysgrifen grand, a wynebau hapus Anthony a minnau yn gwenu'n ddel y tu ôl iddi.

'Ddim Anth?' medda fi gan chwerthin. 'Newydd fynd 'nôl i Awstralia mae o. Newydd gyfarfod yr hogan arall 'na.'

'Ladda i o,' meddai Meic. 'Mi wnaeth o addo i mi y basa fo'n gadael i ti wybod.'

Anadlodd yn ddwfn, ei lygaid yn rasio o amgylch y stafell wrth iddo feddwl am y geiriau iawn, yna'n gorffwys ar fy llygaid i.

'Mae o wedi dyweddïo. A ma gen i deimlad fod y diawl bach heb fod yn hollol onast efo chdi. Maen nhw wedi bod efo'i gilydd ers blwyddyn rŵan. Doedd gen i ddim syniad am yr holl beth tan ddaeth o'n ôl, neu mi faswn i wedi deud rhywbeth wrthat ti'n gynt. Mi nath y ddau gwrdd wthnos ar ôl iddo fo gyrraedd Awstralia llynadd, ond doedd o ddim isio gorffan petha efo chdi dros Skype. O'n i'n meddwl fod o wedi esbonio hynny i chdi noson o'r blaen. Nath o addo.'

Roedd o fel petai 'na fwlch mawr yn fy ymennydd, ond doedd fy nghorff heb ddeall hynny achos roedd fy mysedd a 'nhraed yn fwy aflonydd nag erioed. Doedd gen i ddim syniad be i'w ddeud. Ro'n i'n gandryll, ond ddim efo Meic. Do'n i ddim isio bod yn flin o'i flaen o, felly chwarddais.

'Paid â phoeni,' medda fi gan geisio gwenu. 'Dwi'm yn synnu fod o heb ddeutha fi, dwi'n gallu bod yn eitha sgeri pan dwi'n flin. Ond dwi'n iawn. Dwi'n falch drosto fo.'

Ro'n i'n gandryll. Yn gandryll.

'Dwi'n sori, Lows. Mi geith o uffar o stid pan siarada i efo fo nesa. Ti'n gwbod faint ma pawb yn meddwl ohona chdi.'

'Dwi'n siŵr fod Miranda'n falch,' medda fi.

'Ti'n gwbod bod Miranda yn lembo.'

Roedd 'na saib annifyr wrth i'r ddau ohonan ni sbio ar ein dwylo. Caeais fy mag a'i roi ar fy ysgwydd.

'Go iawn, Meic. Dwi'n ocê. Wir yr rŵan, dwi'n hapus.'

'Paid â bod yn ddiarth,' meddai Meic wrth fy nilyn tua'r drws ffrynt. 'Dwi a Siws dal isio dy weld di, cofia.'

Rhoddais sws ar ei foch a gaddo y baswn i'n dod draw yn fuan, er bod gaddo ddim fel petai'n golygu dim i'w teulu nhw. Cerddais i lawr y stryd gan wybod yn iawn 'mod i'n rhoi gormod o sbonc yn fy nghamau. Roedd fy mhen yn deud wrtha i am eistedd, am gyrlio fel cath ar ochr y ffordd, ond roedd fy nghorff wedi deffro drwyddo ac roedd fy nghoesau'n gwrthod stopio. Daeth fy nghamau'n fwy nes i mi ffeindio 'mod i'n rhedeg i lawr y stryd, drwy'r sgwâr, heibio'r Abbey ac allan o'r dre. Roedd yn gas gen i redeg, ac ro'n i allan o wynt yn barod, ond ro'n i'n eitha mwynhau cael poen yn fy mrest. O leia ro'n i'n gallu esbonio'r poen hwnnw, nid fel y poen gwag ro'n i'n ceisio'i anwybyddu yn fy mhen.

Dechreuais redeg yn gynt ar hyd un o'r llwybrau defaid oedd yn codi o'r beipas ac i fyny'r bryn wrth i mi drio anghofio'r olwg ar wyneb Meic, ei euogrwydd a'i dosturi yn gymysg â'i ddicter. Ro'n i wedi cael digon ar bobol yn fy mhitïo. Rhedais yn gynt; ro'n i'n colli 'ngwynt ac roedd fy ysgyfaint yn llosgi. Plygais yn fy hanner pan gyrhaeddais ben y bryn gan afael yn fy ochr. Ro'n i'n anadlu'n ddwfn ac roedd yr aer yn crafu'n swnllyd yn erbyn fy ngwddf.

Cerddais i ochr arall y bryn yn gyflym gan osgoi'r brwyn a'r gors, a dechreuais gerdded i lawr i'r cwm yr ochr arall. Roedd 'na goedwig wrth droed y bryn, ac ro'n i'n gwybod am lannerch bach yn ei chanol lle'r o'n i'n arfer chwarae ers talwm. Ro'n i isio bod ar ben fy hun am ychydig, ac roedd y goedwig yn lle perffaith i wneud hynny.

Ro'n i'n gallu clywed ci yn cyfarth yn rhywle, ac mi dybiais fod rhywun yn mynd am dro yn y coed ac y byddai'n pasio drwy'r llannerch, ond ro'n i'n siŵr na fyddai'n aros yno am hir. Ro'n i'n anghywir. Pan gerddais drwy'r drws bach oedd wedi'i ffurfio gan ddwy goeden, roedd rhywun yn eistedd yng nghanol y cylch perffaith, yn ysgrifennu mewn llyfr nodiadau efo Jack Russell bach wrth ei ochr. Trodd y person wrth fy nghlywed yn baglu dros y dail a'r brigau, a gwelais ei wyneb.

'Chdi eto,' medda fo wrtha i.

'W't ti o ddifri?'

Rhedodd y ci bach ata i, a chodi ei ddwy bawen flaen ar fy nghoes. Codais o i 'mreichiau, a rhoi o bach iddo tra oedd o'n llyfu fy wyneb.

'Haia, Benson.'

Cariais y ci draw at y Ffêri Godmyddyr, ac eistedd wrth ei ymyl.

'So, deud wrtha fi,' medda fi. 'Be ti'n da yma?'

'O'n i a Ben yn mynd am dro, yn doeddan, boi? A mi ffeindion ni'r lle bach tlws yma. Felly gafon ni hoe fach er mwyn sbio ar yr awyr a gwlychu'n cotiau yn y gwair. Be w't ti'n da 'ma?'

'O'n i angan stopio meddwl am rwbath.'

'Ti isio fi ofyn be?'

'Ti isio gwbod?'

'Dwn i'm.'

Gorweddais yn ôl yn y gwair gan adael i'r gwlybaniaeth oeri fy ngwar heb boeni am fy nillad. Teimlais ei gorff yn gorwedd wrth ymyl f'un i, ei fraich yn pwyso yn erbyn defnydd fy nghrys.

'Be w't ti angan stopio meddwl am?'

'Am beidio gorffen brawddegau efo arddodiad.'

Chwarddodd yntau fel petawn i wedi deud y jôc orau erioed, cyn cywiro ei gwestiwn gwreiddiol.

'Ma 'nghariad i 'di dyweddïo.'

'Efo rhywun arall?'

'Ia.'

'Wel, 'di hynny ddim yn ddechra da, pan mae dy gariad di wedi dyweddïo efo rhywun arall.'

'Cyn-gariad,' cywirais fy hun. 'Sori, arferiad.'

Roedd o'n dawel am ychydig ac ro'n innau'n gobeithio nad o'n i wedi ei ddychryn, ond ar ôl rhai eiliadau o ddistawrwydd dechreuais deimlo'n falch nad oedd o'n gofyn cant a mil o gwestiynau, nac yn trio rhoi cyngor. Roedd rhai pobol yn mynnu cynnig cyngor ar adegau fel hyn ond weithiau roedd rhywun jyst angen fentio. Ar ôl saib perffaith ei hyd, gofynnodd gwestiwn arall.

'Oeddet ti isio'i briodi fo?'

'Dwn i'm. O'n i'n meddwl 'mod i. Ond rŵan? Nag oes.'

'Felly pam fod o bwys fod o'n priodi rhywun arall?'

'Dydi o ddim.'

Chwarddodd arna i wrth fy ngweld yn gwgu gan fynnu bod dim o'i le.

'Iawn, mae o bwys. Ond dwi'm yn gwbod pam. O'n i efo fo am saith mlynadd a... dwn i'm, dwi jyst yn meddwl 'mod i'n haeddu rhyw esboniad neu gyfiawnhad. Ocê, mae o 'di bod i ffwrdd am flwyddyn, a iawn, ocê, doedd yr un ohonan ni'n dau yn hollol ffyddlon, ond blydi hel. Dyweddïo? Ma jyst yn sioc, dyna i gyd.'

Roedd o'n dawel am chydig unwaith eto, yn gadael i mi stiwio dros fy meddyliau.

''Di o'm yn swnio fel y person iawn i chdi.'

Fy nhro i oedd hi i chwerthin wedyn, a rholiais drosodd nes ro'n i'n pwyso ar fy ochr ac yn ei wynebu. Roedd o'n gwenu'n ddryslyd arna i, yn methu'n glir â deall pam 'mod i'n chwerthin cymaint.

''Dan ni ddim yn byw mewn ffilm, sti. Does 'na ddim jyst un person iawn i bawb, allan yn fan'na yn rhywle,' medda fi wrth gyfeirio'n amhendant tuag at y goedwig. 'Dydi pobol ddim yn aros efo un person am weddill eu hoes dyddia 'ma chwaith, ma 'na ormod o opsiynau allan yn fan'na.' Chwifiais fy mreichiau unwaith eto, fel petai'r goedwig yn llawn o ddynion perffaith.

'Felly ydi hyn ddim yn beth da? Ydi rŵan ddim yn amser perffaith i ddarganfod yr holl opsiynau eraill? Neu jyst i ddarganfod dy hun? Gei di fod yn enaid rhydd, fel Anna Karenina.'

Meddyliais am y peth yn araf gan droi'r syniad yn fy mhen fel taswn i'n cnoi cil. Ro'n i'n hoff o'r syniad o fod fel Anna Karenina.

'Yndi ella. Ond ma dal yn brifo, ca'l dy dympio.'

'A dyma ni wedi cyrraedd gwraidd y broblem,' chwarddodd eto. 'Dy falchder di sy 'di cael ei frifo, dyna i gyd. Dwyt ti ddim yn hiraethu am dy gariad nac yn drist fod pethau wedi mynd ar chwâl. Ti'n flin fod rhywun wedi dy wrthod di.'

Syllais arno wrth iddo barhau i ddarllen fy nghalon fel petai'n darllen sgript.

'Ma hynny'n naturiol. Does 'na neb yn hoffi cael ei wrthod.'

Gwrandewais ar y dail yn siffrwd a'r adar yn canu yn y pellter. Roedd Benson wedi diflannu i un o'r gwrychoedd gerllaw i chwilio am wiwerod, am wn i. Gorweddais yn fy ôl unwaith eto ac ochneidio.

'Iawn, Mistar Seicoleg. Gawn ni siarad am rwbath arall rŵan plis?'

Meddyliodd am eiliad cyn estyn am y llyfr nodiadau bach oedd yn gorwedd wrth ei droed.

'Ti isio clwad rwbath o'n i'n gweithio arno fo cyn i chdi gyrradd?' medda fo.

'Iawn, ocê.'

'Mae Idris wedi mynd yn hen ddyn crwm
A minnau yn heneiddio mwy bob dydd.
O'n cwmpas gwelwn goed a chaeau llwm
Sydd weithiau'n gwneud hi'n anodd cadw'r ffydd.
Ond ddoe mi es am dro i'r coed gerllaw
A chrwydro trwy'r prynhawn nes dois ar draws
Un lle cyfarwydd. Ac fe drodd y glaw
Yn ddafnau mân o aur, ac roedd hi'n haws
Cerdded ar hyd y dail a'r brigau mân,
Fe welais awyr las yn dod i'r fei
Drwy dwll bach yn y niwl, yn bur a glân.
A theimlais eto'n wyth mlwydd oed. Mi gei
Ddod gyda mi i weld y lle bach tlws.
Awn drwy y bwlch sy'n union fatha drws.

Ti'n licio hi?'
'Yndw,' medda fi. 'Be ma hi'n feddwl?'

'Dwi'm am ddeud. Ddim lle y bardd ydi dadansoddi'r gerdd, lle'r darllenydd ydi o.'

'Ond chdi sy'n gwbod be mae hi'n ei feddwl go iawn.'

'Pwy sydd i ddeud mai fi sy'n iawn?' gwenodd arna i. 'Ond ma hi'n swnio'n neis, yn dydi?'

'Yndi.'

'Wel, dyna ni felly. Mae'n siŵr neith rhywun sy'n ei darllen hi ffeindio rhyw ystyr ddofn iddi, a wedyn fedra i ddeud, "Ia, dyna'n union ro'n i'n trio'i ddeud".'

'Bardd w't ti?'

'Weithia.'

'Ro'n i'n meddwl nad oeddet ti'n licio beirdd,' medda fi gan gofio ei dôn ffyrnig ar y ffôn yn gynt y prynhawn hwnnw.

'Dwi'm yn licio *divas*,' atebodd yn bendant.

Roedd robin goch wedi glanio yn y llannerch, tua phum troedfedd oddi wrtha i, ac roedd o'n hopian yn frysiog o un lle i'r llall. Ro'n i'n clywed Benson yn anadlu'n drwm wrth fy ymyl a rhoddais fwythau iddo. Roedd ei dafod yn hongian o ochr ei geg ac roedd 'na ddegau o frigau bach wedi eu clymu yn ei gôt ar ôl iddo redeg yn wallgof drwy'r gwrych. Roedd y ddau ohonan ni'n gorwedd ar ein cefnau yn sbio ar yr awyr lwyd, a Benson yn gorwedd ar ei hyd ar frest ei berchennog, yn sbio ar y robin goch.

'W't ti rioed 'di sylwi bod yr awyr o hyd yn las pan ti'n mynd mewn awyren,' medda fi gan sbio ar y cymylau llwyd oedd yn dechrau casglu wrth i'r gwyll agosáu.

'Do,' atebodd. 'Mae'r awyren yn hedfan uwchben y cymylau fel arfer.'

'Yn union,' cytunais. 'Ac uwchben y cymyla, ma'r awyr yn glir. Felly hyd yn oed ar y diwrnod mwya cymylog gei di, ma 'na wastad awyr las yn uwch i fyny. 'Dan ni angan cofio hynna weithia.'

'Dwi'n meddwl bo' chdi'n iawn.'

'Ella mai dyna ma dy gerdd di'n feddwl 'fyd, mewn rhyw ffordd. Bod bob dim yn ocê uwchben y cymyla.'

'Ia,' medda fo. 'Dyna'n union o'n i'n trio'i ddeud.'

CAETHIWED

Mae anifeiliaid mewn caethiwed yn datblygu ymddygiad ailadroddus a diangen heb unrhyw nod nac amcan, megis cnoi bariau'r cawell neu gamu ar hyd eu tir caeedig. Gellir lleihau neu gael gwared o ymddygiad tebyg drwy gyflwyno symbyliadau newydd i fyd yr anifeiliaid caeth.

MEWN STAFELL GYFARFOD boeth roedd menyw ddel wedi creu arddangosfa o golur o fy mlaen ac roedd hi wrthi'n esbonio beth oedd cynhwysion pob pot. Ro'n i'n gwneud fy ngorau i edrych fel petawn i'n gwrando ond ro'n i'n methu â pheidio ciledrych drwy'r ffenestri gwydr anferth ar yr holl ferched yn cerdded heibio, pob un mewn pâr o sodlau uchel.

'Ydi pawb yn gwisgo sodlau i'r swyddfa?' medda fi cyn gallu stopio fy hun.

'Ym…' medda hithau gan sbio ar ei thraed. 'Yndyn, am wn i. Dwi rioed 'di sylwi, cofia.'

Ac yna aeth yn ôl i roi trefn ar y gwahanol botiau o bowdr a hylif o fy mlaen gan esbonio pwy oedd y gynulleidfa darged ar gyfer pob pot. Ro'n i'n dal i wylio'r merched yn totran heibio, pob un efo gwên ar eu hwynebau fel petaen nhw'n gwisgo sliperi, nid sodlau pedair modfedd. Mae'n siŵr fod y colur 'ma'n dda, meddyliais, i allu cuddio poen yn ogystal â sbots o'u hwynebau.

Roedd y fenyw yn siarad am y swyddfa rŵan, ac yn deud bod pawb yno fel un teulu mawr. Ro'n i wedi dysgu'n ddiweddar mai cod oedd 'teulu mawr' am ''dan ni'n mynd i roi mwy o gyfrifoldebau i chi heb dalu mwy o bres i chi, a dach chi ddim yn cael cwyno achos 'dan ni'n deulu'.

'Ond dyna ti ddigon amdanan ni,' meddai o'r diwedd. 'Pam wyt ti isio gweithio yma?'

'Dwi ddim...' atebais cyn dal fy hun, '... yn siŵr sut i esbonio hynny mewn brawddeg. Dwi jyst...'

Meddylia am rywbeth, Lowri.

'Dwi jyst wrth fy modd efo'r cynnyrch,' medda fi gan godi un o'r potiau bach oddi ar y bwrdd. Gwenodd y fenyw arna i fel taswn i wedi deud bod ei babi hi'n ddel.

'A be ydi dy rwtîn dyddiol?' gofynnodd.

Paid â deud wrthi bo' chdi'n gadael y tŷ heb folchi dy wynab weithia, meddyliais, gan geisio cofio be oedd gan Manon ar ochr y sinc. Roedd hi'n cymryd gofal o'i chroen.

'Wel, fydda i'n defnyddio sebon...'

'Ar dy wynab?' gofynnodd y fenyw mewn braw fel petawn i wedi deud 'mod i'n molchi efo cerrig mân. O blydi hel, meddyliais, oedd sebon ddim yn dda i ni ddim mwy?

'Nace,' medda fi gan geisio cywiro fy hun. 'Ar fy... ngheseiliau.'

Edrychodd y fenyw fel petai 'na arogl drwg wedi dod mewn i'r stafell. Damia, ro'n i'n cocio hwn i fyny, yn do'n?

'A wedyn fydda i'n defnyddio...' estynnais am un o'r potiau agosaf, 'hwn.'

Ro'n i'n gobeithio 'mod i wedi dewis un o'r hufennau tew neis, ond pan edrychais i lawr, gwelais 'mod i'n gafael yn un o'r paledi colur llygaid. Shit.

'Wel,' meddai'r fenyw ddel gan godi un ael berffaith. 'Diolch am ddod draw.'

Ro'n i ar y bws adra o fewn pum munud, a do'n i ddim yn disgwyl galwad yn ôl.

*

Llusgais fy nhraed o'r safle bws yn sgwâr Dolgarwyn gan wybod y byddai Aled adra. Ro'n i angen chwerthin, ac ro'n i wedi penderfynu gofyn iddo ddod i wylio darlleniad Dyfed efo fi nos Sadwrn. Roedd o'n byw yn y tŷ drws nesaf i'r capel, oedd yn handi gan fod ei fam yn drysorydd a'i dad yn chwarae'r organ yno. Eistedd ar y fainc siglo yn yr ardd yn mwynhau'r haul hydrefol oedd o pan gerddais drwy'r giât, ei frychni haul yn fwy amlwg nag erioed ar ei drwyn, a phlatiaid o fisgedi ar ei lin. Roedd o'n plygu dros lyfr bychan hefyd, yn sgriblo rhywbeth ar y tudalennau.

'Helô, Lowri,' gwaeddodd mam Aled drwy ffenest y gegin wrth i mi basio'r tŷ.

'Pnawn da, Mrs Puw,' medda finnau.

'Sut mae dy fam?'

'Iawn, chi. Wedi blino weithia.' Yr un ateb fyddwn i'n ei roi i bawb.

'Wel, duda wrthi 'mod i'n rhydd i helpu yn y bore coffi, a geith hi ddefnyddio'r festri os ydi hi isio.'

'Diolch, Mrs Puw, dduda i wrthi hi.'

'Ti isio bechdan? Ddo i â rwbath allan i chi rŵan.'

''Sa'm angan, chi,' medda fi, ond doedd dim iws. Roedd hi wrth ei bodd yn ein bwydo ni.

Pan gyrhaeddais y fainc siglo a gofyn i Aled oedd o'n rhydd nos Sadwrn, gwirionodd yn lân. Rhedodd i'r tŷ gan stwffio'r llyfr bychan a'r bisgedi ar fy nglin, a dechreuais droi'r tudalennau'n araf. Roedd pob modfedd o'r papur wedi ei orchuddio â lluniau; rhai'n amlinelliadau tywyll o wynebau cyfarwydd, eraill yn sgetshys bras o'r ardd, y mynyddoedd, y coed; pob un yn anhygoel. Doeddwn i ddim hyd yn oed yn gwybod bod Aled yn gallu dal pensil heb sôn am dynnu llun. Cyn i mi allu troi tudalen arall, ailymddangosodd Al gyda chopi o gyfrol newydd Dyfed. Doedd y gyfrol ond wedi ei chyhoeddi ers tua deufis, ond roedd y copi yma'n amlwg wedi ei fodio droeon ac roedd y meingefn yn fregus yn barod. Roedd corneli bron bob yn ail dudalen wedi eu plygu er mwyn nodi ei hoff gerddi, ac roedd o'n chwilio drwyddyn nhw i ddangos un i mi. Wrth iddo fodio'r tudalennau, gwelais fod darluniau bychan mewn pensil wedi eu dotio ar hyd y gyfrol, fel y brychni haul ar ei drwyn.

'Chdi nath y llunia 'ma?' gofynnais wrth wylio Aled yn troi'r tudalennau ar frys, ond doedd o ddim yn gwrando.

'Sbia hon, lad,' meddai'n llawn cyffro gan fy anwybyddu'n llwyr. 'Mi sgwennodd o hon i'w wraig ar eu pen-blwydd priodas cyntaf. Ma'r boi yn jiniys. Mi sgwennodd o fiwsig ar gyfar y geiriau hefyd a mae hi'n tiwn. O'dd hi'n drac yr wythnos diwrnod o'r blaen. Darllan hi.'

Stwffiodd y llyfr o dan fy nhrwyn wrth i Mrs Puw ddod â dau blatiaid o frechdanau ham a phowlen o Quavers allan i ni, a mwy fyth o fisgedi. Mi gogiais innau 'mod i'n darllen y gerdd er bod Anti Myf wedi dangos y fideo i mi droeon o Dyfed yn ei chanu i Anni yn eu parti pen-blwydd priodas flwyddyn diwethaf. Sylwais o'r diwedd mai hon oedd y gân oedd yn cael ei chwarae ar Radio Cymru bob dau funud. Iawn oedd hi. Aeth Aled ymlaen i ddarllen detholiad o gyfrol Dyfed i mi, gan edrych arna i bob hyn a hyn i wneud yn siŵr 'mod i'n ymateb yn iawn. Codais i wneud paned i'r ddau ohonan ni tra oedd Aled yn cyhoeddi ei fod am ddarllen y cywydd olaf i fi.

'Ti'n gwbod am be ma'r cywydd yma'n sôn?' meddai'n eiddgar.

'Dim syniad,' atebais wrth ddewis un o'r brechdanau lleiaf. 'Wiwerod hudolus sy'n hoffi balŵns?'

Edrychodd Aled arna i fel taswn i o 'ngho a mwmian rhywbeth am bobol sydd ddim yn parchu barddoniaeth. Esboniodd mai trosiad am Gymru a Chymreictod, a'r teimlad o falchder yn dy wlad oedd y cywydd, siŵr iawn, a rholiais fy llygaid unwaith eto. Dyna'n union oedd y byd 'ma ei angen. Dyn gwyn strêt a chanol oed arall yn sgwennu cywydd am Gymru. *Groundbreaking.* Mi fasa well gen i gywydd am wiwer o lawer.

''Sa'm rhaid i chdi roi'r ticad i mi am ddim, sti,' meddai Aled ar ôl dadansoddi'r cywydd am ddeg munud, ei baned yn oer wrth ei benelin. 'On i am ga'l ticad fy hun cyn i'r noson werthu allan. 'Na i dalu chdi amdano fo.'

Roedd Anti Myf wedi gwthio tri tocyn arna i, ac er bod Aled yn meddwl eu bod nhw fel aur, ro'n i'n tybio y byddai'n her cael gwared ohonyn nhw.

'Mae gen i docyn arall hefyd,' medda fi. 'Ti'n gallu meddwl am rywun arall fyddai isio dod?' Roedd Manon yn bwriadu mynd i weld Casi y noson honno, a dim ffiars 'mod i am ofyn i Huw ddod i noson lenyddol i gambihafio.

'Dwi'm yn meddwl fod Llŷr yn gweithio nos Sadwrn,' meddai Aled. 'Mi ddaw o, dim cwestiwn, lad.'

'Llŷr? Ydi o'n closet Dyfed ffan hefyd?'

'Nachdi, ond mae o wrth ei fodd efo'r hogan tu ôl i'r bar yn y George. Fan'na 'dan ni'n mynd, ia?'

Ro'n i wedi anghofio popeth am ffetish Llŷr am ferched

gwallt coch. Dyna hynny wedi ei drefnu felly. I goroni'r cyfan roedd brawd Llŷr yn byw yng Nghaereifion, felly roedd Aled am ofyn i Llŷr ofyn i'w frawd gaen ni aros. Cyn belled â 'mod i'n gallu byw drwy ddetholiad o gerddi canol y ffordd a gitâr, roedd hi'n argoeli i fod yn noson ocê.

Cynigiodd Aled un o'r bisgedi i mi, a doedd dim rhaid iddo ofyn ddwywaith. Roedd bisgedi Mrs Puw yn syfrdanol o dda. Stwffiais dair arall i 'ngheg wrth i Aled afael yn ei un o rhwng bys a bawd a syllu arna i.

'Dwi 'di deutha ti erioed pa mor dlws w't ti?' meddai.

Chwistrellais friwsion soeglyd ar hyd fy nglin, y siglen a jîns Aled druan wrth drio deud wrtho fo fynd i grafu. Glaniodd un briwsionyn ar ei foch.

'Ti'n afiach,' cwynodd gan boeri a rhwbio ei dafod ar gefn ei law. 'Ath darn o hwnna mewn i 'ngheg i, y sgymbag.'

Ro'n i'n methu peidio â chwerthin, ac wrth i mi chwerthin, roedd mwy a mwy o friwsion gwlyb yn glanio ar fochau fy ffrind. Roedd o'n ymbil arna i stopio, ond mwya roedd o'n cwyno, mwya ro'n i'n chwerthin. Mi fuodd raid iddo gynnig powlen wag y Quavers i mi yn y diwedd i mi gael poeri'r talp o fisged allan cyn gwneud mwy o lanast.

'Dwi'm yn synnu bo' chdi'n sengl,' medda fo'n gellweirus, a ddangosais i ddim fod y dolur yn dal i frifo.

'Ges i gyfweliad am swydd bora 'ma,' medda fi i newid y pwnc.

'Sut ath hi?'

'Ddim yn grêt. 'Nes i ddeud wrth y ddynas 'mod i'n golchi fy ngheseiliau bob bora.'

'Pam?'

'Dwn i'm.'

Taflodd Aled fisged arall i'w geg a gwthio'r llawr fel bod y swing yn symud eto.

'Ti 'di trio'r ganolfan arddio?' gofynnodd i mi.

'I be?'

'Swydd 'de. Ma nhw'n chwilio am bobol.'

Gwnes addewid i mi fy hun i fynd heibio'r ganolfan arddio bore fory, er 'mod i'n gwybod nesaf peth i ddim am betiwnias.

'Ddudis i wrthat ti fod Dad isio mi fynd i Lundain am sbel, at Elin?' gofynnais ar ôl llyncu'r fisgedan olaf. 'Isio i fi gael blas o'r ddinas, medda fo.'

'Ei di?'

'Dwn i'm eto. Falla. Ma'n syniad da, ca'l *change* bob hyn a hyn. Dwi heb siarad efo Elin eto, cofia, so ella fydda i'n methu.'

'Ar wylia ei di, ia? Ei di ddim o 'ma am byth?'

'Dwn i'm. Be os fydda i ddim isio dod yn f'ôl?'

'Mi ddoi di yn dy ôl,' medda fo'n bendant.

'Sut wyddost ti? Ella 'mod i isio dechra eto, yn rhywle arall.'

'Dechra eto o be? Ac eniwe, fedri di ddim mynd. 'Nei di'n methu ni ormod, ac mi fasa Bams yn mynd allan o fusnas hebddat ti a dy emyrjensis gwirion. Fedri di ddim bod yn gyfrifol am hynny.'

Chwarddais arno, ac estyn am lond llaw arall o Quavers, ond fe slapiodd fy llaw i ffwrdd a'u bwyta nhw ei hun.

'Gawn ni weld,' medda fi. 'Dim ond syniad ydi o.'

ADAR PARADWYS

Mae adar paradwys gwrywaidd yn gwneud ymdrech fawr i ddenu cymar. Maen nhw'n symud eu plu mewn dawns unigryw ac yn ceisio tynnu sylw'r benywod at y plu lliwgar. Maen nhw'n gorfod rhoi pob gewyn ar waith er mwyn creu argraff dda.

R O'N I'N SEFYLL wrth swyddfa'r ganolfan arddio yn cwblhau'r ffurflen gais am swydd pan ffoniodd Aled. Digwydd bod, swydd ar gyfer coblyn Nadolig i helpu yn y groto o fis Tachwedd ymlaen oedd hi, ac ro'n i isio ei ladd o am awgrymu'r fath beth. Ar ôl sgwrs gyda'r perchennog, darganfyddais y byddai'n rhaid i mi dalu £50 i brynu gwisg fy hun (oedd yn cynnwys siaced goch a gwyrdd, esgidiau hirion, a chap efo clychau arno) cyn dechrau'r swydd ac ro'n i isio sgrechian. Ro'n i wrthi'n cynllunio'r ffordd orau i hela Siôn Corn a'i ladd yn araf gyda phâr o *secateurs* pan roddodd y perchennog ffurflen gais i mi. Blydi hel, ro'n i isio chwerthin yn ei wyneb a gweiddi arno i stwffio'i job, ond doedd gen i ddim llawer o opsiynau eraill yn anffodus, felly sgwennais fy manylion cyswllt yn daclus ar y ffurflen gais a'i dodi'n gyndyn yn nwylo'r perchennog unwaith eto. Oedd o'n chwerthin arna i? Y pric hunangyfiawn. Penderfynais y byddwn i'n sticio'r *secateurs* yn ei dwll tin yntau ar ôl gorffen efo Santa, a cherddais i ffwrdd i ateb fy ffôn. Roedd Aled wedi bod yn cyfri'r dyddiau nes cael mynd i ddarlleniad Dyfed, ond roedd ganddo newyddion trychinebus i mi heddiw.

'Dwi'm yn gallu dod,' meddai, ei lais yn cracio.

'Be? Pam ddim? Ti 'di bod yn edrych ymlaen ers wthnos bron.'

'Dwi'n gwbod, paid â gneud mi deimlo'n waeth. Dwi'n torri 'nghalon, lad.'

'Ocê, Al, llai o'r gor-ddeud 'ma plis.'

'Dwi yn, ddo.'

Mwmiodd rywbeth yn aneglur yr ochr arall i'r ffôn, ac ro'n i'n gallu ei glywed yn snwffio. Ffor god's sêcs.

'Mam sy'n deud 'mod i'n gorfod mynd i 'marfar Cwarfod Bach nos Sadwrn, ac i capal wedyn ben bora Sul.'

Druan o Al. Roedd ei fam yn un o bileri'r capel ac roedd hi'n llusgo ei meibion yno efo hi. Roedd dychmygu Aled, y Gallagher *wannabe*, mewn capel wastad yn gwneud i mi chwerthin.

'Jyst deud wrthi nad wyt ti'n gallu mynd,' medda fi gan roi cic i fag o gompost wrth adael y ganolfan, a theimlo fy modiau'n cleisio yn fy esgid.

'Ac mi eith hynny i lawr fel sach o datws, lad.'

'Alli di ddod draw ar ôl ymarfer? Gei di adael yn gynnar yn y bora wedyn, ar ôl ca'l sesh.'

'Ma Mam 'di deud fiw i fi ddod i capal yn drewi o gwrw eto. Ti'n cofio bythefnos yn ôl ar ôl i ni ga'l sesh yn yr Abbey? Fues i'n capal bora wedyn, yn do, lad, ac o'dd ogla'r cwrw yn dod ohona i fel niwl. O'dd gan Mam gymaint o gywilydd, nath hi dollti gwin cymun ar fy nghrys i ar bwrpas er mwyn beio'r ogla ar hwnna. O'n i mor stici.'

'Wel, ty'd ar ôl ymarfer 'ta, a wedyn dreifia adra fatha hogyn bach da. Gei di adal fi a Llŷr yn y pyb.'

Doedd Aled heb feddwl am hynny. Doedd gan yr un o'r hogia 'ma lawer o synnwyr cyffredin a fi oedd yn gorfod gwneud y trefniadau bob tro. Mi wnes fy ngorau i sicrhau Aled na fyddai Dyfed yn dechrau canu na darllen tan tua naw, felly byddai digon o amser iddo yrru yno ar ôl ei ymarfer Cwarfod Bach, ac y byddwn i a Llŷr yn cadw sêt iddo fo yn y George. Aeth oddi ar y ffôn yn hapus unwaith eto.

Treuliais fy nos Wener yn meddwl be i'w wisgo, fi a Manon yn eistedd o flaen fy wordrob efo potel o win. Roedd Manon yn trio fy nysgu sut i rowlio ffags ond ro'n i'n anobeithiol. Roedd hi'n gorfod datod y papur llac bob tro er mwyn eu hailrowlio fel bod posib eu smocio.

'Dwn i'm pam 'mod i angan dysgu sut i rowlio, a finna ddim yn smocio,' medda fi wrth edrych yn siomedig ar fy sigarét gam.

'Mae o'n un o sgilia bywyd. Mi ddaw'n handi un diwrnod.'

Rhwygais y papur a rhoi'r tybaco yn ôl yn y bag bach melyn wrth wylio Manon yn gosod un o'i sigaréts perffaith rhwng ei gwefusau a gadael iddi hongian yno cyn ei thanio. Doedd hi ddim yn edrych fel athrawes gynradd yn ystod y penwythnosau.

'Be ti am wisgo 'ta?' gofynnodd ar ôl swigiad arall o win. 'Wyt ti'n trio creu argraff ar rywun?'

Siglais fy mhen. Ro'n i 'di cael digon o chwarae gemau efo hogiau gwirion, a nos fory ro'n i jyst yn mynd i gael hwyl efo Llŷr. Doedd ganddo fawr o jans efo'r hogan tu ôl i'r bar beth bynnag.

'Ma'n biti bo' chdi methu dod,' medda fi. ''Dan ni heb fod allan efo'n gilydd ers oesoedd.'

'Dwi'n gwbod, mae o'n biti. Ddo i tro nesa, gaddo. Wel, os fydd 'na dro nesa 'de.'

Edrychais arni'n ddryslyd. Roedd hi'n cogio bach pwdu ond do'n i ddim yn deall y jôc.

'Be?' gofynnais. Roedd yn gas gen i beidio deall.

'Welis i Aled yn Co-op echddoe, a nath o ofyn i fi os geith o ddod i fyw yn dy lofft di unwaith ti 'di symud i Lundain. Ddudis i iawn, so dwi'n gobeithio dy fod ti'n mynd neu mi fydd o'n reit siomedig.'

'Ma gan y boi 'na'r geg fwyaf dwi rioed 'di'i gweld,' medda fi wrth i Manon chwerthin ar fy mhen. 'Dim ond syniad ydi o. Mond mynd ar wylia bach i weld Elin ydw i, i weld os ga i flas ar y lle. Dad sy'n meddwl 'mod i angan *change*.'

'A dwinna'n cytuno,' meddai Manon. 'Ti 'di bod yn reit fflat yn ddiweddar. Jyst gaddo ddoi di'n ôl ar ôl dy wyliau, iawn? Dwi'm ffansi byw efo hogyn.'

*

Bedair awr ar hugain yn ddiweddarach roedd Llŷr yn canu corn ei gar tu allan i'r tŷ. Ro'n i wedi penderfynu gwisgo ffrog ddu llewys hir; ffrog oedd yn dynn yn y llefydd iawn ond yn barchus ar yr un pryd. Neidiais i mewn i sêt ffrynt y car a chlywed CD gyfarwydd Edward H yn chwarae. Hon oedd yr unig CD y câi unrhyw un ei chwarae yng nghar Llŷr.

'Diolch diolch diolch am ga'l ticad i fi,' meddai Llŷr gan roi'r car mewn gêr. 'Dwi wastad yn chwilio am esgus i fynd i'r George.'

'Iawn siŵr. Jyst paid â 'ngadael i, ocê? Dwi'm yn meindio chdi'n fflyrtio, ond 'dan ni i fod i gysgu pen-wrth-draed heno a dwi'm isio rhyw hogan gwallt coch yn cymryd fy lle i.'

Chwarddodd Llŷr gan ddeud y caen ni weld. Roedd o wedi trio denu'r gochen yn ôl i le ei frawd ers blynyddoedd ond rioed 'di cael unrhyw lwc. Do'n i'm yn meddwl mai heno oedd ei noson o chwaith.

Wedi tri chwarter awr o ddreifio mi gyrhaeddon ni Gaereifion a neidiais o'r car wrth y George er mwyn casglu ein tocynnau wrth i Llŷr chwilio am le parcio – roedd Anti Myf wedi gofyn i Dyfed eu cadw wrth y drws. Roedd 'na giw wedi dechrau ffurfio y tu allan i'r dafarn a dechreuodd bigo bwrw wrth i Llŷr yrru i ffwrdd. Doedd gen i ddim pwt o awydd aros yn y ciw am hanner awr a gadael i 'ngwallt gyrlio yn y glaw, felly sleifiais heibio'r ciw gan obeithio defnyddio enw Dyfed er mwyn cael mynd i mewn i'r dafarn yn gynnar. Ymddiheurais wrth y criw o bobol oedd ym mlaen y ciw a gadael i'w cwynion fownsio oddi arnaf fel y dafnau o law oedd yn dechrau mynd yn drymach.

Cefais sioc ar fy nhin pan welais y Ffêri Godmyddyr y tu ôl i ddesg fechan yng nghyntedd y George.

'Helô chdi,' meddai efo gwên. 'Ro'n i'n meddwl 'mod i wedi deud wrthat ti am gadw draw?'

Cododd i roi sws i mi ar fy moch a sylwodd o ddim 'mod i'n sbio arno'n ddryslyd.

'Be w't ti'n da yma?'

Ei dro o oedd hi i edrych arna i'n ddryslyd rŵan, ac ro'n innau'n gobeithio 'mod i heb swnio'n rhy siort. Eglurodd yn araf mai hon oedd noson ei ffrind, noson y posteri yn yr Abbey a'r sgwrs ffôn flin, a deallais o'r diwedd mai Dyfed oedd yr enwog *diva*. Gofynnodd y Ffêri Godmyddyr o'n i angen tocyn a wyddwn i ddim sut i esbonio 'mod i'n westai i'r 'blydi bardd'.

'Mae 'na docynnau wedi eu cadw i mi, dwi'n meddwl,' medda fi'n swil.

Edrychodd yntau drwy dwmpath bychan o amlenni a dod o hyd i f'un i. Roedd Dyfed wedi llofnodi blaen yr amlen, ac wedi tynnu llun calon fach o gwmpas fy enw. Cododd y Ffêri Godmyddyr ei ael.

'Ro'n i'n arfar byw drws nesa iddo fo,' medda fi'n gyflym gan geisio esbonio.

''Di o ddim o 'musnas i,' meddai gan gynnig yr amlen i fi.

'Do'n i'm yn gwbod mai amdano fo o'ch chdi'n sôn diwrnod o'r blaen.'

Ochneidiodd yn hir a sylwais fod ei wefusau'n dynn. Roedd o'n dawel am rai eiliadau ac ro'n i'n dechrau teimlo fel hogan ddrwg yn yr ysgol wrth iddo edrych arna i'n fud.

'Jyst watsia dy hun, ocê?' meddai o'r diwedd. 'Mae gan y boi 'ma repiwtesiyn.'

Codais fy sgwyddau'n ddi-hid wrth feddwl am Anni ac Ifan, gan wybod fod y Ffêri Godmyddyr wedi clywed sïon nad oeddan nhw'n wir. A beth bynnag, ro'n i'n gallu edrych ar ôl fy hun. Galwodd rhywun o lawr cyntaf y dafarn, ac ymddiheurodd y Ffêri Godmyddyr gan esbonio bod rhaid iddo roi help llaw i'w ffrind cyn i'r noson ddechrau. Cymerais docyn o'r amlen a gadael y ddau arall ar ei ddesg gan esbonio fod Llŷr ac Aled ar y ffordd hefyd.

''Dan ni heb adael y gynulleidfa i mewn eto,' meddai, 'ond cer i eistedd a chael diod. Mi geith Aled a Llŷr ddod atat ti pan maen nhw'n cyrraedd hefyd.'

Gwnaeth i fi addo na fyddwn i'n gadael heb ei weld heno, yna gwibiodd i ffwrdd i fyny'r grisiau i dendio ar y selébs, mae'n debyg. Gyrrais neges gyflym at Llŷr ac Aled yn esbonio bod eu ticedi wrth y drws, yna gwthiais fy ffordd i mewn i'r stafell. Tywyll a diflas oedd prif stafell y George fel arfer ond roedd y lle wedi ei drawsnewid ar gyfer y noson hon. Roedd llwyfan bach wedi ei osod yn y pen pellaf, ac roedd byrddau bach crwn a chadeiriau wedi eu gosod ar hyd y llawr. Roedd y golau letrig wedi ei bylu ac felly'r unig olau yn y stafell, heblaw am y golau cylch ar y llwyfan, oedd golau crynedig y canhwyllau oedd mewn potiau jam ar bob bwrdd a silff. Roedd hi fel bod tu allan i daferna yng Ngwlad Groeg, heblaw bod oglau'r hen garpedi a chwrw ddoe yn dal i hongian yn yr aer.

Yn ofalus, cerddais rhwng y byrddau a'r cadeiriau bach del tuag at y bar, at ferch ddelfrydol Llŷr.

'Un rỳm a Coke plis.'

'I don't speak Welsh,' meddai'n sych.

'Oh. Well, that wasn't really Welsh, was it?'

'I wouldn't know, I don't speak it.'

'Right. Well, I said one rum and Coke. Please.'

Tolltodd y diod i mewn i wydr, heb rew na leim. Doedd hi'n amlwg ddim mewn hwyliau da iawn a doedd gen i ddim llawer i'w ddeud wrthi, felly mi es i eistedd wrth un o'r byrddau. Ro'n i'n gwybod na fyddai Aled fyth yn maddau i mi taswn i ddim yn cael bwrdd reit yn y blaen, ond do'n i ddim isio edrych yn rhy cîn, felly dewisais un oedd wrth gornel chwith y llwyfan. Eisteddais i lawr, a chogio bach chwarae ar fy ffôn tan i Llŷr gyrraedd, yn wlyb at ei groen.

'Ydi'n braf tu allan?' medda fi.

'Ha ffocin ha. Iawn i rai, dydi, yn cael eu gollwng wrth y drws. Fu raid i mi barcio ryw hannar milltir i lawr y ffordd, ma'r lle 'ma'n llawn dop.'

Aeth at y bar cyn dod i eistedd. Mi chwarddodd y gochen

arno a chynnig rhoi ei gôt ar y twymydd i fyny'r grisiau. Roedd hi i'w gweld mewn hwyliau gwell o lawer rŵan fod Llŷr o gwmpas, ac ro'n i'n dechrau meddwl mai cysgu ar y soffa fyddai'n hanes i heno.

'Oes raid i fi ista efo chdi?' gofynnodd Llŷr o'r bar wedi i'r gochen ddiflannu. 'Dwi'm isio hi feddwl bo' ni efo'n gilydd.'

'Ffyc off. 'Nest ti addo peidio 'ngadael i.'

O'r diwedd daeth i eistedd wrth fy ymyl. Roedd o'n arogli fel ci gwlyb.

'Fedri di o leia fynd yn ôl i'w lle hi heno?' ymbiliais. 'Dwi'm isio gorfod gwrando arna chi'ch dau yn ca'l secs drw nos.'

Chwarddodd Llŷr a dechrau gwneud synau ffiaidd i mewn i 'nghlust i nes ro'n innau'n chwerthin ac yn trio 'ngorau i roi swadan iddo. Dim ond dau funud bach oedd rhaid i mi aros nes roddodd o'r gorau iddi achos fod y drysau wedi agor, a'r gynulleidfa yn heidio i'r stafell gan ddod â sŵn ac arogl tamp efo nhw. Roedd y glaw wedi gwaethygu a'r trefnwyr wedi gorfod ildio i'r pwysau a gadael pawb i mewn cyn fod popeth yn barod. Brysiais at y bar cyn i'r ciw ddechrau ffurfio. Roedd y gochen, a'i gwg, yn ei hôl.

'Un rỳm a Coke, un peint o lagyr plis.'

'I don't speak —'

'I know. You told me. I said one rum and Coke, one pint of lager. Please.'

Trodd er mwyn estyn potel o rỳm oddi ar y silff a tholltodd fesur bach pitw i mewn i'r gwydr gan ei lenwi tua hanner ffordd efo Coke. Rhoddodd wydr peint o dan y tap a fflicio'r ddolen lagyr.

'Is the lager for your boyfriend?' medda hi gan nodio ei phen tuag at Llŷr. Rholiais fy llygaid.

'He's not my boyfriend.' Bron i mi adio 'diolch byth' o dan fy ngwynt, ond do'n i ddim isio coc-blocio yn ddiangen. Ac yn sydyn roedd ei gwên yn ôl, ac roedd hi'n rhoi sleisen o leim a llond llwyad o rew yn fy niod, a minnau'n sbio'n wirion arni hi. Cynigiais dalu ond chwifiodd hi fy mhapur decpunt i ffwrdd gan ddeud rhywbeth am agor tab a thalu ar ddiwedd y noson, felly es â'r diodydd yn ôl at Llŷr gan ysgwyd fy mhen.

'Ma dy gariad di'n anti-ffeminist.'

'Hmm?' meddai Llŷr drwy gegiad o'i beint.

'Mae'n casáu merched, am ddim rheswm. Nath hi wrthod rhoi leim a rhew i fi achos bod hi'n meddwl 'mod i'n gariad i chdi.'

Edrychodd Llŷr i mewn i fy ngwydr a gweld y sleisen o leim yn arnofio'n hapus uwch swigod y Coke, a chododd ei ael.

'Ia, mi roth hi leim i fi ar ôl i mi esbonio bo' ni ddim efo'n gilydd,' eglurais. 'Ond ges i ddim leim gynna.'

'Be, cyn i fi gyrradd 'lly?'

'Ia.' Cododd Llŷr ei ael eto a chymryd sip arall o'i beint. Oedd rhaid i mi esbonio popeth iddo? 'Ti'm yn dallt, ma genod yn ca'l eu magu i gasáu ei gilydd, ma'n rhan o'n cymdeithas batriarchaidd. 'Dan ni'n ca'l ein perswadio bod pob hogan arall yn fygythiad am ddim rheswm a dyna sut maen nhw'n cadw'r ormes yn fyw. 'Dan ni'n rhy brysur yn cwffio efo'n gilydd i gwffio dros ein hawliau.'

'So ma hi'n casáu merched, a ti'n ei chasáu hi am hynny.'

'Ti'n fy nghamddeall i ar bwrpas, yn dwyt? Ti'n dechra swnio'n anti-ffeminist hefyd.'

'Lows, dwi'm isio darlith. Wir yr rŵan, dwi ddim yn casáu merched.'

''Di o ddim yn ddigon i jyst peidio casáu merched.'

'Cym on, Lowri.'

'Ma raid i chditha fod yn ffeminist hefyd.'

'Fedra i'm bod yn ffeminist.'

'Pam ddim?'

'Achos mai mond merched sy'n ffeminists.'

Tagais ar fy niod wrth chwerthin arno fo.

'Paid â bod yn ridicilys,' medda fi. 'Fedar pawb fod yn ffeminist, siŵr iawn. Bod o blaid hawliau rhyw cyfartal ydi bod yn ffeminist.'

'Wel, be bynnag. Ma'r gair yn lot rhy wleidyddol i mi. Dwi o blaid hawliau i bawb a dwi'm isio cymryd ochra.'

Ro'n i'n syllu arno'n gegagored, yn methu credu bod un o'm ffrindiau'n gallu bod mor ddiflas o ddiduedd, mor ofnus o oblygiadau un gair bach. Dechreuais esbonio bod sefyll o blaid popeth mor effeithiol â sefyll o blaid dim byd, ond roedd o wedi cael hen ddigon. Roedd o'n edrych heibio fy mhen ac yn cilwenu, a throis rownd i weld y ferch tu ôl i'r bar yn giglo ac yn wincio arno. Ysgydwais fy mhen yn anobeithiol.

Roedd Llŷr yn mynd at y bar pob cyfle gâi ac felly doedd fy ngwydr i byth yn wag, ond ro'n i'n dechrau cael digon ar chwarae gwsberan. Ro'n i'n falch felly pan ddaeth rhywun ar y llwyfan a thapio'r meic, fel 'mod i'n cael stopio esgus mai fy ffôn oedd y peth mwyaf diddorol yn y stafell.

'Helô, 1, 2, 3,' meddai'r cyflwynydd. Ro'n i'n cymryd mai hwn oedd ffrind y Ffêri Godmyddyr. Edrychais o gwmpas y stafell i weld oedd 'na unrhyw sôn ohono – ro'n i am ofyn iddo ddod i eistedd wrth ein bwrdd ni – ond doedd o ddim i'w weld.

'Helô, a chroeso i noson gyntaf Gair am Air,' meddai'r cyflwynydd.

Wrth iddo'n croesawu, clywais ryw helbul yn dod o gefn y stafell y tu ôl i ni. Roedd ambell un o'r gynulleidfa'n twtian ac ro'n i'n clywed llais cyfarwydd yn deud sori drosodd a throsodd. Aled oedd yno yn ei grys a'i dei yn dringo dros goesau cadeiriau a choesau go iawn. Chwifiais fy llaw arno o'n bwrdd ni, ac ro'n i'n clywed rhai aelodau o'r dorf yn cwyno'n anfodlon ond ro'n i 'di cael lot gormod o rŷm i boeni am hynny.

''Di Dyfed Osian 'di bod eto?' gofynnodd ar ôl iddo ein cyrraedd.

'Dwi'n iawn, diolch am ofyn,' medda fi. 'A sut wyt titha?'

'Iawn, diolch. Ond ydi Dyfed —'

'Watsia di dy hun,' meddai Llŷr wrtho. 'Well i ti ofyn sut mae hi, neu mi fydd hi'n dy gyhuddo di o fod yn anti-ffeminist.'

'Be?' gofynnodd Aled.

'Stopia fychanu'r achos,' medda fi gan godi fy llais. 'Pobol fatha chdi sy'n —'

'Neith 'na rywun jyst deutha fi —' gofynnodd Aled eto, gan godi ei lais yn ddiamynedd.

'Pobol fatha fi sy'n be?'

'Ydi Dyfed Osian 'di bod eto plis?'

'Esgusodwch fi?' Roedd cyflwynydd y noson yn pesychu i mewn i'w feic gan wneud ei orau i gael ein sylw. 'Dydi Dyfed Osian ddim wedi bod eto. Nawr, gawn ni groesawu ein bardd cyntaf am heno...'

Roedd Llŷr ac Aled wedi dechrau piffian chwerthin, eu cyrff yn crynu a'u dwylo dros eu cegau, ac roedd rhaid i mi edrych i ffwrdd i osgoi dal eu llygaid er mwyn atal y pwl o gigls oedd yn cwffio i ddod allan o 'ngheg. Dyma'r rheswm roeddan ni'n aros rhwng waliau'r Abbey i feddwi – doedd 'na ddim gobaith y bydden ni'n gallu bihafio heno.

13

MORFILOD

Mae morfilod cefngrwm yn yr un teulu yn canu yr un caneuon, ond wrth iddynt nofio heibio teuluoedd eraill maen nhw'n gallu trosglwyddo'r gân i'r morfilod eraill. Mae un gân yn gallu creu cynnwrf mawr ac o ganlyniad yn teithio ar draws y moroedd nes bod cannoedd o forfilod yn canu yr un gân.

ROEDD Y GYNULLEIDFA wrth eu boddau efo darlleniad Dyfed, a phan ailymddangosodd ar y llwyfan efo'i gitâr i ganu cwpwl o ganeuon mi aeth pawb heblaw Llŷr a minnau yn wyllt. Ro'n i wedi laru ar Aled yn canu bob tro y byddai cord newydd yn cael ei strymio, ac roedd Llŷr a minnau wedi dechrau gêm yfed newydd – dau fys bob tro roedd Aled yn datgan ei gariad at Dyfed Osian. Roedd y ddau ohonan ni'n chwil gaib erbyn diwedd y set.

Ymhen amser, oedd yn teimlo fel canrif, daeth y gymeradwyaeth i ben ac roedd Aled ar ei draed, wrth gwrs. Daeth Dyfed i eistedd ar flaen y llwyfan a dechrau siarad ag aelodau mwyaf brwd y gynulleidfa oedd wedi heidio ato heb oedi, a throdd Aled ata i efo llygaid ci bach gan dynnu copi carpiog o'r gyfrol o'i boced.

'Ti'n meddwl neith o lofnodi'n llyfr i, lad?'

'Dwi'n siŵr y gwneith o, os ofynni di.'

Edrychodd arna i'n betrusgar, ei lygaid ci bach yn tyfu.

''Nei di ofyn drosta fi?' gofynnodd o'r diwedd.

'G'naf, pan ma Huw yn talu pawb yn ôl.'

'Plis, Lowri. Dwi'm yn gwbod sut i ofyn.'

Roedd o wedi cochi at ei glustiau ac ro'n i'n teimlo biti dros y ffŵl. Gafaelais yn ei fraich a'i dynnu tuag at y grŵp bach o ferched oedd ar ganol datgan eu cariad wrth Dyfed. Roedd yn rhaid i mi gyfaddef, roedd ganddo ddawn i apelio at ferched o bob oedran, ac roedd genod deunaw oed yn eu sgertiau byrion yn sefyll ymhlith mamau a neiniau, a phob un yn cŵian dros y dyn a'i gitâr.

'Sgiws mi,' medda fi gan dynnu Aled ar fy ôl drwy'r dorf o golomennod gwarcheidiol. 'Sgiws mi plis.'

Cyrhaeddais flaen y llwyfan a sefyll o flaen Dyfed nes iddo droi tuag ata i. O fewn hanner eiliad roedd ei lygaid wedi llenwi â chynhesrwydd fel dwy botel ddŵr poeth ac roedd o'n gwenu arna i.

'Lowri,' meddai gan roi ei freichiau am fy nghanol a 'ngwasgu. Roedd ei grys yn damp o chwys oedd wedi oeri ac roedd ei wallt yn glynu i'w dalcen. 'Mi ddudodd Mam dy fod ti'n dod. Ti'n iawn? Ti 'di tyfu! Hogan fach o'ch chdi tro dwytha i mi dy weld di.'

'Ti'n swnio fatha dy dad,' medda fi gan rolio fy llygaid. Chwarddodd Dyfed yn uchel a gallwn deimlo deg pâr o lygaid y grwpis i gyd yn culhau wrth iddyn nhw sbio arna i.

''Nest ti joio 'ta?'

'Hmm,' medda fi gan drio meddwl sut i fod yn ddiplomyddol. 'O'dd o'n iawn. O'dd y boi ddarllenodd y soned 'na cyn i ti ddod ymlaen yn... ocê, am wn i. A'r gweddill yn... iawn.'

'Ti'n anodd dy blesio.'

'Ddim o gwbl.'

Roedd o'n syllu arna i fel taswn i'n bos mathemategol roedd o'n trio ei ddatrys a do'n i ddim yn gwybod lle i edrych nes i rywun besychu yn fy nghlust, a chofiais fod Aled yn sefyll wrth fy ymyl.

'Ond os mai canmoliaeth ti angen, dyma Aled,' medda fi. 'Mae o'n fwy na pharod i dy ganmol di i'r cymyla, 'li.' Teimlais benelin yn procio fy ochr a chofiais. 'O, a mae o'n meddwl tybad wnei di arwyddo ei lyfr o?'

Trois ar fy sawdl a chwffio fy ffordd yn ôl drwy'r merched oedd yn dal i ffurfio cylch o'i amgylch, ond wrth i mi ddianc cefais gip ar ein bwrdd ni lle'r oedd y gochen bellach yn eistedd ar lin Llŷr yn giglo ac yn brathu ei glustiau.

'Ffoc sêcs,' medda fi gan ddringo ar un o'r stolion wrth y bar a gwgu i'w cyfeiriad. Tynnais fy ffôn o fy mag a gyrru neges bigog at Llŷr, a gwelais yntau'n teimlo'r dirgryniad yn ei boced yna'n edrych o'i gwmpas gan fy ngweld i'n saethu dagyrs ato. Esgusododd ei hun yn gyflym ac eisteddodd y gochen yn ôl yn y gadair gan droelli ei chyrls oren rownd ei bys bach a dilyn Llŷr efo'i llygaid, cyn gwgu pan sylweddolodd ei fod yn cerdded tuag ata i.

'Low, dwi am adael,' meddai cyn gynted ag y cyrhaeddodd. ''Ma chdi oriad y drws cefn, ty'd 'nôl pryd bynnag.'

'Be?'

''Ma Courtney 'di gorffan shifft a ma'i isio fi fynd â hi 'nôl i dŷ 'mrawd. So dwi'n mynd.'

'Courtney?' Chwarddais wrth ynganu'r enw. ''Sa chdi 'di gallu dewis rhywun mwy comon, d'wad?'

Tro Llŷr oedd hi i saethu'r dagyrs tro 'ma.

'Sym ffeminist. Ti'n gallu bod yn hen snob bitshi, sti,' medda fo. ''Sa'm rhaid i chdi aros, cer adra efo Al os ti'n mynd i bwdu am y peth.'

Gwthiais y goriad drws cefn i mewn i 'mag a chau'r sip.

'Ti 'di talu'r tab?'

'Naddo,' medda fo. ''Nei di dalu pan ti'n gadal? Dala i chdi 'nôl fory.'

'Ti'n dechra swnio fatha Huw,' medda fi'n sych.

Ochneidiodd Llŷr yn uchel wrth i mi syllu arno'n flin. 'Ti'n 'y ngyrru i'n nyts weithia.'

Winciais arno'n goeglyd a throdd yntau oddi wrtha i gan ysgwyd ei ben yn anobeithiol. Gwyliais wrth i Courtney sefyll a chymryd ei fraich, a throi i edrych arna i yn slei wrth adael y dafarn. Bitsh.

Trois ar fy mhen-ôl tuag at y bar a dal sylw'r barman ifanc.

'Un rỳm a Coke plis.'

'Sorry, I don't —'

'Ffyc sêcs, can't you blydi learn "un dau tri"? It's ffycin easy.'

'Sorry, I —' medda fo, heb allu dilyn fy nhrywydd.

'One. One ffycin rum and Coke. It's hardly Welsh. It's one blydi word. Un. It means one. One ffycin rum and Coke.'

Teimlais yn euog yn syth wrth i'r hogyn ifanc druan syllu yn ôl arna i'n syn. Doedd o prin yn ddeunaw, a fan'ma o'n i'n gweiddi arno fo yn fy nghwrw. Yn amlwg, do'n i ddim angen un rỳm a Coke arall ond mi dalais a deud wrtho am gadw'r newid, cyn belled â'i fod o'n dysgu cyfri o un i ddeg. Daeth Aled draw i ofyn pam ar wyneb daear 'mod i'n gweiddi ar y boi ifanc ond cyn i mi feddwl am esgus, sylwodd ar y cloc. Neidiodd ar ei draed gan weiddi rhywbeth am fynd adra. Sym hôps am noson wyllt felly.

'Ti'm ffansi un diod bach arall?' gofynnais wrth iddo wisgo ei gôt.

'Na, ma raid i fi fynd neu fydd Mam yn lloerig. Ddudis i 'swn i adra cyn hannar nos.' Rhoddodd sws i mi ar fy moch a gosod ei lyfr yn ei boced yn ofalus. 'Gad fi wbod lle dach chi'n mynd am frecwast fory. Ddo i i'ch cyfarfod chi ar ôl capal.'

Nodiais heb siarad a'i wylio'n gadael y dafarn. Roedd hi wedi dechrau gwagio, ac roedd y barman wedi manteisio ar y cyfnod tawel i ddechrau llnau'r silffoedd a'r byrddau stici. Do'n i heb weld cip o'r Ffêri Godmyddyr ers i mi gyrraedd, ac ro'n i'n dechrau ailfeddwl ynghylch aros yma amdano. Ond dim ffiars 'mod i am fynd yn ôl i dŷ brawd Llŷr eto a'r ddau yna'n byta'i gilydd; do'n i'n sicr ddim isio'u clywed nhw wrthi. Edrychais i mewn i 'ngwydr a gweld mai dim ond dregs a sleisen frown o leim oedd ar ôl a meddyliais y byddwn i'n cerdded yn araf bach tua'r siop gebábs i wastraffu ychydig mwy o amser, gan obeithio y byddai Llŷr a'i ffrind newydd wedi tawelu erbyn hynny. Dechreuais wisgo fy nghôt cyn teimlo llaw ar fy ochr.

'Ti'n gadael?'

Trois i weld Dyfed yn sefyll yno efo cês ei gitâr yn ei law, wedi llwyddo i ddianc rhag y straglars oedd yn dal i obeithio am sylw ganddo.

'Dwn i'm,' medda fi. 'Dwi fod i aros am rywun, ond dwn i'm lle mae o 'di mynd.'

'Am bwy ti'n aros?'

'Jyst... jyst ffrind.'

'Yr hogyn Aled 'na?'

'Nace, mae o 'di mynd adra.' Chwarddais wrth weld y rhyddhad ar wyneb Dyfed.

'Be am y llall?'

'Ma'r bastad yna wedi 'ngadael i am hogan gwallt coch, a

dwi i fod yn aros yn ei dŷ o. Dwi'm isio *live porn show*, ond dwi chwaith ddim isio ista'n fan'ma ben fy hun. So dwi'n styc rili.'

'Wel, mi fasa Mam o'i cho taswn i ddim yn edrych ar dy ôl di. Gafael yn hwn am ddau funud tra dwi'n nôl rwbath o'r cefn.'

''Nei di weld os oes 'na rywun yna? Un o'r trefnwyr? O'n i fod i'w weld o ar ôl y sioe.'

Nodiodd Dyfed gan stwffio ei gês gitâr i fy nwylo a brysio tuag at y drws ar ochr y llwyfan. Steddais innau ar y stôl, yn dal i wisgo 'nghôt. Roedd fy mhen i'n troi ac ro'n i un ai angen diod arall neu angen mynd i gysgu.

'Are you gonna be long?' meddai'r barman wrth fy ngweld i'n ista i lawr.

'I uh… I dunno where he's gone.'

'I mean, I don't mind,' meddai wedyn. 'He's that poet guy, isn't he? My boss said to let him stick around if he wanted to. It's just that everyone else is gone and I'd like to lock the doors.'

'Ym… I don't know if —'

'And my boyfriend might come over in a bit. I don't mind sticking around, I get paid to be here. I just may as well tell my boyfriend to come hang out if you're gonna be here for a while.'

Ro'n i'n gwneud siâp ceg fel deryn bach wedi colli ei lais. Doedd gen i ddim syniad be oedd Dyfed yn ei nôl o'r cefn ac ro'n i'n teimlo fel llo, yn enwedig ar ôl i mi weiddi ar y barman bach clên 'ma gynna. Roedd yntau'n syllu arna i a cheisiais feddwl am rywbeth i'w ddeud ond roedd fy ymennydd fel petai'n boddi mewn rŷm ac yn gwrthod gweithio. Ar ôl eiliad a deimlai fel deg munud, clywais y drws ochr yn agor a Dyfed yn dychwelyd yn fuddugoliaethus efo potel o rywbeth tywyll yn ei law. Aeth yn syth at y barman, ac ro'n i'n gallu clywed y newid yn ei lais. Roedd o am hudo'r barman druan efo'i swyn a'i wên, yn union fel yr hudodd y gynulleidfa.

'You don't mind if we drink this, do you?' gofynnodd yn ei Saesneg slic. 'Your boss gave it to me as a thank you and I'd like to share it with that lovely lady over there.'

Pwyntiodd ata i, a chwifiais innau fy llaw, yn falch fod Dyfed yn feistr geiriau a 'mod i'n cael aros yn dawel.

'No probs,' meddai'r hogyn efo gwên, gan roi dau wydr llawn rhew ar y bar. 'I was just saying to her, you can stay as long as you like. My boy, I mean, my friend is on the way down so we'll just be in the next room if you need anything.'

Ro'n i'n gallu gweld yn llygaid yr hogyn druan ei fod wedi disgyn dros ei glustiau, ac ro'n i'n barod i fentro can punt y byddai yn y rhes flaen yng ngìg nesaf Dyfed. Roedd fel petai pawb yn y byd yn ei weld drwy ryw wydr lliw enfys, a minnau'n ei weld mor glir â golau dydd. Tad newydd, blinedig oedd yn dechrau gweld canol oed yn dod, ond yn gwneud popeth a fedrai i aros yn cŵl ac yn berthnasol, gydag un botwm crys yn ormod ar agor a jîns oedd chydig bach rhy dynn. Edrychais arno'n amheus wrth iddo eistedd gyferbyn â mi a thollti'r hylif euraidd i mewn i'r gwydrau. Roedd o'n malu awyr am safon y wisgi ac ro'n innau'n dal i drio dod o hyd i 'nhafod. Shit, meddyliais, roedd gas gen i wisgi.

''Ma chdi,' meddai o'r diwedd gan wthio un o'r gwydrau draw ata i. 'Iechyd da. Ti'n licio wisgi, yn dwyt?'

'Wrth fy modd,' medda fi, a chymerais y swig lleiaf ohono.

Taniodd y tu mewn i 'ngheg yn syth wrth i'r hylif lifo dros fy nhafod ac i lawr fy ngwddf, ac ro'n i'n ei deimlo'n gorwedd yno yng ngwaelod fy stumog fel draig flin oedd newydd ddeffro o drwmgwsg.

'Oedd 'na rywun yna?' gofynnais ar ôl llyncu'n iawn.

'Yn lle?'

'Yn y cefn. Un o'r trefnwyr?'

'O reit.' Cleciodd ei wydr a thollti un arall iddo'i hun. 'Nag oedd, neb. 'Run cradur byw yna, cofia.'

'O. Ocê.' Lle uffar oedd o wedi mynd? 'Wel, 'di o'm bwys am wn i.'

Edrychodd Dyfed arna i gan gymryd sip araf o'i wisgi y tro hwn.

'Sut ma dy fam?'

'Iawn. 'Di blino 'de, ond ma hynna'n bownd o ddigwydd. Ma dy fam di'n angal, sti, mae draw 'cw bron bob dydd.'

Yr un hen ateb. Ro'n i wedi adrodd y llinell hon gymaint o weithiau nes ei bod wedi colli pob ystyr, a dyna oedd Mam i mi hefyd bellach. Iawn ond wedi blino. Roedd Dyfed yn nodio'n araf ac yn ddoeth yr ochr arall i'r bwrdd ac am eiliad, ro'n i isio ei dagu.

'Ydi hi'n iawn go iawn?' gofynnodd eto.

'Be ti'n feddwl?'

'Sut mae hi go iawn?'

'Mae'n ocê. 'Di blino, fel ddudis i.' Edrychais i ffwrdd oddi wrtho a chymryd sip arall o wisgi.

'Stopia efo'r masg 'ma,' medda fo.

'Be?'

'Ma gen ti fwgwd. Ti'm yn deud y gwir.'

'Dwi'm yn gwbod be i ddeud.'

Do'n i heb arfar efo pobol yn cwestiynu fy atebion, ac

roedd o'n gwneud i mi deimlo'n reit anghyfforddus. Do'n i ddim isio siarad am Mam, ro'n i wedi meddwi gormod ac ro'n i ofn dechrau crio o'i flaen o. Yfais gegiad arall o'r wisgi yn lle hynny, a sbio i lawr ar y bwrdd gwlyb.

'Jyst deud sut mae hi go iawn.'

Edrychais arno eto. Doedd o ddim am adael i hyn fod.

'Ocê, *fine*. Dydi hi ddim yn iawn, ma hi'n teneuo bob dydd a sgenna hi ddim egni i gerddad o'r soffa i'r gegin ddim mwy. 'Di ddim yn byta llawar chwaith. Mae'n edrych fatha crap a mae 'di colli ei gwallt.'

'A sut wyt ti?' gofynnodd ar ôl i mi stopio traethu.

Do'n i ddim isio ateb. 'Fydd rhaid i mi adael reit fuan,' medda fi gan edrych ar fy ngarddwrn er nad oedd gen i oriawr.

'Lle ti'n aros?'

'Tŷ brawd Llŷr. Ddudis i'n do? Bod Llŷr efo'r hogan gwallt coch 'na. Fydd y tŷ yn drewi o secs erbyn i fi gyrraedd.'

'Ydi o'n bell?' gofynnodd Dyfed.

'Nachdi, mond rhyw bum munud i ffwrdd.'

Heb i mi ddeud gair arall, sgriwiodd y top yn ôl ar ei botel a chododd ar ei draed gan gynnig ei law i mi a chyhoeddi y byddai'n fy hebrwng i'n ôl i'r tŷ.

LLYGOD

Mae llygod yn gallu defnyddio mynegiant wynebol er mwyn dangos a ydynt yn teimlo'n anghyfforddus neu mewn poen. Maen nhw'n defnyddio arwyddion corfforol fel cau eu llygaid, chwyddo eu trwyn a'u bochau, symud eu wisgers a thynnu eu clustiau yn eu holau, arwyddion sy'n wahanol i'w mynegiant pan maent o dan bwysau neu'n teimlo'n sâl.

ROEDD Y GLAW wedi peidio erbyn i ni adael y George ond roedd y gwynt wedi codi. Roedd hi'n noson olau ac yn oerach nag o'n i wedi ei feddwl a minnau heb gôt. Ond dim ond unwaith y bu'n rhaid i mi rwbio fy mreichiau cyn i Dyfed gynnig i mi wisgo ei siaced. Dangos ei hun oedd o, ro'n i'n siŵr, ond roedd y gôt yn gynnes, felly 'nes i ddim cwyno.

Roedd fy mhen yn dal i fod yng nghyntedd y George ac ro'n i'n meddwl tybed lle'r aeth y Ffêri Godmyddyr. Er nad o'n i isio bod, ro'n i'n flin efo fo am ddiflannu heb air o esboniad. Ro'n i wedi gobeithio cael ei gwmni am hanner y noson o leiaf ac nid gorfod cwffio Courtney am sylw Llŷr drwy'r nos. Ac ro'n i hefyd wedi gobeithio mai fo fyddai'n fy ngherdded i at y tŷ, nid Dyfed.

Roedd y ddau ohonan ni wedi mynd yn dawel ar ôl gadael y dafarn, yn gadael i hymian y goleuadau stryd a chlecian ein sgidiau ar y pafin wneud y sgwrs droston ni. Roedd o'n dal i afael yng ngwddf y botel wisgi, ac roedd ganddo ei gês gitâr ar ei gefn, a hwnnw'n thwmpian yn erbyn ei ysgwydd bob yn ail gam. Do'n i ddim mewn llawer o hwyliau i ddechrau sgwrs, a hyd yn oed taswn i yn yr hwyliau gorau erioed doedd gen i fawr i'w ddeud wrtho. Er ein bod ni wedi tyfu i fyny fel ffrindiau teulu, roedd Dyfed wastad wedi bod yn un o'r hogiau hŷn i fi, ac ro'n i'n arfer bod ofn siarad efo fo a'i ffrindiau achos 'mod i'n meddwl eu bod nhw mor cŵl. Roedd o ac Elin yn fwy o ffrindiau, a finnau oedd y chwaer fach oedd yn eu dilyn nhw i bob man tra'u bod nhw'n gwneud eu gorau i gael gwared ohona i. A deud y gwir, ro'n i'n eithaf siŵr bod Elin a Dyfed wedi cael ffling bach ar ôl iddi fynd i'r brifysgol.

'Ti'n gwbod be dwi o hyd yn gofio am dy fam?' gofynnodd Dyfed, y distawrwydd wedi mynd yn drech arno.

'Be?'

'Ei salmon mousse hi.'

'O, reit.'

'Na chdi ffordd o gofio y ddynas a hanner dy fagodd di, meddyliais.

'Bob Dolig, mi fydda 'na blatiad o salmon mousse yn cyrraedd tŷ ni, ond mi fyddai hi'n rhoi platiad ychwanegol efo'n enw i arno fo achos ei bod hi'n gwbod cymaint o'n i'n ei licio fo. Mi fyddwn i'n sglaffio'r platiad cyntaf o fewn diwrnod, a fi fasa'n byta hanner y llall hefyd. Prin oedd pawb arall yn cael y cyfle i'w ogleuo.'

'O'dd Dad o hyd yn cwyno,' medda finna gan gofio, 'achos dy fod ti'n cael dwbl ei siâr o. Dim ond Dolig roedd hi'n ei wneud o.'

'Rhyfadd 'di'r petha ti'n ei gofio, yndê?'

Nodiais yn dawel. Roedd yn gas gen i ddiwrnod coginio'r salmon mousse. Byddai'r tŷ cyfan yn drewi o bysgod tra byddai Mam yn ei goginio, a hithau'n mynd yn boeth ac yn flin yn y gegin, ac yn cwyno fod popeth yn mynd o'i le. Mi fyddwn i'n trio ei pherswadio hi bob blwyddyn i beidio dechrau arno, ond na. Hi fyddai'n mynnu bod Dad, Anti Myf, a Dyfed yn enwedig, yn derbyn eu platiad blynyddol o samon blydi mws! Fyddai hi ddim yn Ddolig iddyn nhw hebddo fo, dyna fyddai hi'n ei ddeud.

'Dydi hi ddim yn coginio llawar dyddia yma,' medda fi.

Tawelodd Dyfed a sythu ei gefn fel petai'n ceisio cuddio'r ffaith ei fod o'n teimlo'n lletchwith. Ro'n i'n falch, ro'n i isio iddo deimlo'n euog am gychwyn sgwrs mor ddi-ddim. Doedd o ddim isio gwbod am Mam go iawn, jyst isio dangos ei fod o'n foi iawn oedd o. Coc oen.

'Lle mae brawd Llŷr yn byw 'ta?' gofynnodd ar ôl sbel.

'Ar y chwith yn fan'ma. Lôn Alun.'

'Pwy 'di Alun?'

'Dim clem.'

Trodd i lawr y lôn gan roi ei law am fy nghanol a 'nhywys i wrth ei ochr.

'Lle wyt ti'n aros heno?' gofynnais. Ro'n i'n teimlo poen yn dechrau yn fy mol.

'O'n i am gael tacsi 'nôl i lle Mam. Fydd raid mi feddwl am esgus reit dda i esbonio pam 'mod i mor hwyr.'

Mae'r boi 'ma'n oedolyn, meddyliais, ac mae'n dal i orfod gwneud esgusodion er mwyn cael aros allan heibio ei amser gwely. Mae gan y boi 'ma wraig a phlentyn a thŷ, ond chaiff o ddim aros allan yn hwyrach na hanner nos.

'Wel, dwi yma rŵan. Diolch am fy ngherddad i yma.'

'Croeso siŵr. Unrhyw beth i ti.'

Edrychais arno'n rhyfedd. Roedd ganddo grychau ar ochrau ei lygaid ac roedd y gwallt uwch ei glustiau'n dechrau troi'n llwyd. Roedd y poen yn fy mol yn cynyddu a sylwais fod ei fol yntau'n symud wrth iddo anadlu'n drwm. Yna gafaelodd yn fy nghanol a'i dynnu ato. Gallwn deimlo ei fol, bol dyn canol oed, yn pwyso ar fy nghorff, a blewiach byrion ei ên yn fy nghrafu wrth i mi droi fy mhen.

'Dwi 'di bod isio gwneud hyn drwy'r nos.'

Wyddwn i ddim beth i'w ddeud. Doedd gen i ddim ofn corfforol, do'n i ddim yn meddwl ei fod o am fy mrifo. Ond roedd gen i ryw ofn gwahanol. Ofn iddo feddwl llai ohona i os dwedwn i na. Ofn y byddai'n meddwl 'mod i'n *prude*. Fi oedd wastad yr un oedd yn barod am barti, yn fodlon gwneud pethau gwirion er mwyn cael stori dda y bore wedyn, ond roedd hyn yn teimlo'n wahanol. Do'n i ddim isio deud wrtho am stopio ond ro'n i isio iddo stopio.

Stwffiodd ei drwyn i mewn i 'ngwddf. 'Ti'n ogleuo mor neis.'

Roedd o'n arogli o wisgi a hen chwys ac ro'n i'n teimlo'i farf yn gadael llwybrau coch ar hyd fy wyneb. Mae gan y boi 'ma wraig a phlentyn.

'Be ti'n neud?' medda fi, gan drio lleisio'r poen oedd yn fy stumog. 'Ti'm isio gneud hyn.'

'Oes, dwi isio,' meddai gan roi ei law oer i fyny fy ffrog. 'Dwi 'di bod isio gneud hyn ers oes.'

Rhewais gan adael iddo fy nheimlo, fy ngwasgu, a rhwbiodd ei wyneb ar hyd fy mronnau fel tasai fy ffrog yn dywal ar ôl iddo siafio. Wyddwn i ddim beth i'w wneud, ro'n i'n gweld wyneb Anni yn glir yn fy meddwl a feiddiwn i ddim symud.

'Ty'd,' sibrydodd yn fy nghlust rhwng tafodi. 'Awn ni fewn?'

Tynnais y goriad o 'mag a'i lithro i mewn i'r clo. Arhosais am eiliad cyn ei droi. Dyma fy nghyfle i ddeud 'mod i wedi blino, neu wedi meddwi gormod. Roedd y ddau beth yn wir. Ond rhoddodd yntau ei law am fy nghanol unwaith eto.

'Low?'

Dim ond fy ffrindiau oedd yn fy ngalw i'n Low. Agorais y drws yn dawel a gadael iddo fy nilyn i'r tŷ. Baglodd dros y dodrefn yn y stafell fyw oedd yn ddieithr iddo fo, a minnau'n camu rownd y celfi yn y tywyllwch heb drafferth. Dim ond un stafell wely oedd yn y tŷ, ac ro'n i'n clywed chwyrnu Llŷr yn dod i lawr y grisiau o'r llofft. Y soffa oedd fy ngwely i fod heno. Sefais o'i flaen a gadael iddo nesu ata i, rhoi ei fysedd am hem fy ffrog a'i thynnu mewn un ystum dros fy mhen.

'Na,' medda finnau. 'Ddylen ni ddim.'

Rhoddodd ei fys ar fy ngwefus i ddeud wrtha i am fod yn dawel, yna gwasgodd ei fys i mewn i 'ngheg yn araf nes cyffwrdd fy nhafod. Wedi ei wlychu, byseddodd ei ffordd rhwng fy nghoesau. Gadewais iddo ffeindio ei ffordd at fy nghlit ac roedd o'n fy mhinsio, yn fy rhwbio, gan feddwl 'mod i'n mwynhau.

'Ti mor wlyb,' meddai rhwng ochneidiau. Ond fy mhoer oedd yn wlyb ar ei fysedd, dim arall.

'Dwi'm isio.'

Be oedd yn digwydd? Do'n i rioed wedi gwrthod ffling o'r blaen ond roedd hyn yn gwneud i mi deimlo'n sâl. Ro'n i'n arfer meddwl am Dyfed fel brawd mawr. Gwthiodd fy ysgwyddau gan adael i mi ddisgyn ar y soffa a dringodd ar fy mhen. Tynnodd ei drowsus yn drwsgl, a gallwn weld ei ben-ôl yn disgleirio'n wyn yn nhywyllwch y stafell wrth iddo godi a disgyn. Ro'n i'n teimlo ei groen yn rhwbio yn fy erbyn i ac yn fy ngwneud yn sychach gyda phob symudiad.

Roedd o'n fy ngwthio'n araf ar hyd y lledr ac roedd fy mhen yn taro yn erbyn braich y soffa. Roedd 'na boen yn brifo fy stumog ac ro'n i angen teimlo rhywbeth, unrhyw beth heblaw am hyn.

'Brifa fi,' medda fi wrtho. Roedd dafnau o chwys yn diferu o'i dalcen ac arna fi.

'Be?'

Arafodd yr hyrddio rhyw ychydig wrth iddo edrych arna i'n rhyfedd.

'Brifa fi,' medda fi, yn gwylltio efo fy hun am deimlo embaras. 'Dwi'm yn gwbod, hitia fi neu rwbath.'

Rhoddodd ei law chwyslyd ar fy moch a theimlais ei groen yn glynu arna i. Roedd ei fol blewog yn hongian uwch fy un i, yn fy llyfu. Brathais y tu mewn i 'ngwefus wrth wylio ei lygaid yn edrych arna i'n drist.

'Dwi'm yn mynd i dy frifo di, Low.'

Brathais fy ngwefus eto. Ac eto. Nes i mi deimlo dropyn o waed poeth ar fy nhafod.

Clywais sŵn yn dod o gyfeiriad y grisiau a sylwais fod y chwyrnu wedi peidio. Roedd pen-ôl Dyfed yn dal i wingo'n wyllt, yn ddisglair wyn fel pen-ôl babi. Roedd pwy bynnag oedd ar y grisiau yn sicr o'i weld.

'Llŷr?' sibrydais gan obeithio y byddai'n ateb, yn rhoi stop i hyn, ond clywais y sŵn yn cripian yn ôl i fyny'r grisiau ac anobeithiais. Doedd Dyfed heb glywed fy sibrwd. Roedd ei duchan yn cynyddu a'i lygaid yn cau. Doedd ganddo ddim syniad faint roedd hyn yn brifo.

'Dwi'n mynd i ddod,' sibrydodd yn wyllt. ''Nei di ddod efo fi?'

Ond doedd o ddim yn disgwyl ateb, ac wrth iddo bwnio'n gyflym-gyflymach, sgrechiodd yn fud a gollwng ei bwysau arna i. Roedd o'n gwingo fel cwningen wedi ei dal, ac ro'n i'n teimlo ei goc yn crebachu y tu mewn i mi, a'r dod yn dechrau llifo i lawr fy nghlun. Roedd o'n oer, fel llwybr malwen dew.

''Nest ti ddod?' gofynnodd yn obeithiol gan gilwenu arna i. Roedd y poen yn fy mol yn gwaethygu.

'M-hmm.'

Ceisiais dacluso fy ngwallt oedd wedi ei rwbio'n gwlwm gan y soffa. Edrychais arno'n gorwedd yn hanner noeth ar y soffa fel babi pathetig. Mae gan y boi 'ma wraig.

'Ti'n iawn?' gofynnodd, yn hollol anymwybodol o bopeth, ac ro'n i'n methu sbio arno. Llithrodd ar draws y soffa ata i a gafael yn fy ngên.

'Ti'n hyfryd,' meddai gan roi sws ar fy nhalcen. 'Ti'n gwbod be, dwi heb gael secs efo Anni ers chwe mis. Ers i ni gael Ifan.'

Do'n i ddim isio clywad hyn. Ro'n i isio iddo fo adael.

'Ti jyst mor cŵl, Low. Dwi'm yn nabod neb arall fyddai mor cŵl â chdi heno. Ti mor *chilled*, a dyna dwi'n licio amdana chdi.'

Ro'n i'n *chilled* am fod fy nghorff wedi rhewi, ond roedd fy mol i ar dân. Tynnodd un o fy mronnau allan o 'mra coch, a'i sugno a'i brathu. Ro'n i'n anadlu'n gyflym, ac yntau'n meddwl 'mod i wedi fy nghyffroi. Gofynnodd i mi eto ac eto o'n i'n mwynhau, a minnau'n methu ei ateb. Roedd ei gyrls yn disgyn arna i ac yn cosi fy nghroen wrth iddo symud ei ben yn ôl ac ymlaen, ac yna brathodd mor galed nes i mi sgrechian mewn sioc.

'Ti'n licio hynna, wyt?'

Teimlais ei goc yn erbyn fy nghoes yn tyfu unwaith eto ac yn nesu at fy nghont, ond ro'n i'n brifo. Ro'n i am brofi

munud a hanner arall o gael fy ffwcio'n sych ac ro'n i'n
teimlo rash a *cystitis* yfory yn fy mygwth yn barod.

'Dyfed, plis,' medda fi. Ac fe feddyliodd 'mod i'n ymbil
amdano.

15

BRAIN

Mae brain mewn caethiwed yn gallu dal dig yn erbyn eu dalwyr. Pan maen nhw'n gweld eu dalwyr yn agosáu maen nhw'n ceisio ymosod arnynt, er na fyddent yn ymateb wrth weld person niwtral. Mae cywion brain hefyd yn ymosod ar ddalwyr eu rhieni, hyd yn oed os cafodd y brain eu caethiwo cyn genedigaeth y cyw.

R O'N I MEWN parti. Roedd Manon yno, ond Benson oedd hi, ac roedd hi wedi meddwi. Roedd hi'n chwerthin, ac yn gwneud sŵn fel llygad y dydd.

'Shit. Shit, lle ydw i?'

Pwy ddwedodd hynna? Rhywun arall yn y parti, ma'n siŵr. Roedd fy ngheg yn sych, felly gofynnais i Manon am lowciad o'i diod hi ac yn ei chwpan roedd aur a sianis blewog. Roedd ganddi un ar ei hwyneb fel mwstásh.

'Low, ma raid i fi fynd. Be ffwc dwi'n mynd i ddeud wrth Mam?'

Ro'n i yn stafell wely Mam, ac roedd hi'n edrych yn well. Roedd ganddi fochau tewach, bochau coch. Roedd 'na arogl od yn y stafell, cymysgedd o gacenni cri a salmon mousse.

''Na i ddeud 'mod i 'di mynd ar goll ar y ffordd adra. Neith hynny'r tro.'

Ro'n i angen pi-pi. Roedd rhywbeth yn llosgi. Tost?

'Ta-ra, Low. Wela i di'n fuan, iawn?'

Dim ond fy ffrindiau oedd yn fy ngalw i'n Low. Deffrais gyda 'mhen mewn cwmwl a 'ngheg fel papur tywod. Ro'n i'n gallu teimlo lledr y soffa yn oer ar fy nhin. Shit, ro'n i'n noeth heblaw am fy mra. Roedd gen i staeniau gwyn, sych ar fy nghoesau, ar fy mol. Ro'n i angen pi-pi ond ro'n i'n methu symud. Roedd geiriau Dyfed yn hongian uwch fy mhen. 'Be dwi'n mynd i ddeud wrth Mam?' Faint ydi'i oed o, meddyliais, yn gorfod deud celwydd wrth ei fam ei fod o wedi mynd ar goll yn hytrach na ffeindio'i ffordd i mewn i gorff dynes arall? Twat.

Roedd rhaid i mi symud. Taflais un o flancedi'r soffa am fy sgwyddau fel clogyn gwrach, a phigo fy nicyrs i fyny oddi ar y llawr. Ro'n i'n eithaf siŵr fod 'na doiled yn y gegin gefn. Roedd arna i syched hefyd. Cymerais wydr o'r cwpwrdd a'i lenwi efo dŵr, a theimlais ddŵr y tu mewn i mi'n symud.

'Shit.'

Rhedais at y toiled ac ymlacio, a llosgodd y pi-pi allan ohona i fel cerrynt letrig cyn stopio'n gyflym. Ro'n i angen pi-pi eto, ond ro'n i'n methu. Roedd o'n brifo gormod. Steddais ar y toiled yn sipian y dŵr ac yn trio rhoi fy nicyrs ymlaen efo un llaw. Am olwg.

'Iawn, *pisshead*?'

Shit. Roedd Llŷr wedi dod i mewn i'r gegin, a chiciais innau ddrws y stafell molchi ar gau.

'Pyrf,' medda fi. 'Sgenna i'm nicyrs ymlaen, paid â sbio.'

'Ges i ddigon o hynna neithiwr, diolch.'

Rhoddais fy mhen yn fy nwylo a dal y drws ar gau efo fy nhroed. Wyddwn i ddim faint oedd o wedi ei weld, a do'n i ddim isio iddo fo ofyn. Doedd gen i ddim syniad sut fyddwn i'n ateb achos do'n i ddim cweit yn siŵr beth yn union oedd wedi digwydd i mi neithiwr. Gwrandewais wrth iddo lenwi'r tegell a'i roi ymlaen.

'Ga i banad?'

'Os ddoi di allan i siarad efo fi.'

Lapiais y flanced o 'nghwmpas fel tywal, fflyshio'r toiled a mentro i'r gegin yn llywaeth. Roedd fy ngwallt yn un cwlwm mawr ar gefn fy mhen ac roedd popeth yn cosi.

'Lle ma Courtney?'

Canodd y tegell wrth iddo ferwi, a thaflodd Llŷr ddau fag te i mewn i fygiau wedi'u tsipio a thollti dŵr am eu pennau. Prociodd y bagiau efo'i fysedd cyn eu pinsio a'u tynnu o'r dŵr berwedig.

'Dwylo asbestos,' meddai gan wenu. 'Ma Courtney 'di mynd adra. Ddim isio taro mewn i chdi, debyg iawn, y ffordd o'ch chdi'n siarad efo hi neithiwr.'

Rholiais fy llygaid a phwyso yn ôl ar y cowntar gan dderbyn paned ganddo.

'Dwi'm yn ca'l llefrith?'

'Helpa dy hun,' medda fo gan bwyntio ei ben tuag at y ffrij.

Arhosodd nes 'mod i wedi tollti'r llefrith i'w baned yntau hefyd cyn dechrau'r cwestiynu.

'So, be ddigwyddodd neithiwr 'ta?'

Ysgydwais fy mhen yn araf; doedd gen i ddim mo'r egni i ddechrau. I lenwi'r distawrwydd, dechreuodd Llŷr fwydro am frecwast. Dywedodd fod Aled a Manon ar eu ffordd i Gaffi'r Bont, y lle gorau am hash browns rhwng y tŷ a Dolgarwyn. Cwynais yn uchel gyda 'ngheg yn llawn te. Ro'n i isio mynd yn ôl i guddio yn y blancedi ar y soffa ond roedd Llŷr yn mynnu 'mod i'n gwneud fy hun yn barod.

'Ty'd 'laen,' medda fo. 'Dwi wastad yn hwyr i betha am 'mod i'n disgwyl amdana chdi.'

Llusgais fy hun yn ôl i'r toiled i sbio yn y drych yn iawn. Roedd fy ngwallt fel cynffonnau ŵyn bach yn hongian yn llipa'r naill ochr i 'ngwyneb. Doedd gen i ddim brwsh gwallt, ond roedd crib rhad yn gorwedd ar ochr y sinc. Ystyriais ei ddefnyddio ond newidiais fy meddwl yn reit gyflym – beryg iddo fynd yn sownd. Clymais fy ngwallt yn un pentwr blêr ar gorun fy mhen a mynd yn ôl i'r stafell fyw i wisgo amdana i. Roedd y poen wrth i mi eistedd ar y soffa yn ddigon i yrru cerrynt o waed i 'mhen, a chriais yn dawel wrth deimlo'r nicyrs cotwm yn rhwbio yn erbyn y croen amrwd. Clywais Llŷr yn cerdded o gwmpas i fyny'r grisiau a brathais fy ngwefus gan wisgo gweddill dillad neithiwr.

'Barod!' gwaeddais arno.

Gadawodd y ddau ohonan ni'r tŷ a cherdded tuag at y George i ffeindio'r car. Roedd hi'n fore llwyd, ac er nad oedd hi'n bwrw cymaint â neithiwr, roedd y glaw yn wlyb – y math o law sy'n treiddio trwy gotiau a dy adael di'n damp am weddill y diwrnod. Erbyn i ni gyrraedd y car roedd fy sanau'n dechrau fflatsio'n swnllyd ac roedd bodiau fy nhraed yn oer.

'Ti am ddeud wrtha i pwy rannodd y soffa 'na efo chdi neithiwr?' gofynnodd Llŷr wrth danio'r injan.

'Nadw.'

'Iawn 'ta,' medda fo. '*Process of elimination* amdani felly. Ti'n dallt mai dim ond fi, Al a rhyw bedwar boi arall oedd yn y George neithiwr, yn dwyt? Fydda i'm yn hir yn dyfalu.'

'Pryd wyt ti am weld Courtney eto?' gofynnais innau'n ddiniwed, a syllu o fy mlaen wrth iddo ddechrau paldaruo amdani. Roedd y glaw yn taro ffenest flaen y car yn galetach wrth i Llŷr roi ei droed i lawr ac yn creu patrymau fel gweoedd pry cop cyn i'r weipars ddod a'u chwalu. Roedd popeth yn niwlog gan fod ein cyrff llaith yn cynhesu ac yn cymylu'r gwydr o'n blaenau. Tynnais fy mys yn araf ar draws y ffenest a gadael hoel fel llwybr malwen. Roedd y gwydr yn oer ac yn wlyb. Teimlais rywbeth yn gwingo tu mewn i mi wrth gofio Dyfed ar fy mhen, ei goc yn mynd yn llipa a'r gwlypter yn llifo allan. Ro'n i am fod yn sâl.

'Stopia'r car,' medda fi.

'Ond 'dan ni bron yna.'

'Stopia'r ffycin car.'

Cyfogais, a theimlo'r baned yn ailgodi.

'Ffyc sêcs, Low, paid â chwdu'n y car.'

Llyncais.

Stopiodd Llŷr y car ac agorais y drws. Roedd fy mhoer yn dew ac yn llaethog a thagais er mwyn cael gwared ohono. Roedd o'n glynu i 'nhafod. Sticiais fy mys yng nghefn fy ngwddf a chyfogi eto. Rhoddais sgwd iawn i'n llaw i gael gwared o'r chwd-boer oedd yn dal yno, a chau drws y car heb ddeud gair.

'Mingar,' meddai Llŷr gan edrych arna i. Ro'n i'n gallu teimlo pa mor llwyd oedd fy mochau. 'Ti'n barod i fynd eto?'

Taniodd yr injan ar ôl gweld nad o'n i am ymateb. Gyrrodd y ddau funud o'r ffordd oedd yn weddill a pharcio'r car unwaith eto tu allan i Gaffi'r Bont. Roedd car bach Manon yno'n barod ac roedd Llŷr wedi dringo'r grisiau at ddrws ffrynt y caffi cyn i mi agor drws y car. Edrychodd arna i'n ddisgwylgar gan godi ei freichiau'n ddiamynedd wrth weld nad oedd siâp symud arna i. Symudodd ei wefusau ac ro'n i'n gallu dychmygu ei fod yn taflu pob math o regfeydd tuag ata i. Roedd fy llygaid i'n llosgi wrth i mi syllu 'nôl arno. O'r diwedd, codais i ymuno efo Llŷr ar y stepan drws. Ro'n i'n gallu gweld Manon ac Aled yn eistedd wrth fwrdd bach yng nghornel bellaf y caffi. Roedd Aled wrthi'n deud rhyw stori efo'i ddwylo a Manon yn gwrando arno ac yn chwerthin wrth iddo dynnu stumiau. Tynnodd Aled lyfr o'i boced a'i ddangos i Manon yn falch, gan bwyntio at un o'r tudalennau cyntaf.

'Gawn ni jyst mynd adra?' gofynnais i Llŷr. Edrychodd arna i'n hurt.

'Adra? Na chawn. Dwi isio hash browns.'

'Plis, Llŷr?'

'Be sy matar arna chdi heddiw?' meddai gan edrych arna i fel tasa gen i dri phen.

Canodd cloch y caffi wrth iddo wthio'r drws ar agor a theimlais ddrafft o arogl bîns ac wy cynnes. Dilynais Llŷr yn gyndyn.

'Blydi hel,' meddai Manon wrth ein gweld ni. 'Gathoch chi noson dda 'lly?'

Rhwbiodd ei bysedd dros fy ngwallt blêr, ac o dan fy llygaid lle'r oedd masgara ddoe wedi hel yn lympiau duon. Eisteddais wrth y bwrdd. Roedd y tu mewn i Gaffi'r Bont fel parlwr hen nain, gyda llieiniau lliwgar ar bob bwrdd, a dresel yn llawn tsieina ym mhob cornel. Roedd ornaments hyll o gŵn a hen ferched Cymreig ar y sìl ffenest, a sgwariau wedi eu crosio ar ben pob tebot. Nan oedd yn rhedeg y lle, ac roedd hithau'n edrych fel hen nain. Roedd hi'n grwn ac yn llwyd ond roedd ganddi wyneb llym. Doedd 'na'm giamocs yn cael digwydd yng Nghaffi'r Bont. Gofynnais iddi am debot a darn o dost tra oedd y lleill i gyd yn archebu brecwast llawn.

Wrth i mi dollti paned wan i mewn i gwpan tsieina, fe gofiodd Llŷr nad oedd wedi cael ateb gen i yn y car. Edrychodd arna i gan gilwenu.

'Gath Low gwmpeini neithiwr.'

Trodd y lleill tuag ata i fel dau dderyn rheibus.

'Be?'

'Pwy?'

'Dim syniad, mae'n cau atab.'

'Dwi rili ddim isio cael y sgwrs yma,' medda fi.

'Pam ti mor gyndyn o rannu, am unwaith? Ti fel arfer yn licio *kiss and tell*.'

Sbiodd Manon arna i, ei llygaid fel nadroedd bach yn cripian drosta i'n oer.

'Be ti 'di neud?'

'Dwi heb neud ffoc ôl.'

'Ti wedi. Ti 'di gneud rwbath stiwpid, dwi'n gallu deud. Pwy oedd o?'

Agorodd drws y caffi a daeth criw o gerddwyr swnllyd i mewn, eu sgidiau cerdded yn slapio mwd ar hyd y llawr. Brathodd yr awel fy wyneb a daeth dagrau poeth i'm llygaid. Syllais yn ôl ar Manon a chrafodd sŵn o fy ngwddf.

'Dyfed.'

Roedd y cerddwyr wedi eistedd wrth y bwrdd drws nesaf i ni. Ro'n i'n gweld eu gwefusau'n symud o gornel fy llygad ond roedd eu geiriau'n sŵn gwyn yn fy nghlust. Roedd 'na larwm yn canu yn rhywle ond doedd neb yn talu sylw iddo.

'Dyfed?'

Gwichiodd Aled fel pe bai wedi cael sioc drydanol a thynnu'r llyfr o'i boced unwaith eto. Bodiodd y tudalennau ar frys cyn dod i stop tuag at ddiwedd y gyfrol.

'Ond mae o 'di priodi,' meddai Aled gan geisio gwthio'r

llyfr tuag ata i. 'Ma ganddo fo fabi. Sbia, ma 'di sgwennu cywydd i'w fabi, yn fan'ma.'

'O mai god, Lows, ti 'di shagio boi priod?' gofynnodd Llŷr.

Roedd 'na gur pen tywyll yn hongian uwch fy mhen, yn barod i ymosod arna i, ac roedd Aled yn sbio arna i mewn ffieidd-dod.

'Nath o iwsio condom?' gofynnodd Manon.

Ysgydwais fy mhen a rholiodd Llŷr ei lygaid.

''Nest ti adal i foi priod efo babi sbyncio tu mewn i chdi? Shit, Low. Ma hynna'n anghyfrifol, hyd yn oed i chdi.'

Codais fel ysbryd, a gadael y caffi. Steddais ar y stepan drws, y cur pen wedi dal i fyny â mi, yr awel a'r glaw yn chwarae mig o gwmpas fy nhraed. Caeais fy llygaid. Do'n i ddim am grio. Canodd cloch drws y caffi a theimlais wres wrth fy ochr.

'Ti isio mynd i'r cemist?'

Manon oedd yno. Gadewais iddi fy nhywys at ei char ac eisteddais yn un lwmp yn y sêt flaen. Crynodd y car wrth iddi danio'r injan.

'Pam 'nest ti neud hyn, Low?' Arhosodd i mi ateb ond doedd gen i ddim i'w ddeud. 'Ti'n well na hyn.'

Do'n i ddim am grio, felly fe chwarddais gan esgus nad oedd ots gen i. Chwerthiniad oer, fel sŵn adlais yn taro gwydr. Gwyliais Dol yn dod i'r golwg drwy ffenest flaen y car.

'Ydi o bwys?' gofynnais. 'Ydi o bwys os ydi o 'di priodi?' Ro'n i'n methu perswadio fy hun heb sôn am Manon. 'Dwi jyst isio bod yn enaid rhydd,' medda fi, gan gofio'r sgwrs ddiwethaf yn y llannerch. 'Dwi fatha… Anna Karenina.'

'Anna Karenina? Ffyc off, Lows, ti 'di hyd yn oed darllan

Anna Karenina? Ti'n gwbod sut ma'n gorffan? Ti jyst yn mynd i frifo pobol os ti'n cario ymlaen fel'ma. Ti'n dallt hynna? Un peth 'di cysgu efo rhywun sgen gariad, peth arall 'di ffycin gwraig a babi. Be sy matar arna chdi'n ddiweddar?'

Ysgydwais fy mhen eto gan geisio chwerthin.

'Natur ddynol ydi o, Manon – cysgu efo pobol. Dydi anifeiliaid erill ddim yn priodi, ddim yn clymu eu hunain i un dyn am weddill eu bywyd, felly pam ddylwn i? Anifeiliaid ydan ni i gyd ar ddiwedd y dydd. Fedra i ddim helpu sut dwi'n bihafio weithia, mwy na fedar ci neu ddafad.'

'Ia ond mae 'na un gwahaniaeth rhyngddan ni a defaid, yn does?' poerodd Manon. 'Mae gennan ni gydwybod, i fod.'

Roedd y sgwâr yn dod i'r golwg, ac roedd y cemist i lawr y ffordd.

'Gollwng fi'n fama,' medda fi.

'Be?'

'Gei di fynd adra.'

'Dwi'n dod efo chdi, siŵr.'

'Nag wyt, jyst gollwng fi'n fama.'

Ochneidiodd Manon yn uchel a stopio'r car yn galed.

'Ti'n fy ngwylltio i, sti,' meddai wrth i mi sefyll ar y pafin yn barod i gau'r drws. 'Dwi jyst isio dy ysgwyd di weithia.'

Caeais y drws a throi am y cemist gan glywed car Manon yn troi ar waelod y stryd. Wyddwn i ddim pam na fedrwn i ddeud wrthi be ddigwyddodd. Roedd o bron fel petai popeth am ddod yn real petawn i'n deud wrthi hi, ac ar hyn o bryd ro'n i'n gallu deud wrtha i fy hun fod popeth yn iawn, fod dim byd o'i le. Fod gen i reolaeth lwyr dros be ddigwyddodd neithiwr. Fod fy nghorff i'n dal i berthyn i fi, ac nid i ddieithryn.

Cerddais i mewn i'r cemist. Roedd arogl ffisig yn yr aer.

Lwcus fod Llŷr wedi gwneud i fi adael y tŷ mor gynnar achos do'n i heb hyd yn oed feddwl am hyn, ac roedd y siop yn cau am hanner dydd. Tu ôl i'r ddesg roedd Cara, merch oedd yn arfer bod yn yr ysgol efo fi, mewn gwisg wen a lipstic piws. Ro'n i'n ffrindiau efo hi ar Facebook, ac er nad oedd gan y ddwy ohonan ni byth lot i'w ddeud wrth ein gilydd, ro'n i'n gweld pob llun ohoni ar ei gwyliau, neu ohoni hi a'i mab yn mynd am dro i'r parc. Ffycin tre pawb-yn-nabod-pawb, roedd y lle 'ma'n fy mygu.

'Haia,' medda fi.

'Haia, Lowri,' meddai, a gwenodd.

'Ym. Ga i weld y fferyllydd plis?'

'Am be? Rhag ofn 'mod i'n medru helpu.'

'Ti'n meindio… os dwi'm yn deud?'

'O. Reit, iawn. Mae o mewn efo rhywun ar hyn o bryd. Ti'n hapus i aros?'

Pwyntiodd at ddwy gadair lwyd yng nghornel y siop. Es innau draw atyn nhw heb ddiolch iddi. Oedd 'na ddim llonydd i'w gael hyd yn oed wrth drio cael gafael ar y bilsen? Pam oedd rhaid i mi siarad efo dau berson mewn cemist er mwyn cael un tabled bach? Pam na fedrwn i ddim prynu'r blydi peth fel siampŵ? Doedd o'n brifo neb, ond roedd hyn yn brifo fy hunan-barch yn ofnadwy.

Doedd gen i fawr o awydd mynd adra at Manon ar ôl hyn i wynebu'r sefyllfa. Mi fyddai'n rhaid i mi esbonio popeth wrthi, neu barhau i wadu popeth wrth gwrs, a do'n i ddim isio gwneud yr un o'r ddau. Ro'n i isio anwybyddu'r holl beth, anghofio neithiwr a'i rwbio o fy nghof fel camgymeriad ar ddarn o bapur. Ro'n i angen mynd o 'ma am chydig bach, i osgoi'r straeon a'r pryfocio, a'r jôcs gan fy ffrindiau. Cofiais am beth ddywedodd Dad rai dyddiau yn ôl a meddwl mor braf oedd bywyd Elin, yn bell oddi wrth bawb. Doedd neb yn gwybod dy hanes yn Llundain.

Ymhen hir a hwyr ymddangosodd y fferyllydd y tu ôl i'r drws bach wrth fy ymyl gyda hen ddynes ddieithr. Do'n i ddim yn nabod y fferyllydd yma, diolch byth.

'Are you waiting to come in?' gofynnodd i mi. Acen Wyddelig oedd ganddo.

'Yes. Yes please.'

Aethom ein dau i mewn i'r stafell fechan lle'r oedd un bwrdd, dwy gadair a sinc. Steddais i lawr. Wyddwn i ddim sut i ofyn iddo yn Saesneg.

'I… um. I… I had sex last night.'

Blydi hel, ro'n i'n teimlo'n wirion.

'Right. And how can I help this morning?'

'I um. I want to take the pill.'

'You're not on any contraceptive?'

Cochais wrth deimlo ei lygaid arnaf. Pam mai job y ferch oedd sortio hyn allan? Pam mai dim ond fi oedd yn gorfod delio efo ffrwyth camgymeriad oedd ddim yn perthyn i mi? Dechreuodd y cwestiynau amherthnasol, a minnau'n dyheu i'w hateb gyda'r chwerwder oedd yn cronni y tu mewn i mi. Wyt ti'n cael rhyw yn aml? Dim o dy fusnas di. Pryd gest ti dy fisglwyf diwethaf? Sut dwi fod i gofio hynna? Oes unrhyw siawns dy fod ti'n disgwyl yn barod? Dwi'n blydi gobeithio ddim. Wyt ti wedi cymryd hwn o'r blaen? *No comment, police officer.* Ar ôl i mi ateb pob cwestiwn yn ufudd, fe roddodd dabled bychan a gwydraid o ddŵr i mi, a 'ngadael ar ben fy hun yn y ciwbicl i'w lyncu. Syllais arno, yr atal-babïwr, a'i lyncu. Oes wir angen cymaint o ffŷs jyst i gael gafael ar un bilsen fach?

Gwenais ar Cara wrth adael. Roedd hi'n bownd o weld

y bocs gwag ar y bwrdd wrth glirio ar fy ôl, yn bownd o fy marnu. Gwenodd hithau'n ôl arna i.

Roedd hi'n dal i fwrw. Tynnais fy ffôn o 'mhoced a gwylio'r sgrin yn cael ei gorchuddio â dafnau bach o law. Sychais y cwbl gyda fy llawes, a ffonio Elin.

16

DRYWOD

Wythnos cyn i'r wyau ddeor, mae drywod yn dysgu cân unigryw i'w cywion, ac ar ôl y deor bydd rhaid i'r drywod bach ganu'r gân yn ôl i'w mam bob tro cyn iddynt gael eu bwydo. Mae'r gân yn gweithredu fel system diogelu cartref ac yn galluogi'r fam i wybod nad twyllwyr o nyth arall yw'r adar bach.

'Iawn, dwi 'di cyrradd Euston. Lle dwi'n mynd rŵan?'
Ar ôl i mi ei ffonio o'r tu allan i'r cemist, roedd Elin wedi deud wrtha i am ddal y trên nesaf o'r dre ond na fyddai hi'n gallu fy nghyfarfod yn y stesion, a bod rhaid i mi ddal bws i'w thŷ ar fy mhen fy hun. Ro'n i wedi piciad i dŷ Mam a Dad i nôl dillad sbâr ond yr unig beth oedd yn y drôrs oedd hen grysau-t o pan o'n i'n fy arddegau. Gwell na gorfod mynd adra a gweld Manon, meddyliais, wrth roi popeth mewn bag cyn i Dad fy ngollwng ger yr orsaf yng Nghaereifion. Ro'n i'n eithaf siŵr mai prawf oedd y siwrne yma gan Elin, a'i bod hi'n trio gweld o'n i'n gallu ymdopi hebddi. Roedd pobol ym mhob man ac roedd hi'n swnllyd, ond ro'n i'n falch o fod wedi gadael Dolgarwyn.

'Cer allan i ffrynt y stesion, a fydd 'na res o *bus stops* ar hyd y stryd,' meddai Elin ar y ffôn. 'Ti angan dal y 91 i Trafalgar Square, a wedyn y 453 i Old Kent Road.'

Ro'n i'n teimlo fel petawn i'n chwara Monopoly wrth i

mi stryffaglu ar y bws efo fy mag cefn. Eisteddais ar y llawr uchaf efo 'mag ar fy nglin. Roedd Mam wedi deud wrtha i drosodd a throsodd am gadw llygad ar fy mag achos Duw a ŵyr pwy fyddai ar fysus yr adag yma o'r nos.

Dechreuodd y bws lenwi'n ara deg ac ymhen rhai munudau doedd dim llawer o seti rhydd. Mi gerddodd dyn gwallt hir melyn tuag at fy sêt, ond mi gadwais i fy llygaid ar fy ffôn. Do'n i'm isio dechra sgwrsio efo dyn dieithr ar y bws hwyr. O gornel fy llygad gwelais ei fod o'n gwisgo côt ledr hir, at ei bennau gliniau, fel petai newydd ddod oddi ar set *The Matrix*. Mwmiodd rywbeth wrtha i ac mi drois innau ato.

'Mind if I sit?' gofynnodd.

'No, no,' medda fi, yn dal i wrthod edrych i'w wynab o. Daliais fy mag yn agosach at fy nghorff a symud oddi wrtho. Roedd ei goes yn boenus o agos at fy un i.

'Rah-la roodeens?' meddai fy nghymydog.

Pam oedd o'n siarad efo fi? Do'n i'm yn meddwl bod pobol yn siarad efo'i gilydd ar fysus yn Llundain. Roedd o'n swnio wedi meddwi; doedd ei eiriau o ddim yn gwneud synnwyr, ac ro'n i'n diolch i Dduw bod y bws yma'n llawn o bobol. Gweddïais na fyddai'n dod yn agosach ata i. Wyddwn i ddim be i'w ddeud wrtho fo, be os oedd o ddim hanner call? Roedd Mam 'di deud wrtha i am fod yn wyliadwrus.

'Ym... ecsgiws mi?'

'That's Rah-la Roodeens, innit?' medda fo, gan bwyntio at fy nghrys-t. Edrychais i lawr a chofio 'mod i'n gwisgo fy hen grys-t, un llwyd efo llun mawr o Rwdlan y wrach arno. Blydi hel, oeddan nhw'n adnabod Rwdlan yn Llundain?

'How did you know that?'

'Part of my childhood, innit.'

Doedd o ddim yn swnio'n Gymraeg i mi. Roedd ei

lafariaid yn dew a'i acen yn fy atgoffa o *Eastenders*, ond ro'n i'n teimlo'n saffach yn eistedd wrth ymyl rhywun oedd yn gwybod am Wlad y Rwla.

'W't ti'n Gymraeg?' medda finna'n betrusgar.

'Yeah. Wi'n dod o Swansea, yeah. Byw yn Llundain ers nine years now though.'

'O reit. Cŵl. Dwi o ogledd Cymru.'

'Never been.'

'It's very pretty.'

'Fel the valleys?'

'Ia, fel y valleys.'

'Cool. Well, I won't distract you any longer.'

A gyda hynny, trodd oddi wrtha i er mwyn sbio ar ei ffôn. Trois innau a sbio drwy'r ffenest. Yn Nolgarwyn mi fasa hi'n ddu bitsh erbyn rŵan, ond er ei bod hi'n edrych yn dywyll tu allan yma, roedd yr awyr yn oren, a goleuadau'n fflachio uwchben y stryd. Roedd hi'n ddeg o'r gloch ond roedd pobol yn dal i lifo i mewn ac allan o'r tafarndai, y bwytai a'r theatrau. Mi fyddai'r gloch ym mar yr Abbey yn canu mewn awr ar gyfer last ordyrs, ac mi fyddai'r saith cwsmar yn gorfod gadael oni bai fod galw am *lock-in*. Ond yn fan'ma, doedd dim siâp cau ar unrhyw le. Fyddwn i ddim wedi'n synnu tasa pob man ar agor drwy'r nos.

Ar ôl rhyw ugain munud o yrru, agorodd y stryd a sylweddolais ein bod ni wedi cyrraedd Trafalgar Square. Codais, a chododd y dyn wrth fy ochr i hefyd. Meddyliais am eiliad ei fod am fy nilyn ond yna sylwais mai gwneud lle er mwyn i mi allu mynd heibio oedd o. Gwenais arno, a deud 'Bye' yn gyflym.

'Ta boch,' meddai, ac roedd yntau'n gwenu.

Camais oddi ar y bws ac allan i'r sgwâr, a chyfrif i lawr

o un i ddeg. Yna, wedi i 'nghalon arafu ychydig, ceisiais edrych o'm cwmpas i weld faint o bethau tlws ro'n i'n gallu eu gweld. Mae 'na rywbeth am harddwch dinas sy'n anodd i'w esbonio. Doedd o ddim yn harddwch fel ro'n i wedi arfer ei weld yn ddiweddar, harddwch natur, mynyddoedd a chymoedd, harddwch moroedd a thraethau a chlogwyni. Na, doedd dim byd naturiol am harddwch dinas, ond roedd o'n harddwch er hynny. Rhyw harddwch urddasol sy'n ein hatgoffa bod dynoliaeth wedi gallu creu adeiladau a thyrau a cholofnau o ddeunydd y ddaear. Rhyw harddwch o sylweddoli mor fedrus ydyn ni, mor lwcus.

Daeth y bws nesaf o fewn deg munud ac eisteddais ar y llawr uchaf eto, ac edrych allan yn fodlon. Roedd y bws yma'n wacach o lawer, ac mi gefais sêt i mi fy hun. Syllais ar yr adeiladau tu allan wrth i ni basio Downing Street, Big Ben a Westminster Abbey cyn croesi'r Tafwys. Ro'n i'n teimlo fel petawn i ar Magical Mystery Tour, ac roedd pob man yn disgleirio. Ond wrth i ni yrru'n bellach a phellach o ganol y ddinas roedd y strydoedd yn mynd yn dywyllach ac roedd 'na lai o awyrgylch hudolus dinas yn yr aer. Erbyn cyrraedd Old Kent Road ro'n i wedi fy nadrithio ac wedi anghofio'n llwyr am harddwch dinas. Does 'na'm syndod mai brown ydi Old Kent Road ar fwrdd Monopoly; brown ydi o mewn gwirionedd hefyd.

Roedd Elin wedi tecstio cod y drws i mi'n gynharach, ond do'n i ddim yn disgwyl y fath system ddiogelwch. Roedd 'na giât fetal i ddechrau, a bu raid i mi roi'r cod i mewn i honno. Agorodd i mewn i'r cyntedd a bu raid i mi ganu cloch wedyn er mwyn i Elin fy ngadael drwy'r drws ffrynt. Cerddais i fyny'r grisiau i'r ail lawr lle'r oedd drws arall wedi ei gloi, felly cnociais ar hwnnw ac o'r diwedd, daeth Elin i'r golwg y tu ôl iddo.

'Blydi hel. Dach chi'n disgwyl lladron?'

'Haia, Lows! Croeso!'

'Na, go iawn. Faint o giatia dach chi angan? Ti'n byw mewn lle ryff neu rwbath?'

Chwarddodd Elin yn ysgafn ar fy nghwestiwn.

'Fel'ma ma hi ym mhob man yn Llundan, sti. 'Dan ni'm yn gallu gadal drws ffrynt yn gorad fatha'n Dol.'

'Ond tri drws gwahanol?'

'Ty'd 'laen, ty'd i mewn.'

Cerddais heibio Elin ac i mewn i'r fflat. Roedd o'n lle bach digon taclus, cegin a stafell fyw wedi'u cyfuno, a thri drws ro'n i'n cymryd oedd yn arwain at y stafelloedd gwely a'r stafell molchi. Agorodd Elin un o'r drysau.

''Ma chdi, 'li. Gei di'r stafell sbâr. Ma Lee 'di mynd ar drip gwaith arall am wythnos, felly ma ganddon ni'r lle i ni'n hunain. Lwcus 'de, a tithau wedi penderfynu dod lawr 'ma munud ola.'

Gadewais fy mag ar y llawr ac aeth y ddwy ohonan ni drwodd i'r stafell fyw. Ro'n i'n reit falch fod Lee i ffwrdd. Roedd o'n hogyn lyfli, ac roeddan ni'n dod ymlaen yn dda, ond ro'n i isio wthnos o jyst fi ac Elin. Doeddan ni heb dreulio amsar yn iawn efo'n gilydd ers blynyddoedd.

'Ti isio jin?'

'Ti'n fy nabod i lot rhy dda,' medda fi.

Aeth Elin i'r gegin a chlywais ddrws y ffrij yn agor a rhywbeth yn cael ei dollti i mewn i wydr. Roedd 'na lwmp bach tanllyd yn fy mrest yn brwydro i ddod allan o 'ngheg, ac er i mi geisio ei rwystro, allan y daeth.

'Welis i Dyfed noson o blaen.'

'Do?' gofynnodd Elin gan ddod 'nôl mewn i'r stafell efo dau wydr llawn o jin a thonic, ac eistedd wrth fy ochr ar y soffa. 'Sut mae o? 'Di blino, dwi'n siŵr. Faint 'di oed Ifan rŵan?'

'Chwe mis,' medda fi. ''Di o ac Anni heb ga'l secs ers iddo fo gyrradd, medda fo.'

Sbiodd Elin arna i'n hurt.

'Ddudodd o hynna wrthat ti?'

Nodiais fy mhen ac edrychodd Elin yn flin.

'Ddylai o ddim mynd rownd yn deud hynna wrth bobol. Be sy haru fo? Be tasa Anni'n ffeindio allan?'

'Ffeindio be allan?'

'Fod o'n siarad fel'na efo pobol. Mi fasa hi'n torri ei chalon. Ddim ei bai hi ydi o a hithau newydd gael babi. Does ganddi ddim syniad sut foi ydi o. Paid â deud hyn wrth neb, Lows, ond ma Dyfed yn chydig bach o gi. Ti'n cofio pan es i i Fangor i'r brifysgol? O'n i'n ei weld o allan yn reit aml ac roedd o'n trio'i on efo fi bob tro, sti. 'Di meddwi oedd o, mwn, ond mi oedd o fel brawd i ni pan oeddan ni'n iau, yn doedd, ac roedd yr holl beth yn troi arna i. Does ganddo fo ddim math o reolaeth arno fo'i hun.'

Gwgodd gan gymryd swig o'i diod a thynnu blanced dros y ddwy ohonan ni, ac mi steddon ni yno mewn tawelwch am sbel. Roedd fy mhoen bol i'n dechrau dod yn ôl.

'Eniwe, dwn i'm pam 'mod i'n poeni am Dyfed. Sut ma Mam?' meddai Elin.

'Ma hi'n ocê, sti,' medda fi gan drio ffeindio geiriau. 'Ma hi'n blino lot dyddia 'ma. Ond yn dal i gadw'n brysur, a ma hi'n ofnadwy o optimistig, chwarae teg. 'Sa chdi'm yn meddwl bod hi'n sâl weithia. Mae hi'n benderfynol o redag bora coffi mis nesa hefyd i godi pres at un o wardiau Sbyty Gwynedd. Gawn ni weld os fydd ganddi ddigon o egni, ond ma hyn i gyd wedi gneud i mi sylweddoli dynas mor gry ydi hi.'

'Yndi. Ma hi'n ddynas a hannar.'

'Wyddost ti o le ma'r gair "canser" yn dod?' gofynnais iddi.

'Na wn i,' meddai Elin, 'ond ti'n ysu isio deud wrtha i, yn dwyt?'

'Wel, 'nes i mond darllan am hyn diwrnod o'r blaen. Roedd gan y Groegwyr stori am Karkinos, y cranc mawr, a helpodd Hera i dynnu sylw Heracles tra oedd o'n trio lladd yr Hydra, rhyw neidr anferthol oedd efo naw pen.'

'Ych a fi. Ydi Heracles 'run boi â Hercules, 'ta? Achos dwi'n cofio'r neidr o'r ffilm Disney.'

'Bron iawn 'run boi. Nath y Rhufeinwyr ei alw o'n Hercules, a newid y cymeriad chydig bach. Ond 'run peth ydi'r stori fwy neu lai.'

'Be ddigwyddodd i'r cranc, 'ta?'

'Wel, roedd Hera, gwraig Zeus, yn casáu Heracles, felly pan oedd o ar ganol cwffio'r neidr mi yrrodd hi Karkinos i binsio Heracles ar ei goes. Ond safodd Heracles ar Karkinos druan a'i ladd o. Am ei fod o wedi trio helpu Hera i gael y gorau o Heracles, cafodd ei roi yn yr awyr efo'r sêr. A dyna pam mae 'na granc fel un o arwyddion y sidydd.'

'Fasa Mam wrth ei bodd efo'r stori yna. Ond be sgen hyn i wneud efo canser?'

'Canser ydi enw'r arwydd, sy'n deillio o'r enw Karkinos, ac roedd meddygon Groegaidd yn meddwl bod tiwmors yn gallu edrych fel crancod weithia, pan fyddai'r gwythiennau o'u cwmpas yn chwyddo. A dyna sut gafodd o'i enw.'

'Duw.'

Mi gymerais sip araf o 'niod cyn dechrau siarad eto.

'Ti'n cofio pan nath gwallt Mam ddechrau disgyn allan? Roedd o'n dod allan mewn clympia, ac mi deneuodd am wythnosau, cyn iddi ddechrau gwisgo sgarff am ei phen. Ti'n cofio?'

'Yndw,' meddai Elin. 'Doedd hi'm yn licio gwisgo'r sgarff yn y tŷ, achos bod hi mor boeth.'

'Nag oedd, ac roedd hi'n haf uffernol o boeth 'fyd. Ma hyn yn beth uffernol i'w ddeud, Els, felly paid â 'marnu i, iawn?'

'Be sy?'

'Ro'n i'n methu sbio arni hi heb deimlo'n sâl, sti. Dwi'n gwbod bod hynna'n beth ofnadwy, ac wrth gwrs 'mod i'n ei charu hi; mae hi'n fam i fi a mae hi werth y byd. Ond pan welis i fod ganddi ben moel am y tro cynta... Dwn i'm. Roedd o fel gweld babi wedi mynd yn hen. A weithia fydda hi'n gwisgo'r sgarff, ond mi fydda 'na ddarn o groen yn dangos drwodd. Roedd ganddi farc geni bach piws ar gefn ei phen, 'nest ti sylwi? Do'n i rioed yn gwybod hynna o'r blaen.'

Gafaelodd Elin yn fy llaw wrth i mi gyfadda fy nheimlada. Roedd o'n rhyddhad gallu deud hyn wrth rywun ond doedd yr euogrwydd ddim yn cilio.

''Nes i arfar efo'i phen moel hi, wrth gwrs, a doedd o ddim yn 'y mhoeni gymaint wedyn. Ond ro'n i'n dal i gael rhyw droad yn fy mol pan welwn i hi'n cysgu ar y soffa, a'r sgarff wedi llithro i ffwrdd, neu pan fydda hi'n dod allan o'r gawod yn y bora. Dwi'n falch bod ei gwallt hi wedi gallu tyfu yn ei ôl.'

Rhwbiodd Elin ei bawd ar gledr fy llaw, fel roedd hi'n arfer ei wneud pan o'n i'n fach ac yn crio.

'Falla mai ddim codi pwys arna chdi oedd o, sti,' meddai Elin. 'Falla mai poeni am Mam o'ch chdi. 'Dan ni i gyd yn gwbod ei bod hi'n sâl, ond weithia 'dan ni'n anghofio. Does 'na'm byd allanol i'n hatgoffa ni, ac ma hynny'n beth da. Ond pan nath hi golli ei gwallt, doedd 'na'm dianc rhag y gwir – roedd hi'n edrych fel tasa ganddi ganser, ac roedd hynny'n ein wynebu ni bob dydd. Falla mai dyna oedd yn troi arnat ti, sti. Ddim y ffaith fod gan Mam ddim gwallt, ond y ffaith ei bod hi'n sâl.'

Meddyliais am eiriau Elin wrth i mi bendwmpian yn fy ngwely yn nes ymlaen. Roedd y syniad yn un neis, mai'r salwch oedd yn troi arna fi, dim Mam. Ond ro'n i'n methu helpu meddwl am ei sgarff, a'r croen moel yn fflachio drwy'r bylchau ynddo fel golau gwyn, gwan. Croen dieithr ydi croen pen i fod, ar goll o dan ein gwallt. Ond roedd Mam wedi gorfod datgelu cyfrinach ei chroen i bawb a doedd o ddim yn teimlo'n naturiol.

Teimlais gloriau fy llygaid yn trymhau a newidiodd y stafell o'm cwmpas heb i mi sylwi. Ro'n i'n ôl ar y bws ac roedd 'na ddyn mewn côt ledr hir yn cerdded tuag ata i. Roedd 'na rywbeth yn gyfarwydd amdano, ond eto roedd o'n ddieithryn. Ro'n i'n gwneud fy ngorau i osgoi ei lygaid, a hoeliais fy llygaid ar fy ffôn.

'Rah-la Roodeens,' meddai fy nghymydog wrtha i, ac fe drois tuag ato. Roedd ganddo wyneb hollol gyfarwydd, ond am ryw reswm, ro'n i wedi disgwyl wyneb gwahanol. Roedd ei goes yn boenus o agos at fy un i. Ac yna, roedd ei law ar fy mhen-glin.

'Ecsgiws mi?'

'Dwi ddim yn mynd i frifo ti, Low,' meddai, gan bwyntio at fy nghrys-t. 'Rah-la Roodeens.'

Dilynais ei fys gyda'm llygaid ac edrych i lawr. Doeddwn i'n gweld dim byd gwahanol ar fy nghrys. Ond ar fy jîns roedd 'na staen coch, a hwnnw'n lledaenu ar draws y ffabrig yn araf. Roedd 'na rywbeth yn pigo y tu mewn i mi. Wrth i mi ffieiddio'r staen ar fy nglin, disgynnodd pelen fach o wallt i 'nghôl. Eisteddodd yno'n crynu yn yr awel. Codais y belen â'm llaw chwith, yna cyffwrdd yn ofalus yn fy ngwallt. Wrth i mi dynnu fy mysedd drwy'r blew yn araf, teimlais glwmp tew yn clymu ei hun am fy mysedd ac yn cael ei dynnu allan o 'nghroen yn rhwydd, fel tynnu cyllell drwy fenyn. Syllais ar y gwallt hir, tew oedd yng nghledr fy llaw a theimlo ias yn rhedeg i lawr fy nghefn. Codais fy llaw a theimlo croen fy mhen ac roedd o'n llyfn, yn feddal fel croen babi. Doedd dim gwallt ar ôl i'w deimlo.

Trois yn gyflym tuag at fy nghymydog, ac roedd yntau'n foel, ei wallt hir, melyn wedi diflannu. Roedd o'n chwerthin yn uchel a theimlwn fy hun yn dechrau cyfogi. Daeth blas asidig i 'ngheg, fel sudd oren ar ôl brwsio dannedd, ac fe chwydais ar fy hyd, ar fy nwylo ac ar fy nglin. Roedd fy nghyfog yn cymysgu'n afiach â 'ngwallt yng nghwpan fy nghledrau, ac roedd yr holl beth yn gwneud i mi gyfogi eto.

Deffrais yn sydyn gydag ebychiad dwfn. Roedd fy nhalcen yn chwys oer ac ro'n i'n crynu. Codais o'r gwely ac ar fy nhraed sigledig a cherdded yn ddistaw i lofft fy chwaer.

'Els,' medda fi wrth gropian i mewn i'w gwely, o dan y cwrlid. 'Ges i hunlla.'

'Mm,' meddai hi'n gysglyd. 'Ma'n iawn, sti, Lows. Ti'n ocê.'

Mwythodd fy mhen yn araf wrth syrthio yn ôl i'w thrwmgwsg a theimlais ddagrau'n llosgi fy ngruddiau wrth i minnau geisio gorfodi fy llygaid i aros ar agor, i osgoi unrhyw hunllefau eraill oedd am ymosod arna i heno.

GWENYN

Mae cymdeithas gyfan o wenyn yn byw mewn un cwch, ac mae tair lefel i'w system gymdeithasol. Mae'r gweithwyr yn gyfrifol am gynnal a chadw'r cwch, a mofyn neithdar a phaill, mae'r gwenyn gormes yn gyfrifol am greu gyda'r breninesau newydd, ac ae mae'r frenhines yn gyfrifol am eni yr holl wenyn a breninesau'r dyfodol. Mae pob gwenynen, hyd yn oed y frenhines, yn dibynnu ar y system gymdeithasol hon er mwyn goroesi.

Ro'n i'n boeth. Roedd hi'n ddiwrnod llwyd o hydref ac roedd y tywydd yn ddigon annifyr, ond ro'n i'n sefyll ar blatfform drewllyd yn cael fy mhrofiad cyntaf o'r Tube. Daliais y bws i orsaf Waterloo efo Elin yn y bore lle roedd hi wedi fy ngadael efo map a chyfarwyddiadau cyn mynd i'w gwaith am y diwrnod.

'Ma'r Tube yn hawdd, Lows. Cer am dro bach heddiw. Ma Camden yn neis, a Hampstead. Neu cer i Shoreditch, ma 'na lot o siopa *vintage* yn fan'na. Os ti isio bod yn twrist, cer i Westminster neu St James's Park. Neu jyst cer am dro ar hyd y canals yn Regent's Park. Ti isio fi ddangos y stesions gwahanol i gyd?'

Dywedodd hyn i gyd wrth edrych yn frysiog ar ei watsh ac roedd hi'n amlwg yn poeni am fod yn hwyr i'w gwaith. Ymddiheurodd eto nad oedd hi wedi gallu cymryd gwyliau heddiw a dywedais wrthi eto am beidio â phoeni, 'mod i'n hogan fawr rŵan, ac anelais am fynedfa'r Tube. Sefais ar y grisiau symudol a disgyn yn araf bach i lawr ceg a chorn gwddf y twneli tanddaearol. Tarodd y gwres yn erbyn fy wyneb fel wal dew, ddrewllyd, ac ro'n i'n teimlo bod rhaid i mi frwydro fy ffordd drwy'r aer trwchus cyn cyrraedd y platfform. Ar ôl aros am funud cyfan am y trên nesa, cyrhaeddodd efo bloedd a chroesawais yr awel stêl a ddaeth heibio efo'r cerbydau. Yn Dol, roedd y bysus yn mynd unwaith bob awr ac roedd ganddon ni ddewis o ddau gyfeiriad posib – i'r gogledd i Fangor, ac i'r de i Aberystwyth.

Ro'n i'n methu cweit deall sut roedd 'na gymaint o bobol wedi eu gwasgu ar y platfform o fewn y munud cyn i'r trên diwethaf fynd heibio, ond cyn i mi allu meddwl am y peth cefais fy ngwthio ar y cerbyd gan y dorf, fy mhen wedi ei stwffio yng nghesail rhywun. Roedd fy sgarff yn fy nghrogi ond roedd fy llaw yn sownd tu ôl i 'nghefn ac ro'n i'n methu symud i anadlu bron, heb sôn am lacio fy sgarff. Roedd 'na bobol yn gwasgu yn fy erbyn, eu penelinoedd a'u *briefcases* yn pwyso yn erbyn cefn fy mreichiau a reit o dan fy mhen-ôl. Roedd fy anadl yn cyflymu ac wrth i mi edrych o fy nghwmpas sylweddolais mai dynion oedd o fy amgylch ym mhob man. Roedd o leiaf bedwar dyn yn fy nghyffwrdd, yn pwyso i mewn tuag ata i. Daeth y trên i stop yn yr orsaf nesaf, a chyn methu fy nghyfle, dyciais fy mhen o dan y breichiau oedd fel carchar o fy nghwmpas a baglu oddi ar y cerbyd. Roedd cyrff yn dal i wthio yn fy erbyn, yn bygwth fy ngharlio gyda'u llif yn ôl ar y trên, ac ro'n i bron â chrio wrth i mi gwffio fy ffordd drwy'r twneli teils, tuag at yr allanfa. Ro'n i'n goch ac yn chwyslyd erbyn i mi gyrraedd yr awyr agored, er bod y gwynt main yn chwythu ias i lawr fy nghefn.

Anadla, Lowri, medda fi wrtha i fy hun cyn gweld caffi bach ddau ddrws i lawr o'r orsaf, ar lan y Tafwys lle gallwn wylio'r holl bobol yn mynd heibio. Paned. Eisteddais wrth y ffenest er mwyn cael yr olygfa ora bosib, ac ro'n i'n teimlo fel taswn i yn y pictiwrs. Roedd 'na bob math o bobol yn mynd a dod, y rhan fwyaf yn ganol oed mewn siwtiau, yn siarad ar eu ffonau symudol ac yn cario cesys lledr. Roedd 'na ambell i dwrist fatha finna, er 'mod i *in cognito* erbyn hyn, yn cerdded o gwmpas efo'u trwynau yn eu map yn lle edrych i fyny i weld yr adeiladau roeddan nhw'n chwilio amdanyn nhw. Roedd 'na lot mwy o feicwyr nag o'n i wedi ei ddychmygu, ac roedd y rhan fwya ohonyn nhw'n flin, un ai'n gweiddi ar y dreifwyr bws, neu'n gweiddi ar y cerddwyr oedd yn camu i'w llwybr heb sbio i fyny o'u ffonau. Ac roedd ambell i berson yn rhedeg ar hyd y palmant yn eu treinyrs Nike a'u dillad ymarfer corff ffansi – ro'n i'n methu dychmygu unrhyw beth gwaeth.

Cymerais swig arall o fy mhaned cyn sylwi bod y ddiod i gyd wedi mynd, a'r cwbl oedd ar ôl oedd y dregs melys a'r dail. Dim ond deg munud o'n i wedi bod yma a doedd gen i ddim byd i'w wneud yn barod. Do'n i ddim yn dda iawn am gadw cwmni i'n hun ac ro'n i wedi anghofio'r tips roedd Elin wedi eu rhoi i mi. Ro'n i wedi gofyn iddi am gyngor ar y bws, fel petawn i am gael diwrnod i'r brenin yn darganfod Llundain, ond erbyn hyn ro'n i'n difaru peidio aros yn y gwely. Ro'n i'n teimlo'n rhy ymwybodol o'n hun i gerdded o gwmpas yn tynnu lluniau o Buckingham Palace a ballu – roedd yn gas gen i deimlo fel twrist. Ond gadewais y caffi a dilyn fy nhrwyn a'r dorf, a ffeindio fy hun yng nghanol marchnad fawr. Doedd gen i ddim clem lle ro'n i, ond ro'n i'n teimlo fel taswn i yng nghanol Paris oherwydd bod cymaint o Ffrancwyr o gwmpas. Gafaelais yn dynnach yn fy mag; roedd Mam wedi deud y dyliwn i fynd â bag cefn, a'i wisgo ar fy ffrynt fel taswn i'n disgwyl babi i wneud yn siŵr bod fy mhethau i'n saff, ond mi fasa well gen i i rywun ddwyn fy mhwrs a'm ffôn na gwisgo bag cefn ar fy mol.

Ges i olwg cyflym ar y stondinau yn y farchnad; sothach oedd y cwbl, ond roedd y Ffrancwyr yn mynd yn hurt dros y geriach i gyd. Roedd 'na ogla crempog cryf yn yr aer, ac roedd 'na stondin gwerthu cnau melys o fewn golwg hefyd, ac roedd ogla'r siwgwr a'r Nutella o'r ddwy stondin yn gwneud i mi deimlo'n sâl. Ro'n i'n llwglyd ofnadwy yn barod, ond ro'n i wedi rhoi gormod o siwgwr yn fy nhe ac ro'n i angen rhywbeth hallt. Ar ôl crwydro am chydig dois o hyd i gaffi bach arall, a phrynu brechdan bacwn i fynd, er mwyn i mi gael cerdded a bwyta ar yr un pryd. Wrth i mi aros am y frechdan sylwais ar hogyn ifanc yn gwerthu'r *Big Issue*. Roedd o'n gwisgo menyg du ac yn rhwbio ei ddwylo bob hyn a hyn yn yr oerni a doedd fawr o neb yn cymryd sylw ohono. Roedd pawb yn edrych trwyddo fel tasa fo'n rhan o'r adeiladau crand o'i gwmpas ond roedd o'n dal i ofyn i bawb yn reit siriol fasan nhw'n licio prynu cylchgrawn ganddo fo. Mi ofynnais i'r hogan yn y caffi am frechdan bacwn arall, a phaned o de i fynd, a gadewais efo llond bag o fwyd.

'*Big Issue*?' medda fo wrth i mi agosáu.

'No thanks. But I have an extra sandwich if you want?'

Rhoddais y bag oedd yn cynnwys y frechdan a'r baned iddo fo.

'Oh lush. Thanks,' medda fo gan dynnu'r frechdan allan o'i phapur. 'I'm guessing you're not from around here?'

'No. I'm from North Wales. I'm visiting my sister.'

'Cool,' medda fo gan gymryd tamaid o'r frechdan.

Do'n i'm yn siŵr ddyliwn i adael 'ta aros am sgwrs, ond doedd neb o'n cwmpas yn cymryd sylw ohonan ni, felly arhosais am funud bach.

'What do you think then?' medda fo wrtha i.

'Of what?'

'Of London,' chwarddodd.

'Oh, right. It's ok. Bit busy for me.'

Chwarddodd arna i eto gan ysgwyd ei ben.

'Well, you are in the busiest, most touristy bit in the whole city.'

'Am I?'

'Definitely. Covent Garden is tourist heaven.'

Edrychais o 'nghwmpas. Ro'n i wedi clywed sôn am Covent Garden ac ro'n i'n siŵr bod Mam a Dad 'di dod â ni yma pan oeddan ni'n blant. Roedd hi'n reit neis yma, am wn i, ond do'n i'm yn siŵr oedd y lle werth cwffio drwy dorf mor anferthol.

'You know what? If you want some peace and quiet, there's a lush little bookshop up the road. They sell loads of second hand books, and the staff are lovely. Sometimes I go in just to warm up and read a little.'

Ar y funud, roedd siop lyfrau fach yn swnio fel nefoedd. Diolchais wrth iddo gymryd swig o'i baned.

'No probs. Have fun.'

Cerddais yr un ffordd ag yr oedd o wedi pwyntio gan fwyta fy mrechdan yn fodlon. Roedd yr oerfel yn dechrau brathu fy nhrwyn ond roedd fy mrest yn chwilboeth, ac roedd fy nghorff a'n ymennydd wedi drysu'n lân o deimlo dau dymheredd mor eithafol ar yr un pryd. Cyrhaeddais stryd brysur arall, ac o'r diwedd dois o hyd i siop lyfrau fach las. Gorffennais fy mrechdan mewn chwinciad a theimlo rhyddhad wrth gamu i'r gwres a chael tynnu fy nghôt a sgarff a dechrau chwilota drwy'r llyfrau heb unrhyw nod penodol, gan dynnu rhai llyfrau oddi ar y silffoedd a chwythu'r llwch oddi arnyn nhw. Ro'n i wastad wedi bod yn reit gyfforddus mewn siop lyfrau ac roedd rhywbeth am arogl hen bapur oedd yn codi fy nghalon. Roedd Manon yn licio ogla llyfrau newydd a magasîns a ballu, ond do'n i ddim balchach; roeddan nhw'n drewi o blastig yn fy marn i. Rhowch lyfr clawr caled llychlyd i mi unrhyw ddiwrnod. Roedd Dad wedi deud amryw o weithiau 'mod i wedi byw dan haen o lwch mewn bywyd cynharach.

Cefais hyd i lyfr anferthol yng nghefn y siop, yn yr adran ysbrydol. Do'n i byth yn prynu dim o'r adran yma, ond ro'n i o hyd yn licio chwilio drwy'r silffoedd. Roedd hen lyfrau'r sidydd a ballu o hyd yn hynod o dlws, eu cloriau wedi eu rhwymo mewn lledr a darluniau bach aur yn addurno'r meingefn. Tynnais y llyfr mwyaf swmpus oddi ar y silff, eistedd ar y llawr â'm coesau wedi eu croesi, a rhoi'r llyfr ar fy nglin. Roedd y tudalennau wedi eu gwneud â phapur reis, ac roedd pennod wedi cael ei sgwennu am bob un o arwyddion y sidydd. Gemini o'n i, felly trois y tudalennau er mwyn cyrraedd y bennod iawn, a dechrau darllen. Roedd 'na lot o fformiwlâu mathemategol a gwybodaeth am y planedau ar ddechrau pob pennod, ond neidiais dros y darn hwnnw a darllen am y nodweddion personol.

Gemini-born are clever and intellectual people but they can also be tense and restless.

Amwys iawn. Roedd y rhan fwya o bobol yn gallu bod yn *restless* ar adegau, ac ro'n i'n nabod lot o Geminis thic. Ond dyna ni, roedd lot o bobol, fel Mam, yn cael cysur o wybod bod y planedau yn rheoli ein ffawd a'n cymeriad ni. Be o'n i'n ei licio fwyaf am lyfrau'r sidydd oedd y lluniau; darluniau o'r symbolau gwahanol a'r tyrrau o sêr. Ar un o'r tudalennau ym mhennod Gemini, roedd 'na lun lliwgar o ddau efaill noethlymun mewn coedwig yn gafael ym mreichiau ei gilydd. Pam roeddan nhw'n noethlymun mewn coedwig, doedd o ddim yn deud, ond roedd y ddau yn edrych yn fodlon iawn, fel tasan nhw'n cael rhyw gysur o bresenoldeb y llall.

Canodd fy ffôn yn fy mhoced wrth i mi drio ffeindio pennod Virgo – arwydd pen-blwydd Elin – ac fe deimlais dri pâr o lygaid yn gwgu arna i o gyfeiriad y cwsmeriaid eraill.

'Sori, sori!' medda fi wrth ymbalfalu am y blwming peth. 'Helô?'

'Lowri? Ti'n ocê?'

Dad oedd yna.

'Yndw diolch. Ti?'

'Yndw. Pam ti'n sibrwd?'

'Dwi mewn siop lyfra, a ma pobol yn edrych arna i'n flin. Be sy?'

'W't ti efo rhywun?' meddai Dad mewn llais difrifol.

'Nadw, dwi mewn siop lyfra. Be sy?'

Do'n i ddim yn siŵr iawn pwy oedd o'n disgwyl i mi fod efo nhw, ac yntau i fod i wybod bod Elin yn ei gwaith heddiw. Efallai ei fod o wedi synhwyro 'mod i wedi gwneud ffrindiau efo'r boi *Big Issue*.

'Ocê. Wel, gaddo ei di at Elin yn y munud, iawn?'

'Be sy? Be sy 'di digwydd? Ydi Mam yn iawn?'

'Yndi, mae'n iawn. Wel...'

'Be sy?'

''Dan ni newydd ddod o'r sbyty. Nath hi lewygu pnawn ddoe a fu raid iddi gael sgan. Paid â phoeni, ond mi ddudodd y doctor fod y tiwmor 'di dod yn ôl. Mi fydd hi angan llawdriniaeth eto.'

Caeais y llyfr ac eistedd ar fy ngliniau gan afael yn ochr un o'r silffoedd.

'Pryd?'

'Wel, ma hi ar y rhestr rŵan, felly o fewn y mis gobeithio.'

'Iawn.'

Do'n i'm yn siŵr iawn be i feddwl. Roedd hi wedi cael llawdriniaeth unwaith yn barod, flwyddyn yn ôl, ac roedd hi wedi bod yn wan iawn ar ei hôl ond roedd hi wedi gwella'n ofnadwy o gyflym.

'Pa mor hir w't ti yn Llundain?' gofynnodd Dad.

'O'n i wedi pasa aros tan ddydd Sul. Ond ddo i adra bora fory.'

'Paid â bod yn wirion, ma dy fam isio i chdi aros yna i gael hwyl efo Elin. Mae hi'n deud ei bod hi'n teimlo'n hollol iach.'

Ro'n i'n clywed Mam yn siarad efo Dad yn y cefndir.

'Deud wrthi 'mod i'n iawn, wir, sna'm isio iddi ddod adra a gneud ffŷs, myn dian i.'

''Di o'm yn ffŷs, deud wrthi,' medda fi wrth Dad. 'A' i at Elin i'w gwaith rŵan, a ddo i'n ôl bora fory. Ddaw rhywun i 'nghasglu o Gaereifion?'

'Daw, siŵr,' meddai Dad. 'Gad i mi wbod pryd mae dy drên di'n cyrraedd.'

'Deud wrthi beidio bod yn wirion,' meddai Mam yn y

cefndir eto. 'Deud wrthi bod fiw iddi feddwl 'mod i'n rhyw glaf methedig.'

''Na i decstio chdi heno,' medda fi.

'Iawn, wela i di fory.'

Rhois y ffôn i lawr wrth i Mam ddal i drio fy mherswadio i aros yn Llundain. Codais oddi ar y llawr a gwisgo fy nghôt a sgarff eto i baratoi am yr oerni tu allan, gan dynnu fy map o 'mhoced a thrio meddwl pa diwb oedd angen i mi ei ddal er mwyn mynd i weld Elin. Doedd gen i ddim syniad lle'r oedd ei swyddfa hi hyd yn oed.

Cariais y llyfr tuag at y cownter i'w brynu. Os oedd Mam am fod yn yr ysbyty am gyfnod go dda, mi fyddai ganddi angen rhywbeth i'w ddarllen.

18

MWNCÏOD
RHESWS

Mae mwncïod rhesws sydd ar waelod yr hierarchaeth gymdeithasol ac sy'n tueddu i fod o dan fwy o straen yn fwy tebygol o droi eu trwynau ar fwyd braster isel. Yn hytrach, maen nhw'n dewis bwyta deiet sy'n cynnwys mwy o fraster a siwgwr na'r mwncïod sydd ar frig yr hierarchaeth.

CERDDAIS YN ÔL i orsaf Waterloo fel petawn i mewn breuddwyd. Do'n i ddim ffansi trio'r Tube eto. Ro'n i wedi trio ffonio Elin ond doedd hi ddim yn ateb ei ffôn symudol a doedd gen i ddim rhif i'w swyddfa. Roedd hi wedi rhoi ei chyfeiriad i mi er hynny ac ro'n i wedi holi'r dyn yn y siop lyfrau sut i'w gyrraedd. Dim ond ugain munud fyddai'n cymryd, medda fo. Cerddais tuag at Charing Cross gan deimlo fel fideo'n cael ei weindio'n ôl. Roedd hi'n tynnu at amser cinio ac roedd rhesi o bobol yn llifo drwy ddrysau siopau coffi wrth i mi gerdded heibio.

Croesais yr afon dros ei phen y tro hwn, yn hytrach nag oddi tani. Roedd y gwynt yn brathu fy mochau, a reit ar ganol y bont ro'n i'n teimlo'r llwybr yn siglo 'nôl ac ymlaen yn ysgafn. Ro'n i'n gallu gweld pont ar ôl pont yn croesi'r afon, ac ar y gornel gwelais Big Ben yn codi uwch gweddill yr adeiladau. Arhosais am eiliad a phwyso ar fariau'r bont. Ro'n i'n trio anadlu ond roedd y gwynt fel petai'n fy mygu. Gallwn deimlo fy nghalon yn curo yn erbyn fy asennau, a'r anadl yn fy ysgyfaint yn ceisio brwydro ei ffordd drwy'r gwynt. Bu raid i mi fynd ar fy nghwrcwd gyda 'nghefn at yr afon er mwyn dod ataf fy hun. Rhoddais fy nwylo yn siâp cwpan am fy ngheg a dechrau canolbwyntio'n llawn ar anadlu i mewn. Ac allan. I mewn. Ac allan.

O'r diwedd llwyddais i godi, a cherdded tuag at y lan. Roedd fy mhen fel petai wedi meddwi wrth i mi gerdded yn simsan ar hyd y strydoedd nes dod o hyd i'r adeilad y tu ôl i'r orsaf. Swyddfa fechan oedd hi efo talcen gwyn a drws glas, a'r ffenestri'n llawn lluniau o dai. Cerddais drwy'r drws i gyfeiliant cloch fechan, a sefyll o flaen y ddesg yn fud. Roedd dyn ifanc yn sbio arna i o'r tu ôl i'w gyfrifiadur.

'Hello. Can I help you?'

'I'm looking for Elin.'

'Elin? I think she's in a meeting right now. Do you have an appointment?'

'Ym, no. I...'

'Would you like me to give her a message?'

'Can I just...'

Tawodd fy llais, felly pwyntiais at soffa ledr oedd wrth y ffenest.

'Of course. I'll let you know when she's ready for you.'

Dechreuais blicio'r farnis oddi ar fy ewinedd ac roedd y lliw glas bron â diflannu o fy mys bawd pan glywais lais Elin uwch fy mhen.

'Lowri? Be sy? Ti'n gwbod 'mod i'n gweithio.'

'Yndw,' medda fi, fel taswn i'n ymddiheuro i'n athrawes. 'Ond...'

'Est ti'n *bored*? Est ti ar goll?'

'Naddo.'

'Yli, ma genna i ddiwrnod prysur, so ti'n meindio cadw dy hun yn brysur heddiw? Ella fydda i'n gallu cymryd dydd Gwenar i ffwrdd i wneud rwbath.'

'Nath Dad ffonio,' medda fi, fy llais yn wlyb. 'Ma Mam angan llawdriniaeth eto. Ma 'di dod 'nôl.'

Am eiliad rhewodd Elin ac er ei bod hi'n sbio arna i, ro'n i'n siŵr nad oedd hi'n gweld unrhyw beth o flaen ei llygaid. Ond yna, yn rêl chwaer fawr, gwenodd arna i.

'Awn ni adra. Gawn ni dacsi. 'Na i nôl fy mag, aros funud.'

Dywedodd ambell i air wrth ddyn y dderbynfa, yna diflannodd i'r swyddfeydd yng nghefn yr adeilad. O fewn munud roedd hi yn ei hôl efo'i chôt a'i bag, ac roedd car yn disgwyl amdanan ni y tu allan. Cefais fy ngwthio gan Elin i mewn i'r car tra oedd hi ar y ffôn efo Dad. Chlywais i ddim llawer o'r sgwrs. Ro'n i'n pwyso fy nhalcen yn erbyn y ffenest ac yn edrych ar y traffig gyferbyn â ni. Wyddwn i ddim pam 'mod i mewn cymaint o sioc. Roedd y doctoriaid wastad wedi deud fod peryg iddo ddod yn ei ôl ond roedd pawb wedi rhoi eu bryd ar weld Mam yn gwella ac wedi gwrthod yn llwyr bod posibilrwydd o ddyfodol gwahanol. Meddwl yn bositif, dyna be oedd pawb yn ei ddeud ar ôl i Mam gael canser. Ond be o'n i fod i feddwl pan oedd popeth yn ei herbyn? Be uffar oedd yn bositif am hyn?

'Ia. Iawn. 'Na i roi hi ar drên yn y bora.'

Roedd llais Elin fel adlais pell ond ro'n i'n ei chlywed hi'n tawelu meddwl Dad 'mod i'n iawn. Ro'n i'n teimlo'n euog braidd mai amdana i roedd Dad yn poeni, ac nid Mam, felly trois at Elin a gwenu arni. Ro'n i'n canolbwyntio ar fy anadlu unwaith eto ac roedd fy mhen yn clirio rhyw ychydig.

'Deud wrth Dad fod dim angan dod i'n nôl i fory o'r stesion. 'Na i ffonio Manon neu rwbath.'

Nodiodd Elin ei phen. ''Nest ti glywad hynna, Dad?'

Parodd y daith tacsi ddwbl ein taith ar y bws yn y bore, ond ar ôl tua hanner awr ro'n i'n dringo'r grisiau i fflat Elin unwaith eto. Disgynnais fel plwm ar y soffa a rhoddodd Elin flanced arna i. Roedd y tŷ yn oer. Aeth hithau i glirio'r llestri brecwast oedd wedi eu gadael ar yr ochr ac ro'n i'n ei chlywed yn siarad unwaith eto. Tybiais ei bod yn ffonio Lee. Hanner gwrandewais arni – roedd ganddi acen posh y dyddiau 'ma. Clywais y tegell yn berwi, yna daeth Elin i eistedd wrth fy ymyl gyda phaned ym mhob llaw. Cymerais y baned ganddi a chwythu ar y te wrth i'r stêm gyrlio rownd fy mochau.

'Ti'n iawn?' gofynnodd.

'Yndw. Dwi'n meddwl.'

'Ti'n edrych yn llwyd.'

'Dwi jyst ddim isio pobol neud ffýs drosta i. Mam sy'n haeddu'r ffýs, 'di o'm yn deg fod pobol angan edrych ar fy ôl i.'

'Wel, 'di Mam ddim yma, felly 'sa'm raid i chdi deimlo'n euog.'

Yfais fy nhe yn dawel. Roedd o'n llosgi fy nhafod.

'Ti 'di ca'l cinio?' gofynnodd wedyn. 'Sgen i'm awydd coginio. Nawn ni ordro rwbath, ia?' Rhoddodd ei ffôn o fy mlaen, gyda bwydlen hirfaith ar y sgrin. 'Dewis be bynnag ti isio.'

Cliciais ar bedwar peth gwahanol. Wyddwn i ddim beth oedd bob dim ond ro'n i'n tybio y byddai popeth yn blasu'r un fath heddiw beth bynnag. Dywedodd Elin ei bod am archebu digon i'w gael i swper hefyd, fel nad oedd angen gadael y fflat eto. Yna trodd y teledu ymlaen a rhoi DVD i mewn.

'DVD?' chwarddais. 'Pwy sy'n gwylio DVDs dyddia 'ma?'

'Dwi jyst awydd rwbath sentimental,' medda hithau.

Fflachiodd y sgrin yn wyrdd, melyn, coch, ac ymddangosodd y geiriau 'Siôn Blewyn Coch', y gerddoriaeth yn trydar yn y cefndir. Daeth y bwyd ymhen hanner awr a rhoddodd Elin bopeth ar y bwrdd coffi bychan. Roedd fy mhlât yn llawn ac roedd hi'n teimlo fel Nadolig, er mai arogl cyrri oedd yn yr awyr, nid twrci. Ac yn union fel Nadolig, ro'n i'n teimlo wedi fy stwffio, er nad o'n i prin wedi cael dwy fforciad o'r cyrri. Gwthiais bopeth o amgylch fy mhlât fel plentyn ffysi. Ar ôl *Siôn Blewyn Coch*, fe gawson ni farathon o DVDs *C'mon Midffîld*. Ro'n i wedi prynu'r gyfres i Elin un Nadolig, a hithau wedi prynu'r union anrheg i minnau.

Dechreuodd dywyllu ac roedd y sgrin yn taflu golau oeraidd am y stafell. Ro'n i'n gynnes o dan y flanced erbyn hyn ac roedd fy llygaid yn llosgi'n drwm. Yna gafaelodd Elin am fy mraich. Roedd y DVD wedi dod i ben.

'Ty'd, a' i â chdi i dy wely.'

Cerddais fel sombi, gan adael i Elin fy nhywys am ei stafell. Daeth cwsg drosta i heb oedi a chlywais i mo Elin yn tacluso yn y gegin. Ond rhywbryd yng nghanol y nos, teimlais hi'n cropian i mewn i'r gwely ata i ac yn rhoi mwythau ysgafn i 'mhen.

★

Seiniodd y cloc larwm ac agorais fy llygaid efo crensh. Roedd hoel cwsg caled wedi casglu ym mhob cornel. Teimlais oerfel ar fy nghoes wrth i Elin godi a mynd â hanner y cwrlid efo hi a mwmiais yn anhapus wrth feddwl am godi.

'Panad,' medda fi. Roedd fy llais fel cerrig mân.

Codais, a dechrau pacio'n araf, fy nhraed yn oer ar y llawr pren, yna dilynais yr arogl tost i'r gegin. Taenodd Elin fêl ar ddwy sleisen, a gosod y bwyd a phaned ar y bwrdd. Eisteddais. Roedd arogl y mêl yn codi pwys arna i.

'Ti'n barod i fynd?' gofynnodd Elin wrth eistedd gyferbyn â fi.

'Yndw, do'n i heb ddadbacio a deud y gwir.'

'Sna'm rhaid i chdi fynd, sti. Fydd 'na'm byd i'w wneud am wythnosau, ac mi ddo i adra bryd hynny.'

'Dwi'n gwbod ond… dwn i'm. Dwi jyst yn teimlo'n euog yn cadw draw, am wn i.'

Nodiodd Elin.

'Dwinna'n teimlo'n euog yn fan'ma. Fatha y dylwn i fod adra, t'bo? Ond cicio'n sodla fyddwn i taswn i adra.'

'Fatha dwi'n ei neud.'

'Ddim dyna o'n i'n feddwl.'

Gwenais arni gan agor fy ngheg i ddangos y crystyn ro'n i'n dal i'w gnoi.

'Dwi'n gwbod.'

Ar ôl newid a brwsio'n dannedd, aeth y ddwy ohonan ni unwaith eto tua'r orsaf, i ddal trên i Euston tro 'ma. Aeth Elin â fi reit at y giât cyn y platfform.

'Ti'n siŵr fydd Manon yn iawn i dy gasglu di o Gaereifion?'

'Yndw, dim problam.'

Rhoddais goflaid fawr iddi.

'Sori 'mod i'n gadal mor gyflym.' Ro'n i'n dechrau difaru gadael o gwbl, ond ro'n i wedi talu am y blydi tocyn trên rŵan. 'Ddo i lawr eto pan fydd petha 'di tawelu.'

'Ia, ty'd. 'Nei di joio, sti.'

Ond er mai dim ond dwy noson ro'n i wedi'u treulio yno, ro'n i'n teimlo nad Llundain oedd y lle i mi.

Cefais sêt yn un o'r cerbydau tawel ar y trên, un cerbyd i ffwrdd o'r caffi. Prynais dri bag mawr o Haribos a phaned o goffi du, ac eisteddais i wylio'r olygfa yn rhuthro heibio i'r ffenest. Roedd y coed yn strempiau gwyrddfrown, fel petai rhywun wedi tynnu brws paent ar hyd y tirlun, ond roedd y caeau pell i ffwrdd yn hollol glir. Wyddwn i ddim pryd i ffonio Manon. Ro'n i'n gwybod yn iawn nad oedd hi adra heddiw, mi fyddai yn yr ysgol. Ac ar ben hynny do'n i heb ei gweld hi ers bore Sul, heb hyd yn oed esbonio 'mod i'n gadael am yr wythnos. Tybiais ei bod hi'n meddwl 'mod i yn nhŷ Mam a Dad. Meddyliais am ffonio Llŷr yn lle hynny, ond mi fyddai o'n gweithio hefyd.

Hanner dydd oedd hi pan gyrhaeddodd y trên Gaereifion. Roedd y siwrne wedi bod yn ddiflas ac ro'n i wedi syrthio i gysgu wrth basio Milton Keynes. Roedd canu grwndi trenau wastad yn gwneud i mi gysgu. Gobeithiais y byddai plantos bach dosbarth Manon yn cael eu cinio, a rhoddais ganiad i'w rhif symudol.

'Lowri? Lle ti 'di bod? O'n i'n poeni...'

'Ti'm yn flin efo fi?'

Clywais Manon yn gollwng ochenaid fel petai'n siarad efo un o'i disgyblion.

'Nadw, dwi'm yn flin. 'Di o ddim o 'musnas i, nadi. Doedd o'm yn iawn i mi siarad efo chdi fel'na. Lle w't ti?'

'Dwi yng Nghaereifion. Ma Mam —'

'Ti efo dy fam?' torrodd ar fy nhraws. 'Dach chi'n siopa?'

'Na, dwi'n y stesion. 'Di dal trên.'

'Reit.' Dim ond hanner gwrando oedd hi. 'Ti'n dod adra heno?'

Ro'n i'n teimlo fel hogan fach angen ei hachub, ond do'n i ddim isio gofyn iddi am lifft adra heb iddi gynnig. Do'n i ddim isio i unrhyw un orfod fy achub i.

'Yndw, fydda i adra erbyn i chdi ddod 'nôl o gwaith.'

'Grêt. Sgenna i'm gormod o waith marcio heno, felly nawn ni wylio ffilm neu rwbath?'

'Aidîal.'

'Wela i di wedyn, Lows.'

A rhoddodd y ffôn i lawr. Roedd gas gen i'r orsaf yng Nghaereifion ac roedd hi'n dechrau pigo bwrw. Roedd 'na fws i Ddolgarwyn mewn awr a deg munud. 'Cry me Arriva' – dim ond awr a deg munud o aros. Eisteddais ar un o'r cadeiriau plastig yn yr orsaf a chwiliais am unrhyw beth tlws, ond yr unig beth ro'n i'n gallu ei weld oedd haearn rhydlyd. Dechreuais gyfri'r cledrau o fy mlaen gan ewyllysio i'r bws gyrraedd yn gynt.

19

CHWILOD DUON

Mae chwilod duon sy'n cael eu magu mewn grŵp gyda chwilod eraill yn datblygu'n well ac yn gyflymach na chwilod duon ynysig. Os yw chwilod duon yn tyfu ar wahân, maen nhw'n debygol o ddatblygu syndrom arunigedd sy'n gallu arwain at broblemau ymddygiad.

UFFAR O SIWRNE oedd y daith ar y bws. Maen nhw wastad yn bethau afiach, efo'r bws yn troi pob cornel i lawr y ffyrdd cefn ac yn stopio ym mhob Llanbidinodyn i gasglu hen ledis i fynd i siopa. Chyrhaeddais i mo sgwâr Dolgarwyn tan dri o'r gloch. Tair awr gymerodd hi i ddod o Lundain i Gaereifion, a thair awr arall wedyn i fynd tri deg milltir. Blydi bysus gogledd Cymru.

Cerddais adra'r ffordd hir, a sylwi 'mod i'n pasio heibio tŷ Meic. Arhosais am eiliad wrth y drws. Ro'n i am gnocio, ond yna cofiais y tro diwethaf, a phwysais ar yr ddolen.

'Iw-hw?'

Gwelais ben Meic yn pipian o'r gegin, a chwmwl o flawd uwch ei ben.

'Asu, ti'n coginio?'

Clapiodd ei ddwylo gyda'i gilydd er mwyn cael gwared o'r blawd ar ei fysedd gan greu cwmwl newydd sbon fel coron o amgylch ei ben.

'Lowri, sut wyt ti?'

'Panad 'sa'n dda, Meic,' gwenais arno.

'Wel, ti'n gwbod lle ma'r tegell.'

Llenwais y tegell â dwr wrth i Meic olchi ei ddwylo'n y sinc, a tholltais ddwy baned.

'Ydi Siws o gwmpas?'

Edrychodd Meic ar ei watsh. Dim ond newydd droi tri oedd hi – roedd hi'n dal yn yr ysgol, mae'n siŵr. Ciciais fy hun am beidio meddwl yn iawn. Do'n i heb weld Siwan ers parti Anthony ac ro'n i'n dechrau teimlo'n reit euog. Ro'n i wedi arfer ei gweld hi bob wythnos. Dechreuodd Meic sôn ei bod hi'n dal i holi amdana i.

'Gad mi wybod os wyt ti isio i mi warchod,' medda fi. 'Mi faswn i'n fwy na hapus.'

'Mi fasa hithau hefyd.'

Cerddais draw at y cownter efo 'mhaned rhwng fy nwylo. Edrychais ar y ffrij a sylwi bod y lluniau o Anth a fi wedi diflannu, ac wedi eu cyfnewid am rai o Anthony a rhyw hogan styning, gwallt melyn. Roedd 'na rywbeth yn gyfarwydd amdani, ond ro'n i'n methu cofio pwy oedd hi. Roedd 'na un llun ohona i a Siwan yn dal i fod ar y ffrij, ar y gornel waelod. Cerddais at y cownter gan sbecian i'r bowlen flawdiog oedd o flaen Meic. Roedd 'na lwmp gludiog melyn yn gorwedd yno'n edrych yn drist. Doedd Meic ddim yn llawer o gogydd.

'Be ti'n neud?'

'Ymarfer gwneud cacen i Siws.'

'Shit, mae'n ben-blwydd arni.'

'Yndi, wthnos nesa. Mae 'di gofyn am gacen Deian a Loli.'

'Kate Roberts?'

'Na, rhaglen Cyw.'

Codais fy sgwydda'n ddi-glem, yna rhoddais fy mys bach yn y gymysgedd lipa a thynnu wyneb.

'Mor ddrwg â hynny?'

''Di o'm yn grêt, Meic.'

Tynnodd yntau wyneb yn ôl a sychu ei dalcen efo'i law wen. Chwarddais wrth iddo adael stremp blawdiog ar hyd ei groen.

'Sut wyt ti, beth bynnag? Sut mae dy fam?'

Yr un cwestiwn ro'n i'n ei gael bob tro gan bawb. Taflais liain sychu llestri draw ato gan bwyntio at ei dalcen.

'Mae'n iawn.' Meddwl yn bositif. 'Wedi blino.' Doedd gen i ddim llawer o awydd dechrau ar y sgwrs; ro'n i'n gwybod beth fyddai Meic yn ei ddeud, sef ceisio fy sicrhau y byddai popeth yn iawn. Ond roedd o am ddod i wybod yn hwyr neu'n hwyrach am wn i. Mi fyddai pawb yn Nolgarwyn yn gwybod erbyn diwedd yr wythnos.

'Wel, nadi. Dydi hi ddim yn iawn. Mae hi angen llawdriniaeth arall. Mae 'di dod 'nôl.'

'O shit, Lowri, sori.'

'Ddim dy fai di 'di o.'

'Nace, ond sori. Sori fod hyn yn digwydd i chi.'

'Ma'n iawn. Fydd bob dim yn iawn. Dyna ma pawb yn ei ddeud beth bynnag.'

Nodiodd Meic yn araf, a sychodd y blawd oddi ar ei dalcen.

'Yli,' medda fi. 'Dwi 'di addo i Manon y bydda i adra cyn pedwar. Ond ddo i draw yn fuan, ia? Gad i Siws wybod 'mod i wedi bod heibio.'

'Iawn. Dyro ganiad, a 'na i wneud cacan.'

Tynnais wyneb arno eto gan ddeud bod dim ffiars o beryg

'mod i am adael iddo arbrofi efo'i goginio erchyll arna i. Clywais y llwy bren yn atseinio yn erbyn y bowlen wrth i mi adael y tŷ a chychwyn am adra. Ro'n i wedi meddwl tacluso cyn i Manon ddod yn ei hôl ond roedd y tŷ fel pìn mewn papur pan gyrhaeddais. Roedd 'na flodau yn y jwg ar y sìl ffenest, ac roedd y ffenestri'n gilagored i ddod ag aer ffres i'r tŷ. Roedd gen i hanner awr nes i Manon gyrraedd, felly rhedais i'r siop gornel i brynu pasta, caws, salad ac ambell i beth bach arall, a photel o win coch, er mwyn coginio fy macaroni cheese enwog iddi i swper. Do'n i ddim llawer gwell na Meic am goginio, ond roedd fy macaroni cheese yn plesio pawb. Roedd fy mochau innau'n flawdiog erbyn iddi gerdded drwy'r drws a thynnais anadl ddofn.

'Ogla da!' gwaeddodd wrth gadw ei chôt.

'Ogla caws.'

'Fy ffefryn.'

Daeth drwodd i'r gegin a rhoi sws fach i mi ar fy moch. Sylwodd ar y botel win yn syth, a tholltodd ddau wydraid hael i ni'n dwy.

'Iechyd da,' meddai Manon cyn cymryd llowc. 'So. Lle uffar ti 'di bod?'

Dechreuais esbonio bod Dad wedi mynd â fi i'r orsaf yng Nghaereifion pnawn dydd Sul ar ôl i ni gael ffrae, a 'mod i wedi mynd i aros efo Elin. Gwrandawodd hithau wrth i mi ddeud 'mod i wedi cael digon ar y lle 'ma, a 'mod i isio newid. Ond wrth i mi ddechrau sôn am alwad ffôn Dad, dechreuodd fy llais gracio.

'Shit. Shit, Lows, ti'n ocê? Doedd gen i'm syniad, cofia, 'swn i 'di ffonio chdi'n gynt.'

'Doedd gan neb syniad tan ddoe. Jyst, plis paid â deud wrtha i fod bob dim yn mynd i fod yn ocê, iawn? Achos dyna ma pawb yn mynd i'w ddeud, ond dwi'm yn gwbod os fydd bob dim yn ocê. 'Sa neb yn gwbod, a dwi 'di ca'l digon o feddwl yn blydi positif.'

Rhoddodd ei breichiau rownd fy sgwyddau a 'ngwasgu'n dynn, ac ro'n i'n gallu teimlo fy nagrau'n gwlychu ei siwmper, ei chroen.

'Ti isio siarad am y peth?'

Ysgydwais fy mhen yn dawel.

'Iawn.' Teimlais hi'n dechrau meddwl. 'Ti'n cofio pryd wnaethon ni adeiladu nyth am y tro cyntaf un? Doeddan ni ddim yn nabod ein gilydd yn dda iawn bryd hynny, ond roeddan ni'n rhannu tŷ yn y brifysgol, ti'n cofio? Mond ers tri mis oeddan ni'n byw efo'n gilydd, ond un noson dim ond y ddwy ohonan ni oedd ar ôl yn y tŷ – roedd pawb arall wedi gadael ar gyfer y gwyliau Dolig. Ac mi ffoniodd Mam i ddeud fod Dad wedi cael damwain car, ac ro'n i'n methu cael trên adra achos bod yr eira mawr 'na 'di dod? Ac roedd y ddwy ohonan ni'n styc yn y tŷ oer, heb lawar o fwyd, a ddim isio mynd allan oherwydd y storm? Ti'n cofio be nathon ni?'

Chwarddais yn wan. Ro'n i'n cofio'r noson yn iawn. Aeth y ddwy ohonan ni i'n cypyrddau dillad a gwisgo'n pyjamas a'n sanau mwyaf trwchus, a dod â'n cwrlid i lawr i'r stafell fyw. Tynnwyd holl glustogau'r soffa i'r llawr, a bu'r ddwy ohonan ni wrthi'n codi waliau i wneud castell. Nyth oedd o yn y diwedd, yn fwy na chastell, ond doedd dim ots. Llenwyd y nyth efo cwrlidau a blancedi, coginiwyd ufflwn o basta bêc efo'r cynhwysion prin oedd yn y gegin, ac eisteddodd y ddwy ohonan ni yn y nyth yn bwyta'r pasta'n syth o'r ddesgyl bridd, ac yn rhannu straeon gwirion er mwyn cadw meddwl Manon yn brysur.

'Ti ffansi adeiladu nyth efo fi?' meddai Manon.

O fewn hanner awr roedd y ddwy ohonan ni yn y stafell fyw yn ein pyjamas, wedi'n lapio'n dynn mewn blancedi ac yn chwerthin ar ein gilydd wrth i ni foddi mewn plu. Roedd y macaroni cheese yn yr un ddesgyl bridd a oedd gan Manon yn y brifysgol, yn sefyll yn browd ar y bwrdd coffi. Ac roedd Joni Mitchell yn canu yn y cefndir.

'Reit, a' i gynta,' meddai Manon.

'Ti'n meddwl fod gennon ni straeon 'dan ni heb eu deud o'r blaen?'

'Gawn ni weld rŵan. Dwi'n gallu meddwl am un, o leia.'

'Ddim y taquitos eto gobeithio.'

'Cau dy geg,' meddai Manon cyn pesychu'n ddramatig a dechrau. 'Pan o'n i'n fach, o'dd Dad efo ffrind o'r enw Yncl Les. Un o'r bobol 'na sydd ddim yn yncl go iawn i chdi, ond ti'n galw'n yncl beth bynnag. O'dd o'n foi lyfli, ond yn uffar o doji dîlar, fatha Del Boy gogledd Cymru. Eniwe, o'dd o wastad yn dod draw i tŷ ni efo rhyw bethau *knock-off*. Copis anghyfreithlon o CDs newydd, antîcs od. O'dd Mam yn cael y myll efo fo bob tro achos o'dd y garej yn dechra edrych fel iard sbwriel, yn ei hôl hi. Un diwrnod, ddoth o i'n tŷ ni efo tri bocs carbord anferth. Ro'n i wrth fy modd yn chwilota yn y bocsys pan fyddai Yncl Les yn dod draw, a be ffeindiais i tro 'ma ond dwsinau o *multi-packs* o greision Walkers, Monster Munch, Nik Naks. O'dd Mam yn gandryll, lle uffar oedd hi i fod i gadw tri bocs carbord o greision? Ges i un pecyn bob dydd i ginio am fisoedd. Ond tu mewn i'r *multi-packs* roedd y pacedi'n wahanol. Tu mewn i'r Walkers roedd 'na Mini Cheddars a Matchsticks a phob math. A tu mewn i bob pecyn, roedd y creision yn hollol wahanol eto! Ma'n siŵr fod Yncl Les 'di'u cael nhw o gefn lorri yn rhywle. Eniwe, mi ddaeth hi'n gêm fawr yn y dosbarth i weld pwy oedd yn gallu dyfalu pa greision oedd y tu mewn i'r pecyn bob dydd. 'Nes i ymbil ar Yncl Les am fwy o greision ar ôl i'r tri bocs ddiflannu, ond roedd Mam yn styfnig fel mul. Dim mwy o focsys Les. Roedd y dosbarth i gyd 'di siomi'n ofnadwy.'

'Dwi'n cofio Yncl Les. Roddodd o feicrodon i ni yn yr ail flwyddyn, yn do?'

'Do, ac ath y blydi peth ar dân.'

'Dwn i'm os mai bai Yncl Les oedd hynna, 'ta dy fai di am drio sychu dy nicyrs gwlyb ynddo fo.'

Cododd Manon ei sgwyddau'n hamddenol. 'Ro'n i ar frys.'

Chwarddais wrth gofio Manon yn sgrechian nerth esgyrn ei phen wrth i fflamau godi o grombil y meicrodon. Roedd hi wedi trio agor y drws ac roedd hi am dollti gwydraid o ddŵr arno pan gerddais i mewn i'w stopio. Ar ôl cau y drws eto a thynnu'r plwg, diffoddodd y fflamau. Bu raid i Manon fynd i'w darlith mewn nicyrs budr y diwrnod hwnnw.

'Chdi rŵan,' meddai Manon, gan gymryd llwyaid o'r pasta cawslyd.

Ro'n i'n methu meddwl am stori nad oedd Manon yn ei gwybod, ond o'r diwedd cofiais am un oedd wastad yn gwneud i mi ac Elin chwerthin.

'Nath y gath ddiflannu un diwrnod, pan o'n i tua naw. Roeddan ni'n methu dod o hyd iddi'n unman. Ond tua deuddydd ar ôl iddi fynd ar goll, nath Mam glywad mewian yn dod o'r atic. Sgenna i'm syniad sut nath hi gyrraedd achos does 'na'm grisia'n mynd i'n atic ni, ma raid i chdi gael ystol. Felly ddoth Dad â'r ystol ac i fyny â fo i'r atic. Ro'n i, Elin a Mam yn disgwyl yn eiddgar i gael rhoi mwythau i Llewpart druan pan ddoth 'na waedd o'r atic, crensh mawr, a chwmwl o lwch. Ar ôl i'r llwch glirio, yr unig beth oedd i'w weld oedd dwy goes Dad yn hongian drwy'r nenfwd, a Mam yn sgrechian fod o 'di sbwylio'r carpad. Roedd rhaid i ni i gyd ei wthio i fyny drwy'r twll, ond do'n i nac Elin fawr o help am ein bod ni mor fyr. Ddoth o yn ei ôl efo Llewpart, ond asu, doedd o ddim yn hapus efo'r gath. Ac roedd ei jîns yn llwch gwyn i gyd, roedd o'n edrych fel ysbryd. Dwi rioed 'di chwerthin cymaint yn fy myw. Ti dal yn gallu gweld yr hoel hefyd, os ti'n sbio'n ofalus.'

Roedd Manon yn ei dagrau'n dychmygu Dad, tawel, call yn rhegi ac yn bytheirio ar Llewpart druan, ac ro'n i'n helpu fy hun i fwy o basta. Roedd y nyth yn gynnes ac roedd ein coesau wedi plethu.

'Ti'n dechra teimlo'n well?'

'M-hmm,' medda fi, y saws caws yn diferu o gornel fy ngheg.

'Reit, be ti'n neud fory? Achos ma Huw 'di bod yn tecstio fi'n holi amdana chdi. Nath o glywad am nos Sadwrn gan Llŷr ac mae o'n cadw sŵn arna i bob dydd isio dy weld di. Felly gawn ni plis fynd i'r Abbey so bod o'n stopio 'mhoeni fi?'

'Ma Huw yn cyfadda fod o isio 'ngweld i?'

Doedd hynny ddim yn digwydd yn aml, a phenderfynais fod rhaid eu hwynebu rywbryd, er mwyn iddyn nhw gael eu jôcs am Dyfed allan o'u system.

DYFRGWN

Ar ôl dod o hyd i fwyd a lloches digonol, mae dyfrgwn yn hoffi chwarae gyda'u ffrindiau. Un gêm yw llithro ar hyd eu boliau ar lithren naturiol. Maen nhw hefyd yn ffug-gwffio yn aml, sy'n gêm dda ond sydd hefyd yn ffordd o gadw'r hierarchaeth gymdeithasol yn ei lle.

'So neithiwr,' cychwynnais, ''nes i Facebook stalkio cariad newydd Anthony.'

Roedd yr hogiau a Manon a minnau yn eistedd rownd ein bwrdd arferol yn yr Abbey, ac oherwydd y distawrwydd anghyffordddus ar ôl i mi rannu'r newyddion am Mam, ro'n i newydd gyfaddef i mi ymchwilio i'r *fiancée* ar ôl i Manon fynd i gysgu neithiwr. Unrhyw beth i lenwi'r tawelwch.

'O na,' meddai Llŷr, gan roi ei ben yn ei ddwylo.

'Odi ddi'n *hot*? Bet bod hi'n *hot*,' meddai Huw cyn cael pwniad yn ei ochr gan Aled.

'Yndi, i fod yn deg. Ma hi. Damia hi. Ond ddim dyna'r stori. 'Nes i sbio ar gwpwl o'i llunia hi achos dydi'i phroffeil hi ddim yn breifat, ac o'dd ei gwynab hi'n edrych yn ofnadwy o gyfarwydd. Ond ti'n gwbod pan ti'n nabod rhywun, a sgen ti'm syniad o lle? Wel, 'nes i feddwl am y peth drw nos bron. A wedyn bora 'ma 'nes i sylweddoli 'mod i wedi gwylio ei fideos hi ar YouTube rhyw dair mlynadd yn ôl. Mans, ti'n cofio pan 'nes i ddechra gweu?'

'Yndw,' meddai Manon. ''Nes i brynu cadwan lyfli Mari Thomas i chdi Dolig, a ges i het wedi'i gweu efo ryw pompom ddigon cam arni hi. O'ch chdi 'di colli pwyth yn rwla 'fyd, ac mi ddoth hi'n ddarna cyn Flwyddyn Newydd.'

'Sori am hynna. Ond pan ddechreuais i weu, do'n i ddim yn gwbod sut i wneud pompoms, felly 'nes i wylio tiwtorial ar YouTube er mwyn dysgu. A pwy ddysgodd fi i neud pompoms? Cariad newydd Anthony.'

'No we,' meddai Aled.

'We! A ma hi'n gneud pompoms gwell na fi hefyd. Ma hi 'di dwyn 'y nghariad i, a ma hi'n gneud pompoms gwell na fi. A dwi ar ben fy hun.'

'Byd bach,' meddai Llŷr.

'Beth o'dd enw'r fideo?' gofynnodd Huw gan dynnu ei ffôn o'i bocad.

'Ym, rwbath fatha "How to Sound Like a Pervert by Looking Up Hot Australian Girls While Your Friend Has a Mental Breakdown".'

'Na, sdim byd ar YouTube gyda'r enw 'na,' meddai Huw. 'Hala'r linc i fi pan ti gytre?'

'Dos i grafu.'

'Wel, dwi'n dy rybuddio di rŵan, lad,' meddai Aled. 'Paid â mynd i mewn i'r stafell fwyta drws nesa os ti'n teimlo'n unig a phathetig. Ma'r lle'n llawn o gariadon a chypla'n gneud llygid sopi ar ei gilydd dros eu breadsticks.'

'Ydi'r Abbey yn rhoi breadsticks i bobol cyn iddyn nhw gael eu bwyd?' meddai Manon wrth Aled. ''Di o'm yn edrych fatha lle sy'n rhoi breadsticks am ddim.'

'Sym hôps,' meddai Aled. 'Dim ond ffordd o siarad oedd o. Beryg bod y bobol druan yn sbio ar ei gilydd dros fwrdd stici, efo dim byd ond halan, pupur a sos coch arno fo. Ond heno di'u noson gynta nhw'n gwneud Date Night. Dwy stecan a photal o win am £20. Bechod ar bwy bynnag sy 'di dod yma ar ddêt. 'Di'r Abbey ddim cweit yn *gastro pub*.'

'Nadi,' cytunodd Manon. 'Mae o'n dipyn o deif, dydi? O'dd yr Abbey'n arfar 'y ngneud i'n reit anghyffyrddus a deud y gwir.'

'Fi'n gwbod be ti'n feddwl,' meddai Huw. 'Ma'r cadeire 'ma'n ofnadw, sdim *padding* o gwbl ar ôl yn y cwshin.'

Rholiodd Manon ei llygaid.

'Lembo. Reit, dwi'n mynd am smôc, 'sa rywun isio dod efo fi?'

'Dim ffiars,' meddai Aled. 'Mae'n rhewi tu allan, dwi'm yn mynd i nunlla.'

'Ar fy marw, ma'r ban ar smocio mewn tafarndai wedi dinistrio fy mywyd cymdeithasol i,' meddai Manon gan droi ei chefn arnon ni a gwisgo'i het wrth adael y dafarn.

Roedd y pedwar ohonan ni'n syllu i mewn i'n peintiau'n fud ar ôl i Manon fynd allan. Doedd y sgwrs heb lifo'n dda iawn drwy'r nos ac ro'n i'n tybio fod yr hogia i gyd yn teimlo'n rhy ddrwg i gymryd y pis ohona i am eu bod nhw wedi cael clywed am Mam.

'Sgen rywun newyddion 'ta?' medda fi ar ôl pum munud o dawelwch.

'Ym, mae gen i,' meddai Aled o'r diwedd.

Edrychais arno'n ddisgwylgar. 'Wel. Be?'

'Dwi 'di ca'l job, lads,' medda fo. 'Yn y siop datŵs yn Bermo.'

'Yr un lle ges i hwn?' gofynnodd Llŷr yn syth gan bwyntio at y geiriau 'Ffwc o foi' ar ei fraich.

'Ia. Mae 'na ryw hogan o Gaerdydd 'di prynu'r siop a 'nes

i yrru sgetshys ati hi, a mae'n chwilio am *assistant*. Dwi'n dechra wthnos nesa.'

Gwenodd Aled yn llydan wrth i'r hogia ei longyfarch, a blydi hel, ro'n i isio teimlo'n hapus drosto. Ro'n i ac Aled wedi bod yn stryglo i ffeindio gwaith efo'n gilydd ers oesoedd ac er 'mod i'n teimlo'n ffed-yp am fethu cael job, roedd gwybod fod Aled yn yr un twll yn gwneud i mi deimlo'n well. Tan rŵan. A be oedd gen i ar y gweill? Rhyw hanner gobaith o gael gwaith fel coblyn Nadolig mewn canolfan arddio, yn helpu rhyw pyrf o Santa i roi anrhegion i fabis oedd yn strancio. Grêt.

Roedd pawb mewn hwyliau gwell ar ôl i Al rannu ei newyddion, heblaw amdana i. Ond pan gerddodd Manon yn ôl am ein bwrdd yn y gornel ar ôl ei smôc, doedd hi'n sicr ddim yn gwenu.

'Lows? Ddoi di efo fi am eiliad?'

Cododd Huw ei ben wrth glywed Manon yn siarad, a phwnio Llŷr yn ei ochr yn ysgafn.

'Bois, ma'r amser 'di cyrradd. Ma Manon yn mynd i drio'i on gyda Lows.'

'Paid â dechra, Huw,' medda hitha. 'Lows? Ddoi di?'

Codais heb ddeud gair a dilyn Manon i'r cyntedd. Edrychais arni'n ddiog gan wybod yn iawn nad oedd llawer o emosiwn ar fy wyneb, ond doedd gen i ddim egni i newid hynny. Ro'n i wedi disgwyl i'r hogia fod yn tynnu arna i am Dyfed drwy'r nos ac wedi ymbaratoi am hynny, ond roedd eu distawrwydd bron yn waeth, a rŵan roedd dathlu swydd newydd Al yn teimlo fel slap. Ro'n i wedi blino cael fy mhitïo, ac ro'n i wedi blino pitïo fy hun. Be arall oedd am fynd o'i le?

'Yli,' dechreuodd Manon. 'Dwi'm yn busnesu, ond dwi

jyst isio dy rybuddio di fod Dyfed tu allan rŵan pan es i am ffag. 'Nes i wrando ar ei sgwrs o efo Bams – mae o yma efo Anni yn ca'l bwyd, ac ma nhw am ddod drwadd i'r bar mewn eiliad ar ôl gorffan pwdin. Dwm'bo be ti isio neud, ond ddo i efo chdi os ti isio gadal.'

Cnoais fy ngwefus heb ddeud gair ac edrychais heibio Manon.

'Be ti isio neud, Lows?'

'Dwi'm yn mynd i nunlla.'

'Ocê. W't ti 'di clywad ganddo fo ers nos Sadwrn?'

'Naddo…' Torrodd fy llais wrth i fi siarad, felly mi gaeais fy ngheg cyn i mi ddechrau crio.

'Ti isio mynd 'nôl mewn at yr hogia?'

Nodiais arni, ond symudais i ddim.

'Ti isio aros yn fan'ma am chydig bach?'

Plygais fy mhen a'i bwyso er ei hysgwydd. Ro'n i isio deud popeth wrthi, ond wyddwn i ddim lle i ddechrau. Do'n i heb wneud synnwyr o'r noson honno yn fy mhen eto, heb sôn am geisio esbonio wrth rywun arall. Rhoddodd ei llaw am fy nghefn a 'nhapio yn ysgafn fel petai'n trio codi gwynt arna i. Roedd pob tap yn gyrru gwefr drwy fy esgyrn ac ro'n i'n teimlo'r geiriau yn codi fel cyfog tu mewn i mi. Tynnais oddi wrthi'n gyflym.

'Dwi isio mynd 'nôl rŵan,' medda fi.

'Iawn. Ty'd 'ta.'

Dilynais hi i mewn i'r stafell ffrynt fel dafad golledig, ac ista rhwng Llŷr ac Aled wrth y bwrdd.

'Gethoch chi snog?' meddai Huw yn syth ar ôl i ni eistedd.

Anwybyddodd y ddwy ohonan ni ei eiriau ac edrych yn syth yn ein blaenau. Roedd y sgwrs wedi tawelu eto ac aeth munudau heibio wrth i ni wrando ar ddim ond bysedd y cloc a hym y jiwcbocs a'r peiriant ffrwythau oedd yn y gornel cyn i Llŷr feddwl am stori i'w deud.

'Nath ffôn tŷ ni ganu neithiwr, a doedd Mam na Dad adra, felly fi nath atab. Rhywun o Merched y Wawr oedd yna isio Mam ond mi ddudis i nad oedd hi adra, felly nath hi ofyn fasa hi'n ca'l gadal negas.'

'O mam bach,' meddai Huw. 'Ma'r stori 'ma'n swnio'n wath na un o straeon Lowri.'

'Hm?' medda fi, ddim ond yn hanner gwrando am 'mod i wedi clywed fy enw.

'Eniwe,' meddai Llŷr, 'mi oedd 'na bapur wrth y ffôn, ond dim beiro, dim ond pensal, felly sgwennis i'r negas efo pensal. Jyst wrth i mi ddod i ddiwedd y negas, nath lèd y bensal falu. Doedd 'na ddim llawar o bwys achos o'dd y ddynas ar y ffôn 'di gorffan siarad, felly mi rois y ffôn i lawr ar ôl deud ta-ta, a mynd i ffeindio miniwr.'

'Kill me now,' meddai Huw.

'Dechreuis i finio'r bensal, a meddwl i fi'n hun... Dwi'm yn cofio'r tro dwytha i fi finio pensal. Dwi byth yn minio na defnyddio pensilia ddim mwy. Ti'n cofio'n rysgol fach, oeddan ni'n defnyddio pensilia o hyd, a wastad yn gorfod mynd draw at y bin er mwyn eu minio nhw, a fyddan ni'n ca'l sgwrs bach efo pwy bynnag arall oedd yn minio'u pensilia 'run pryd. A pan oeddan ni'n Blwyddyn Chwech, roeddan ni'n ca'l defnyddio cyllall i finio'r bensal os oeddan ni'n blant da. Wel... 'dan ni byth yn defnyddio pensilia ddim mwy. Ges i sioc 'mod i 'di ffeindio miniwr yn tŷ a deud y gwir, o'n i'n meddwl bod y petha 'di mynd yn ecstinct.'

'Ti 'di gorffan?' gofynnodd Huw ar ôl saib.

'Do,' meddai Llŷr.

'Diolch byth.'

Daeth tawelwch dros y bwrdd eto.

'Be ti'n feddwl ma hynna'n arwydd o?' meddai Llŷr.

'Arddodiad,' medda fi'n dawel, yn dal i hanner gwrando.

'Am be ti'n sôn rŵan?' meddai Aled, oedd wedi dechrau dwdlo'n ddifeddwl ar y mat cwrw.

'Minio pensilia. Ti'n meddwl bod 'na arwyddocâd tu ôl i'r ffaith bo' ni ddim yn defnyddio pensilia ddim mwy?'

Ro'n i'n gallu clywed Huw yn dechrau mynd yn flin wrth fy ochr ond ro'n i wedi stopio canolbwyntio yn gyfan gwbl ar y sgwrs. Ro'n i wedi gwylio'r drws ers i mi a Manon ddod yn ôl i mewn, ac roedd Dyfed ac Anni newydd gyrraedd. Doedd o heb fy ngweld eto, roedd o'n rhy brysur yn anwesu boch ei wraig efo'i law, a'r cwbl oedd ar fy meddwl wrth ei gwylio oedd ei law ar fy nghanol, ar fy nghoes, i fyny fy sgert.

'Yndê, Lows?'

'Mm,' medda fi.

Do'n i'm yn gwrando. Do'n i'm hyd yn oed yn gwbod pwy oedd yn siarad. Ro'n i'n syllu ar y ddau yn y gornel ac ro'n i'n gwbod na ddylwn i edrych i'w cyfeiriad nhw rhag ofn i mi gael copsan ond ro'n i'n methu peidio. Syllais wrth i'r ddau siarad yn agos, a llygaid Anni ledaenu fel rhai ci bach wrth iddi wrando arno. Roedd hi'n chwerthin yn ysgafn, fel un o'r ffans yn ei res flaen. Yna cododd Dyfed, gan gynnig ei law i Anni er mwyn dawnsio, ac roedd hynny'n ddigon i mi. Teimlais wydr yn disgyn oddi ar y bwrdd wrth i mi godi a rhedeg i gyntedd yr Abbey. Roedd fy mhoen bol yn ei ôl. Yn ffrâm y drws, mi drawais i mewn i wal.

'Wow,' meddai'r wal. 'Ara bach.'

Ro'n i'n nabod y llais, un o'r lleisiau olaf i mi fod isio ei glywed.

'Sym o ffordd, Dafydd.'

'Lowri. Ers talwm.'

Rhoddodd ei fraich gryf am fy nghanol a 'ngwasgu, ei ddwylo mawr yn crwydro i lawr at fy mhen-ôl. Do'n i ddim wedi ei weld ers iddo fy ngadael ar y beipas, ac roedd 'na ogla lagyr ar ei wynt.

''Nest ti'm tecstio fi ar ôl ein diwrnod bach ni yn Gors Ucha. Gafon ni hwyl, yn do? 'Sa'n biti peidio mynd am *road trip* bach eto.'

'Dafydd, gad fi fynd.'

'Ti'm am roi sws fach i fi gynta?'

Gwthiais fy hun oddi wrtho wrth i'w wefusau agosáu ata i. Gwaeddais arno i 'ngollwng i, i adael i mi fynd. Lledaenodd ei lygaid mewn syndod wrth i mi daro'i frest gyda'm garddyrnau llipa, a baglais pan ollyngodd fy nghanol. Taflais fy hun drwy ddrws yr Abbey ac i mewn i'r sgwâr. Anadlais yr aer rhewllyd i mewn i 'nghorff, a theimlo'n ysgyfaint yn pigo wrth iddynt lenwi. Edrychais o amgylch y sgwâr tywyll, gan grychu fy llygaid nes dod i arfer efo'r diffyg golau, a gwelais fod y lle yn wag. Ar ochr arall y sgwâr, roedd y fainc yn edrych arna i'n gyhuddgar, felly cerddais tuag ati'n ara bach. Pan eisteddais arni, ro'n i'n hanner disgwyl i rywun ymddangos o'r cysgodion a gofyn o'n i'n iawn. Arhosais am funud gan edrych o'm cwmpas, ond ddaeth 'na neb.

CATHOD

Pan fydd newid mawr i'w trefn arferol neu rywbeth yn tarfu ar eu hamgylchiadau rheolaidd, mae cathod yn gallu dangos arwyddion o iselder. Mae hyn yn gallu achosi i'r gath roi'r gorau i gadw ei hun yn lân a thaclus, peidio bwyta cymaint, cysgu mwy, a chuddio mewn mannau unig am amser estynedig.

DEFFRAIS FORE IAU wedi'n lapio yn fy nghwrlid. Roedd y tŷ yn oer ac yn wag, felly rhedais o fy ngwely a gwisgo fy nghoban cyn mynd i lawr y grisiau i'r gegin. Roedd hi'n un ar ddeg o'r gloch ac ro'n i'n llwgu, felly taniais y stof a thynnu pitsa o'r rhewgell er mwyn cael brecwast iachus. Ro'n i'n falch o weld ei bod hi'n piso bwrw tu allan, gan fod hynny'n rhoi rheswm gweledol i mi gael diogi drwy'r dydd. Dydi pobol ddim yn disgwyl i ti adael y tŷ os ydi hi'n bwrw glaw, ond deud di dy fod ti'n stryglo efo dy iechyd meddwl ac yn sydyn mae pawb yn ddoctor, yn ceisio dy lusgo allan i gael tipyn o awyr iach.

Gwyddwn y byddai'n rhaid i mi fynd draw i weld Mam a Dad heddiw rhywbryd. Ro'n i wedi dod adref o Lundain i'w helpu ond ro'n i wedi treulio ddoe yn malu cachu yn yr Abbey yn hytrach na bod yn ddefnyddiol. Gwnes addewid i mi fy hun y byddwn yn codi ac yn cael cawod ar ôl gwylio hanner awr o deledu.

Ddwy awr a dau bitsa yn ddiweddarach, ro'n i'n dal i orweddian ar y soffa. Gan duchan, llwyddais i godi o'r diwedd ac ar ôl golchi fy ngwallt a gwisgo'n araf, ro'n i'n barod i adael y tŷ. Ond rhewais wrth roi fy llaw ar ddolen y drws ffrynt a sylweddoli pam 'mod i wedi gwastraffu cymaint o amser y bore 'ma. Rhywle heibio fy nrws, rhywle yn y dref am wn i, roedd Dyfed a'i wraig. Ac yn fwy na hynny, byddai Mam yn disgwyl cael clywed sut aeth y darlleniad nos Sadwrn ac roedd arna i ofn ei hateb.

Ro'n i wedi bod dros y noson honno yn fy mhen ganwaith dros y diwrnodau diwethaf yn ceisio diffinio'r hyn a ddigwyddodd. Wyddwn i ddim fyddai rhoi geiriau i'r holl beth yn fy helpu ond ar hyn o bryd ro'n i fel taswn i mewn limbo, yn y man gwag hwnnw rhwng gwybod fod popeth yn iawn a theimlo fel fictim. Do'n i ddim yn teimlo fel fictim, ond doedd hynny ddim yn golygu fod popeth yn iawn. Roedd arna i ofn y byddai defnyddio'r gair 'trais' yn gwneud i mi deimlo'n waeth.

O'r diwedd llwyddais i lusgo fy nhraed dros y trothwy, ond cadwais fy llygaid ar y llawr wrth gerdded drwy'r glaw ar hyd y llwybr cyfarwydd i dŷ Mam a Dad. Brysiais am y canllath olaf rhag ofn i ddrws tŷ Anti Myf agor. Ro'n i'n tybio bod Dyfed, Anni ac Ifan yn aros yno ar hyn o bryd.

Gwibiais i'r tŷ ac anadlu'n ddwfn ar ôl cau'r drws y tu ôl i mi. Ro'n i'n wlyb at fy nghroen ac roedd fy nghalon yn curo fel petawn i newydd redeg marathon. Ymddangosodd pen Dad drwy ddrws y parlwr a synnodd wrth fy ngweld yn pwyso yn erbyn y drws wedi colli fy ngwynt.

'Be 'nest ti, rhedeg yma?' gofynnodd yn gellweirus. Roedd o'n gwybod cymaint yr o'n i'n casáu ymarfer corff.

Ceisiais wenu arno, a gofynnais ble roedd Mam.

Pwyntiodd Dad tua'r nenfwd a deud ei bod hi'n cael bath.

'Wedi dod draw i roi help llaw ydw i,' medda fi gan ei ddilyn i'r parlwr. Chwarddodd Dad yn uchel. Roedd y tŷ yn berffaith daclus ac roedd arogl bara ffres yn dod o'r gegin gefn. Doedd Dad ddim angen help llaw yn cadw tŷ. Eisteddais ar y soffa fel sach o datws.

'Isio helpu ydw i,' medda fi. 'Dwi'n teimlo'n iwsles.'

'Dwinna hefyd,' meddai gan eistedd wrth fy ymyl.

Ymhen rhai munudau clywsom Mam yn cerdded i lawr y grisiau yn araf. Ro'n i'n gallu clywed o wrando arni ei bod hi'n rhoi ei holl bwysau ar y canllaw er mwyn gallu cerdded yn haws, ond doedd fiw i mi na Dad fynd i'w helpu. O'r diwedd, ymddangosodd yn nrws y parlwr.

Roedd ei bochau wedi diflannu am i mewn a'i chroen fel hances boced wedi crebachu. Roedd hi'n edrych bron i ddeng mlynedd yn hŷn. Cododd Dad er mwyn gwneud lle iddi ar y soffa a daeth Mam i eistedd wrth fy ymyl. Roedd hi'n gwisgo ei choban ac roedd hi'n edrych yn oer, felly tynnais y flanced letrig amdani, a'i lapio o'i chwmpas fel fajita bach eto.

'Ti'n wlyb,' meddai Mam ar ôl setlo.

'Wel, mae hi'n bwrw.'

'Cer i sychu neu mi gei di annwyd.'

Llwyddais i berswadio Mam 'mod i'n iawn, ac y byddwn i'n sych cyn pen dim yn y parlwr, o dan flanced letrig ac o flaen clamp o dân.

'Sut ma Elin?' gofynnodd Mam, yn dal i deimlo fy nillad yn amheus.

'Tsiampion,' medda fi. 'Mae hi am ddod yma'n fuan.'

'Ddim i edrych ar fy ôl i, gobeithio. Dwi ddim yn glaf.'

'Nace, Mam. Jyst i alw amdanan ni.'

Nodiodd Mam yn bendant.

'A sut oedd nos Sadwrn?'

Cyn i mi orfod ateb, clywais y drws ffrynt yn agor a rhywun yn iŵ-hŵio o'r coridor. Caeodd y drws efo clep yn y gwynt, a daeth Anti Myf i'r parlwr efo llond *tupperware* o gawl dan un fraich, a babi dan y llall.

Gallwn glywed fy nghalon yn fy nghlustiau a rhewais yn fy unfan, fy ngheg ar agor a 'ngwefus isaf yn crynu. Gwyliais y tri yn sgwrsio heb glywed gair, yna cydiodd Dad yn y *tupperware* a diflannodd. Roedd Anti Myf yn edrych arna i'n ddisgwylgar ac yn dal y babi led braich.

'Be?' medda fi.

'Lowri, manars,' meddai Mam gan ddadlapio ei hun o'i blanced drydan a cheisio gwneud iddi'i hun edrych yn normal. 'Gafael yn Ifan tra mae Myf yn cael paned.'

'Gei di fod ar Nain Duty am chydig,' meddai Myf efo gwên.

Daeth Dad yn ei ôl efo mŵg yn ei law ac arhosodd nes oedd y babi yn saff ar fy nglin cyn rhoi'r baned i Anti Myf. Tra oedd y tri yn clebran, edrychais ar Ifan. Ro'n i wedi gweld cannoedd o luniau ohono ond erioed wedi ei weld yn y cnawd. Roedd o'n chwythu swigod poer yn fodlon, a'i ddwylo a'i draed yn gwingo. Gallwn glywed arogl ei wallt meddal yn codi o'i gorun, arogl glân a newydd. Ro'n i isio ei wasgu'n dynn yn fy mreichiau ond ro'n i hefyd isio iddo ddiflannu.

Codais yn sydyn. Roedd y tri yn syllu arna i ac roedd Myf wedi hanner codi oddi ar y soffa yn barod i ddal Ifan petawn i'n ei ollwng.

'Sori,' medda fi gan gynnig Ifan yn ôl i Myf. 'Dwi'm yn berson babis.'

'Dwi'n siŵr y gwneith hynny newid yn fuan,' meddai. 'Faint 'di dy oed di rŵan, Low? Tic toc!'

Codais ymbarél o gornel y stafell a dywedais wrth Dad 'mod i'n mynd i'r siop. Gofynnodd i mi gael sudd afal a llefrith iddo, ac wrth i mi adael y parlwr clywais Myf yn deud, 'Doedd hi'm yn licio hynna, nag oedd?' gan chwerthin.

Wnes i ddim codi'r ymbarél ar y ffordd i'r siop er bod y glaw fel pe bai o grwc. Ro'n i'n hoffi teimlo'r dafnau tew yn disgyn ar fy nhalcen ac ro'n i'n gobeithio ei fod yn fy iacháu yn union fel dŵr Santes Gwenffrewi. Cerddais heibio i'r Co-op heb stopio ac erbyn i mi godi fy mhen, ro'n i'n sefyll o flaen fy nhŷ. Trwy'r glaw, gallwn weld person bach a pherson mawr yn sefyll ar y stepan yn eu cotiau glaw coch, a phan drodd y ddau o gwmpas gwelais mai Meic a Siwan oedd yno.

'Lowri? Ti'n wlyb socian.'

Roedd Siwan yn wên o glust i glust yn ei welis llyffant a sgipiodd ata i gan afael yn fy llaw, a minnau'n gwneud fy ngorau i wenu ar y ddau.

'Ti'n swnio fel Mam,' medda fi.

'Sut mae dy fam?'

'Mae hi'n iawn.' Meddwl yn bositif. 'Wedi blino.'

Plygais ar fy ngliniau i ddeud helô wrth Siwan. Roedd hi'n gwisgo ei phyjamas o dan ei chôt law.

'Ti'm yn yr ysgol heddiw, madam?'

Gwenodd arna i eto gan gyhoeddi ei bod hi'n sâl.

'Cafodd rhywun afael ar y twb Nutella neithiwr,' meddai Meic gan ysgwyd ei ben.

'O'n i'n sâl chwech o weithiau,' meddai Siwan yn falch. Yna cododd ei llaw i gynnig amlen oren i mi. Roedd lluniau o bwmpenni a gwrachod ar yr amlen ond roedd y papur tu mewn efo lluniau o fôr-ladron arno.

'Dwi'n cael parti,' meddai gan wenu arna i.

'A dwi'n cael dod?'

Nodiodd Siwan gan esbonio bod rhaid i bawb wisgo gwisg ffansi môr-ladron-calan-gaeaf. Dechreuodd neidio a chwifio cleddyf dychmygol ac edrychais innau ar Meic i gael mwy o gyd-destun.

'Mae'r parti ar noson Calan Gaeaf,' meddai. 'Ond mae Siwan isio parti môr-ladron. Felly 'dan ni'n cael cyfuniad o'r ddau – "mega sgeri môr-ladron" mae Siwan wedi bod yn ei ddeud.'

'Swnio'n grêt,' medda fi.

'Does 'na'm rhaid i ti ddod,' meddai Meic wedyn. 'Dwi wedi trio esbonio wrthi am dy fam ond dydi hi ddim cweit wedi deall a —'

'Paid â bod yn wirion, fydda i yno,' medda fi.

Ffarweliais efo'r ddau drwy weiddi 'ARGHHH' yn uchel fel capten llong a gwyliais Siwan yn sgipio oddi wrtha i.

*

Aeth gweddill yr wythnos heibio fel malwen. Treuliais hanner fy amser yn nhŷ Mam a Dad ar ôl clywed bod Dyfed wedi mynd â'i deulu yn ôl i Gaerdydd. Llwyddais i ddod o hyd i hen gwch môr-ladron bren yn y bocsys oedd yn dal i sefyll wrth y drws ffrynt, a fues i a Dad yn golchi'r llwch oddi ar y mân ddarnau i gyd ar gyfer pen-blwydd Siwan. Ges i fenthyg het fawr frown a chrys streipiog gan Dad hefyd, a gwnes batsh llygad digon del o gardfwrdd a lastig o fasged wnïo Mam.

Ro'n i yn y stafell fyw yn fy nhŷ yn lapio'r anrheg ar noson Calan Gaeaf pan glywais y drws yn agor a phowliodd Manon i mewn i'r stafell gyda Casi yn ei dilyn.

'Haia,' medda fi.

Roedd y ddwy yn chwerthin ac yn edrych yn hapus.

'O, sori, Lows, o'n i'n meddwl y basat ti efo dy rieni.'

Ysgydwais fy mhen gan dorri darn arall o bapur lapio. Safai Casi y tu ôl i Manon, yn begwn croes hollol i'w chariad. Tra oedd gan Manon lygaid tywyll, gwallt brown hir, a choesau oedd yn para am byth, roedd Casi yn fach gyda gwallt melyn a chroen pinc-wyn, fel petai hi'n llosgi ar ddim, ac roedd hi'n gwisgo minlliw oren. Roedd y ddwy'n edrych yn grêt efo'i gilydd, a cheisiais ddiffodd y pigiad o genfigen a deimlais wrth wylio'r ddwy yn rasio ei gilydd i fyny'r grisiau.

Cerddais i'r parti, ac ro'n i'n gynnar. Doedd ffrindiau Siwan heb gyrraedd eto, felly ar ôl i ni'n dwy gael brwydr gyda'r cleddyfau plastig yn y stafell fyw, dyma eistedd i gael edrych ar ei hanrhegion i gyd.

'Be 'di hwn?' gofynnais gan bwyntio at goron o flodau oedd yn gorwedd ar ben y pentwr bychan.

'Presant gan Anth,' meddai. 'Dwi'n cael bod yn forwyn briodas!'

Gwyliais wrth iddi wisgo'r goron a neidio ar y soffa efo'i chleddyf cyn dod yn ôl i eistedd ata i.

'Pryd wyt ti'n mynd i briodi Anthony?' gofynnodd Siwan yn ddiniwed. Roedd hi wedi hen arfer ein gweld efo'n gilydd a do'n i ddim yn siŵr oedd hi'n deall y syniad o orffen perthynas.

'Pan mae Huw yn talu pawb yn eu hôl,' medda fi'n dawel.

Edrychodd Siwan arna i'n ddryslyd ond cyn i mi orfod

esbonio daeth sŵn mawr o'r gegin. Roedd ei gwesteion wedi cyrraedd o'r diwedd ac anghofiodd Siwan amdana i. Llifodd rhesi o blant i'r stafell fyw a gallwn glywed rhieni yn ffysio yn y gegin, felly es drwodd i weld allwn i helpu a gwelais mai Meic a minnau oedd yr unig oedolion mewn gwisg ffansi.

'Sori ein bod ni'n hwyr,' meddai un o'r rhieni. 'Gafon ni goblyn o drafferth gyrru drwy'r sgwâr.'

Ro'n i'n cario powlen o jeli o'r oergell at y stafell fwyta ac yn hanner gwrando ar y sgwrs am y traffig.

'Un o'r strydoedd wedi cau,' meddai rhiant arall.

'Welis i ambiwlans yn mynd i fyny Heol yr Orsaf, ella mai dyna wnaeth achosi'r traffig.'

Trois ar fy sawdl a cherdded yn ôl at y criw o rieni oedd wedi ymgasglu yn y gegin.

'Lle aeth yr ambiwlans?' gofynnais.

'Paid â phoeni, Lows,' meddai Meic gan gymryd y jeli oddi wrtha i. 'Mi fasa dy dad wedi ffonio —'

'Lle aeth o?' gofynnais eto. Tynnais y patsh môr-leidr oddi ar fy wyneb ac edrych ar y wynebau o fy mlaen.

'I lawr at Heol yr Eglwys, dwi'n meddwl, ond welis i —'

'Nes i ddim aros i glywed diwedd y frawddeg, ro'n i'n rhedeg tuag at dŷ Mam a Dad, fy het môr-leidr yn bygwth hedfan i ffwrdd ac un o gleddyfau plastig Siwan yn hongian o'r cylch ar fy nhrowsus ac yn taro yn erbyn fy nghoes. Ro'n i yno o fewn dau funud, jyst mewn pryd i weld yr ambiwlans yn troi cornel bellaf y stryd gyda'r golau glas yn fflachio. Roedd Anti Myf yn sefyll wrth giât y tŷ, ei llaw ar ei cheg.

'Be ddigwyddodd?' medda fi, fy llais yn crynu.

'Gafodd hi godwm. Trio mynd i fyny'r grisiau heb help —'

Canodd fy ffôn gan dorri ar draws Anti Myf a chlywais lais Dad yn fy nghlust, y seiren ambiwlans yn canu yn y cefndir.

'Ty'd i'r sbyty, Lowri. A ffonia dy chwaer.'

LINDYS

Yn y gwanwyn bydd pryfed parasitig yn dodwy eu hwyau y tu mewn i gorff rhai mathau o lindys, er mwyn i'r larfâu allu bwydo ar organau'r lindys wrth ddeor. Mae'r lindys *woolly bear* yn bwyta planhigyn llawn alcaloid, er mwyn gwneud yn siŵr nad yw parasitiaid yn gallu byw yn eu corff. Bydd y lindys iach yn bwyta tipyn llai o ddail alcaloid na'r lindys heintus, ac mae'n bosib i lindys iach farw os yw'n bwyta gormod o'r dail, felly mae'n bwysig iawn rheoli'r feddyginiaeth yn ofalus.

DO'N I DDIM isio mynd i mewn i'w gweld hi. Na, doedd hynny ddim yn wir, ro'n i isio'i gweld hi'n ofnadwy. Ond do'n i'm isio'i gweld hi'n fan'ma, fel'ma. Ro'n i wedi gyrru car Dad i'r ysbyty neithiwr yn y crys môr-leidr, ac wedi ffonio Elin ar y ffordd, ond roedd y nyrs wedi deud mai dim ond Dad gâi aros i weld Mam, felly ro'n i wedi cael fy hel i gasglu Elin o'r orsaf ac yna adra. Mi wnes i'r union siwrne eto yn y bore efo Elin, ac roedd y ddwy ohonan ni'n eistedd yn y stafell aros, yn aros i Dad ddod allan i ddeud y caen ni weld Mam. Roedd hi am gael ei llawdriniaeth heddiw, esboniodd Dad, gan fod y doctoriaid i gyd yn cytuno bod ei chyflwr wedi gwaethygu yn yr wythnos ddiwethaf. Mi restrodd lot o eiriau meddygol nad oeddwn i'n eu deall, a minnau'n nodio fel petawn i'n dilyn y sgwrs, A rŵan, doedd dim i'w wneud ond aros.

'Ti isio panad?' gofynnais i Elin. 'Dwi ffansi panad.'

'Ti'm yn mynd i nunlla, fydd Dad yma mewn munud a ti'm isio bod yn y cantîn pan ddaw o.'

O'n, ro'n i isio bod yn y cantîn pan ddôi o, ro'n i isio bod yn rwla ond fan'ma pan ddôi o, ond mi sbiodd Elin arna fi efo gwg sydd mond yn gallu dod o lygaid chwaer fawr, felly symudais i ddim.

Roedd 'na gân rybish o'r Top 40 yn canu yn fy mhen ac mi ddechreuais ei chwibanu'n ddistaw er mwyn cadw fy meddwl yn brysur. Dechreuais dapio fy nghledrau ar fy mhennau gliniau, a thapio fy sawdl ar y llawr bob hyn a hyn fel drwm bas.

'Lowri, shwsh.'

Croesais fy nghoesau, a dechrau pigo blaenau hollt fy ngwallt gan wrando ar yr eiliadau'n ticio heibio ar y cloc.

'Elin?'

'Be?'

'Be 'di mwy nag un pen-glin?'

'Be?'

'Ydi o'n pengliniau, 'ta ydi o'n pennau gliniau?'

Ochneidiodd Elin yn araf.

''Di o'm bwys p'run, ma'r ddau yn gywir.'

'Ydyn nhw?'

Ddaeth dim ateb gan fy chwaer. Cyfrais ugain eiliad ar y cloc, ugain eiliad o ddistawrwydd.

'Elin?'

'Be?'

'Be 'di mwy nag un penelin, 'ta?'

'Penelinoedd.'

'So dydi pennau elinoedd ddim yn iawn?'

Ar yr eiliad honno agorodd drysau'r stafell aros a daeth Dad i'r golwg. Safodd Elin a rhoi coflaid fawr iddo fo ac es innau draw i sefyll wrth eu hymyl yn lletchwith. Roedd Dad wedi cysgu'r nos yn y gadair yng nghornel y stafell ysbyty, felly doedd y ddau heb weld ei gilydd ers rhai misoedd. Ro'n i ar y llaw arall wedi gweld Dad echddoe, ac roedd hi'n teimlo'n rhyfedd rhoi coflaid iddo fo a minnau wedi cael swper efo fo dim ond dwy noson yn ôl.

'Dewch drwodd 'ta. Dwi 'di deud wrthi 'ych bod chi wedi cyrraedd, a ma hi'n aros i'ch gweld chi.'

Dilynais Dad ac Elin drwy'r coridor ac i mewn i'r ward. Chwiliais o gwmpas y stafell yn gyflym, ond ro'n i'n methu gweld Mam. Roedd Dad ac Elin yn cerdded i gyfeiriad dynes fach, fach oedd yn gorwedd yn gysglyd mewn gwely, ac agorodd hi ei llygaid wrth i mi agosáu.

'Elin. A Lows.'

Do'n i erioed wedi gweld Mam yn edrych mor wan a bregus. Roedd ei gwely'n edrych yn anferthol o'i chwmpas, ac roedd ganddi wên fel dol borslen ar ei hwyneb ond roedd ei llygaid yn bradychu ei hofn.

'Haia, Mam,' medda fi, gan eistedd ar y gadair wrth y gwely ac eisteddodd Elin ar ochr y gwely, a gafael yn ei llaw yn dynn.

'Dach chi'n iawn, genod? Sut oedd y dreif yma? Gafoch chi frecwast iawn? Oedd 'na fwyd yn tŷ?'

'Ma Lowri wedi edrych ar fy ôl i'n tsiampion, paid ti â phoeni. Sut wyt ti?' holodd Elin yn addfwyn. Roedd gas gen i'r dôn roedd pobol yn ei defnyddio wrth siarad efo pobol sâl.

Siaradodd y ddwy am chydig – Elin yn gofyn sut oedd

Mam, a Mam yn cau ei llygaid bob hyn a hyn oherwydd y blinder – ond doedd gen i ddim byd i'w ychwanegu at y sgwrs. Ro'n i'n gwylio Mam wrth iddi siarad ond doedd hi ddim yn edrych yn gyfarwydd i mi, ac roedd ei gwên wag yn ei gwneud hi'n fwy dieithr fyth.

'Faint sgen i?' gofynnodd Mam i Dad ar ôl tua ugain munud.

Edrychodd Dad ar ei watsh, ac esbonio y byddai'r porters yn dod i'w nôl hi mewn tua chwarter awr, a dyna pryd y torrodd ei hwyneb hi. Tynnodd Dad yn agos ati hi nes roedd ei glust wrth ei cheg, a sibrydodd yn dawel,

'Dwi'm isio mynd.'

Trodd Dad ei wyneb a rhoi sws iddi ar ei thalcen. Welodd hi ddim bod ei lygaid wedi llenwi â dagrau ac erbyn iddo dynnu ei ben yn ôl oddi wrthi roedd yn edrych yn hyderus unwaith eto.

'Fyddi di'n iawn, siŵr. Fyddi di'n ôl yma efo ni erbyn heno, a gawn ni fynd adra mewn dim.'

Ysgydwodd ei phen, ei chyrls bach newydd yn bownsio o gwmpas ei llygaid.

'Dwi'm isio mynd,' meddai eto, ychydig yn uwch tro 'ma.

Edrychodd Elin a minnau ar ein gilydd, gan deimlo ein bod ni'n ymyrryd braidd wrth i Dad bwyso tuag ati unwaith eto a'i gwasgu'n ysgafn. Arhosodd y pedwar ohonan ni fel'na, heb ddeud dim, tan ddaeth y porters i'w hebrwng hi i'r theatr. Rhoddodd Elin a minnau sws fawr iddi ar ei boch, a deud wrthi y bydden ni'n ei gweld hi heno, ar ôl y llawdriniaeth. Gwenodd yn ysgafn arnon ni, fel hogan fach, a chael ei gwthio yn ei gwely oddi wrthon ni, a Dad yn gafael yn ei llaw ac yn cerdded bob cam efo'r gwely. Diflannodd pawb rownd y gornel ac ro'n i ac Elin yn dal i sefyll yno lle'r oedd Mam wedi gorwedd eiliad yn ôl.

'Be nawn ni rŵan?' medda fi ar ôl saib.

'Dwn i'm,' atebodd Elin. 'Dwi am aros efo Dad, dwi'n meddwl. Trio cadw ei feddwl yn brysur. Be ti am neud?'

'O'n i 'di meddwl mynd adra a llnau'r tŷ i Dad, fel bod o'n daclus neis nes ymlaen. Fedrwn ni aros yma efo Mam heno, fel bod o'n cael cysgu.'

'Syniad da,' meddai Elin. Ddudis i ddim mai methu diodda bod yn y sbyty o'n i, a 'mod i angen dianc o 'ma cyn gynted â phosib.

'Elin?'

'Be?'

'Fydd hi'n iawn, yn bydd?'

Estynnodd ei braich tuag ataf, a gwasgu fy llaw yn dynn.

'Bydd siŵr,' meddai. 'Ti'n gwbod pa mor gry ydi hi.'

Gwenodd Elin arna i'n wan, a sylweddolais nad o'n i'n gallu aros yma'n hirach.

'Yli, dwi am fynd. Ti isio dod adra, 'ta ti am aros efo Dad?'

'Dwi am aros,' meddai, felly codais a rhoi sws ar ei boch cyn gadael yr ysbyty.

*

Es yn syth i dŷ Mam a Dad. Ro'n i wedi bwriadu tacluso'r lle ond pan gyrhaeddais y parlwr eisteddais ar y soffa a thynnu'r flanced drydan drosta i, gan geisio ei lapio o fy nghwmpas fel fajita. Roedd y flanced yn oer a chymerodd ddeg munud da i'w chynhesu, ac erbyn hynny ro'n i'n pendwmpian oddi tani. Roedd Mam am fod yn y theatr am o leia saith awr tasai popeth yn mynd yn iawn ac roedd Elin wedi addo ffonio unwaith y byddai'r llawdriniaeth drosodd, ond roedd yn rhaid i mi wneud rhywbeth yn ystod yr amser hwnnw. Roedd cysgu'n teimlo fel ateb da i'r broblem, er mwyn i mi fod yn hollol anymwybodol i'r byd.

Ro'n i'n sefyll y tu ôl i ffenest yn gwylio'r llawdriniaeth ac roedd y bip-bip o beiriant cyfagos yn swnio fel seiren ambiwlans. Sefais ar flaenau fy nhraed i weld Mam yn iawn ond pan symudodd un o'r doctoriaid, nid Mam oedd yno ond Anni. Roedd ei bol hi ar agor, gyda'i holl organau yn cael eu harddangos fel dwsin o afalau mewn marchnad. Ddylwn i ddim bod yn gwylio hyn, meddyliais, ond ro'n i'n methu peidio. Ond roedd rhywbeth rhyfedd yn digwydd. Nid torri tiwmors o'i horganau hi oedd y doctor, ond rhoi tatŵ mawr ar du mewn ei chroen. Amlinelliad du o rywbeth oedd yn edrych fel ci. Edrychais i fyny a gweld gwallt orengoch yn sticio allan o gap y llawfeddyg ac ro'n i isio bwrw'r nodwydd o'i law, ond roedd y gwydr yn y ffordd. Ceisiais daro drwyddo gyda fy nhalcen ond deffrais mewn panig heb wybod yn iawn lle roeddwn i.

Roedd fy mhen yn teimlo fel peiriant golchi wrth i mi edrych o gwmpas a gweld y stafell fyw gyfarwydd, a doedd dim gwerth i mi drio ymlacio. Roedd hi bron yn amser cinio, ac roedd yr awyr yn las a ffres. Digon o awyr las i wneud trowsus llongwr, fel byddai Mam yn ei ddeud. Codais oddi ar y soffa ar ôl diffodd y flanced, gwisgo fy nghôt, a gadael y tŷ, gan adael fy mag ar y grisiau. Ro'n i angen dipyn o awyr iach ac ro'n i isio bod ar ben fy hun.

Wrth i mi adael y tŷ, canodd fy ffôn. Atebais yn syth heb edrych ar y sgrin gan ddisgwyl clywed newyddion am Mam.

'Dad?'

'Helô, ydw i'n siarad efo Lowri?'

Roedd y llais yn ffurfiol, fel rhywun yn ffonio efo newyddion drwg. Tagodd rhyw sŵn yn fy ngwddf a theimlais fy stumog yn cwympo.

'Be sy 'di digwydd?'

'Hoffwn eich gwahodd am gyfweliad yn y ganolfan arddio ddydd Mawrth y —'

Pwysais y botwm coch yn syth. Roedd fy stumog yn gwneud campau a fedrwn i ddim meddwl am dorri fy nghalon mewn gwisg coblyn Nadolig mewn blydi groto canolfan arddio, heb sôn am dalu £50 am y fraint. Wrth i mi geisio cau'r ffôn daeth ap y we i'r golwg ac er i mi geisio ei gau, cefais gip o'r tab diwethaf fues i arno – tudalen Adran Ieithyddiaeth Prifysgol Bangor. Teimlais bigyn yn fy mol o feddwl cymaint o weithiau roedd Mam wedi ceisio fy mherswadio i fynd yno a minnau mor bengaled, ac ella na fyddai'n deffro o'r llawdriniaeth i wybod 'mod i wir isio mynd yno.

Na, ro'n i'n methu meddwl fel'na. Roedd Mam am fod yn iawn. Gwthiais y ffôn drwy flwch post y drws a gorfodi fy hun i beidio meddwl, i stopio meddwl. Dilynais fy nhrwyn oddi wrth y dref tuag at y beipas; doedd gen i fawr o awydd mân siarad efo pobol yn y sgwâr. Cerddais nes roedd fy nhraed yn curo, fel petai dwy galon fach yn cuddio yn y bodiau. Roedd fy esgidiau'n dynn ac yn dechrau rhwbio yn y cefn ac ro'n i wedi cael socsan yn y gors, felly eisteddais ar garreg isel i dynnu fy hosan wlyb. Ar ôl cau careiau fy esgid yn erbyn croen fy nhroed tamp, dringais y bryn heibio'r brwyn a llithro-gerdded i lawr tuag at y goedwig gan gamu dros y gwreiddiau trwchus. Baglais a chrafu fy mhen-glin yn erbyn y rhisgl. Rhwbiais y baw nes roedd o'n strempiau blêr ar fy nwylo a 'nghoes a gweld diferyn bychan o waed yn codi i'r wyneb. Anwybyddais y nodwydd o boen a chamu dros y gwreiddiau gan groesi fy mysedd wrth agosáu at y llannerch. Ac yno roedd o, yn eistedd yng nghanol y cylch perffaith glir fel rhith.

Roedd y ddau ohonan ni'n dawel am eiliad nes i mi ddeud yr hyn oedd ar fy meddwl. Ro'n i wedi trio fy ngorau i feddwl yn bositif fel roedd pawb yn ei ddeud, ond roedd 'na ofn newydd yn fy nilyn fel cysgod heddiw.

'Ti'n gwbod be dwi'n gasáu?'

'Be?'

'Cnebrynga.'

Edrychodd arna i, ei wyneb yn farc cwestiwn. Do'n i heb ddeud wrtho am Mam ac roedd o'n newydd i'r dref, felly mae'n debyg nad oedd unrhyw un arall wedi deud wrtho chwaith.

'Dwn i'm,' meddai. 'Dwi'n meddwl eu bod nhw'n gallu bod yn reit neis weithia.'

Edrychais arno fo fel tasa fo ddim yn gall.

'Ddim yn bleserus, 'lly,' cywirodd ei hun. 'Ond yn ddirdynnol. Weithia ma nhw'n gallu gwneud cyfiawnder efo bywyd rhywun.'

Ro'n i isio iddo ofyn pam 'mod i'n siarad am gnebryngau. Ro'n i isio iddo holi fel 'mod i'n gallu deud wrtho am Mam, ond wnaeth o ddim.

'Falla bod y gwasanaeth yn gwneud cyfiawnder efo bywyd rhywun,' medda fi ar ôl saib. 'Ond ma'r holl siarad sy'n dod wedyn yn wirion bost – does 'na'm byd gwaeth na te cnebrwng Cymraeg. Pawb yn ciwio drwy ddrws y neuadd i ysgwyd llaw efo'r teulu, a'r teulu druan ddim yn cael cyfle i eistedd na chael sniffiad o fara brith. A phawb yn yfad paneidia rhy gryf a sglaffio cacenni cri fel tasan nhw ddim am gael cinio. Dwi'n meddwl mai Taid gafodd y syniad iawn pan ddudodd o nad oedd o am ga'l cnebrwng, wir. Mi es i, Elin, Mam a Dad i'r amlosgfa, ac wedyn am ginio iawn i gaffi bach lawr y ffordd. Ddudodd o bod neb i grio dros eu bara brith wrth feddwl amdana fo, dim ffiars.'

'Ti'm yn meddwl fod 'na rywbeth neis, cymwynasgar am y pentra'n dod at ei gilydd i baratoi panad, er mwyn i bawb allu galaru efo'i gilydd a rhannu atgofion?'

Chwarddais yn uchel gan feddwl am yr holl gnebryngau ro'n i wedi bod iddyn nhw. Byddai'r teulu a'r ffrindiau go iawn yn eistedd wrth un bwrdd trist a byddai pawb arall yn mân siarad, yn ceisio perswadio gweddill y galarwyr mai nhw oedd yn adnabod y person yn yr arch orau.

'Sioe 'di'r holl beth,' medda fi. 'Pawb isio cael eu gweld yn gwneud eu rhan, a phawb yn dangos eu hunain wrth wneud y gacan joclet neisia. Pan dwi'n marw, rhowch fi mewn bocs carbord a 'ngollwng i oddi ar ddibyn i mewn i'r môr, wedyn geith pawb fynd adra i fynd o gwmpas eu petha. Dim te, dim un gacan gri.'

Aeth y Ffêri Godmyddyr yn dawel a doedd dim i'w glywed ond y dail yn siffrwd a Benson yn cyfarth yn y goedwig wrth ddod o hyd i wiwerod. Ro'n i'n gallu teimlo'r Ffêri Godmyddyr yn edrych arna i ond ro'n i'n gwrthod edrych i'w gyfeiriad gan fod arna i ofn y byddai ei lygaid yn llawn piti.

'Fydd popeth yn iawn, sti,' meddai o'r diwedd.

Edrychais arno gydag atgasedd. Do'n i heb feddwl y byddai hwn yn un o'r bobol 'meddwl yn bositif'. Ro'n i wedi meddwl ei fod o'n wahanol ac y gallwn siarad ag o am unrhyw beth. Ac os oedd o'n gwbod bod Mam yn sâl, pam uffar oedd o wedi aros tan rŵan i grybwyll y peth?

'Sut ffwc wyt ti'n gwbod?' medda fi. Ro'n i'n bod yn afresymol, mi wyddwn hynny'n iawn, ond ro'n i'n flin.

'Mae popeth yn iawn yn y diwedd, yn dydi. Ti'n cofio? Mae 'na awyr las uwchben pob cwmwl.'

Rholiais fy llygaid arno, roedd angen iddo fo dynnu ei ben o'i din.

'Dydi bywyd ddim fel ffycin cerdd,' medda fi, fy llais yn fflat.

'Ti'n flin.'

'Ti'n meddwl?'

'Ti'n flin efo'r byd.'

'Nadw,' medda fi. 'Dwi'n flin efo chdi.'

Os oedd o am ddechrau fy nadansoddi fel cwac o seicolegydd ro'n i am adael. Roedd o'n dal i edrych arna i fel taswn i'n blentyn amddifad ac ro'n i wedi cael digon o'i biti.

'Dwi jyst yn trio helpu,' meddai gan roi ei law ar fy mhenglin. 'Dwi'n meddwl dy fod ti angen ffrind.'

'Wel, falla nad ydw i angen i chdi helpu,' medda fi gan godi ar fy nhraed. 'Falla 'mod i'n iawn, ac y dyla chdi stopio trio fy achub i. Dwi'm angen neb i'n achub i. Dwyt ti ddim yn ffêri godmyddyr go iawn, stopia drio fy nhrwsio fi.'

Ro'n i'n gweiddi erbyn hyn ac roedd o'n teimlo'n dda gallu gweiddi ar rywun heb orfod poeni am y canlyniad.

'Ti'm hyd yn oed yn fy nabod i, ond ti'n meddwl 'mod i wedi malu. Dwi ddim wedi malu, dwi'n iawn. So gad lonydd i fi.'

'Dwi jyst yn meddwl dy fod ti'n mynd drwy —'

'Stopia efo dy *psychoanalysis* bwlshit!'

Wrth i mi godi, rhedodd Benson ataf o rywle yn cyfarth, gan feddwl fy mod i am fynd â fo am dro.

'Cer o ffor, Benson,' medda fi'n flin.

Yn fy nhymer, cerddais i fyny'r bryn ac i lawr yr ochr arall, dros y beipas ac yn ôl i'r dre. Mi es i'n syth yn ôl i dŷ Mam a Dad a chau'r drws ffrynt efo clep ar fy ôl.

Ro'n i'n disgwyl i'r tŷ fod yn wag a bu bron i mi neidio pan welais Anti Myf yn eistedd yn y parlwr.

'Iesu Grist!' medda fi mewn sioc. 'Be sy'n bod?'

Sychais y dagrau bach poeth o fy llygaid yn gyflym cyn iddi eu gweld. Cododd Myf o'i heistedd, ei hwyneb yn welw, a deud fod Elin wedi ffonio yn chwilio amdana i. Roedd yr holl weiddi wedi gwneud i mi anghofio pa ddiwrnod oedd hi ond ar ôl clywed enw Elin rhedais i nôl fy mag. Roedd saith *missed call* ar sgrin fy ffôn, awr yn ôl.

'Be oedd hi isio?' gofynnais mewn panig. Ro'n i'n trio ffeindio ei henw yn y contacts ond ro'n i'n methu gweld y sgrin.

Ysgydwodd Myf ei phen ryw fymryn gan agor ei cheg, heb i eiriau ddod allan.

'Be oedd hi isio, Myf?!' gwaeddais.

Ond roedd hi'n gwrthod fy ateb i. Daeth hi draw i sefyll wrth fy ymyl a gafael yn fy mraich, a llwyddais innau i ffonio Elin yn ei hôl. Y cwbl ro'n i'n ei glywed oedd fy nghalon yn fy nghlustiau, a'r *dialling tone* fel adlais pell ar ochr arall y stafell. Ond pan atebodd Elin yr alwad, ro'n i'n meddwl bod fy ffôn wedi malu. Yr unig sŵn oedd yn dod o'r ffôn oedd gwichian uchel, annaturiol yn y cefndir, yn uwch hyd yn oed na sŵn fy nghalon. Mi gymerodd rai eiliadau i mi sylweddoli mai llais Dad yn crio oedd o.

PIOD

Mae astudiaethau wedi darganfod bod piod yn galaru pan mae un o'u plith yn marw. Bydd pob pioden yn nesáu at y bioden farw yn eu tro, gan ei chyffwrdd yn ysgafn â'u pig. Yna, bydd y piod yn hedfan i ffwrdd ac yn dychwelyd gyda blewyn o wair. Bydd y gwair yn cael ei adael wrth y corff, ac ar ôl saib, bydd yr adar yn hedfan i ffwrdd fesul un.

MYNNODD DAD FOD arch Mam yn dod adre cyn y cynhebrwng. Roedd o'n methu meddwl amdani yn gorwedd yn unig yn y cartref meirw oer, felly daeth yr ymgymerwyr â hi draw y bore cyn y gwasanaeth. Aeth Elin a minnau i nôl bwyd o'r siop jips y noson honno er nad oedd llawer o awydd bwyd arnon ni, ac eisteddodd y tri ohonan ni ar y soffa yn y parlwr, yn syllu o'n blaenau ar yr arch. Roedd yr ymgymerwyr wedi ein siarsio i gadw'r gwres i ffwrdd dros nos fel bod y stafell yn ddigon oer i'r corff, felly roedd y tri ohonan ni'n crynu wrth drio stwffio tsips seimllyd i'n cegau.

Roedd Elin am gasglu Lee o'r orsaf ac roedd y ddau am aros yn nhŷ Mam a Dad y noson honno. Erbyn i mi orffen clirio'r papurau tsips, roedd Dad wedi dod â'i gwrlid i'r parlwr ac wedi gwneud gwely iddo'i hun ar y soffa. Doedd o ddim am i Mam fod ar ei phen ei hun.

Ro'n i'n meddwl ei fod o wedi syrthio i gysgu tra o'n i'n golchi'r llestri ac yn tacluso'r gegin. Symudais bentwr bach o bapurau newydd i'r bin ailgylchu a dod o hyd i bosteri oddi tano yn hysbysebu'r bore coffi hwnnw roedd Mam am ei gynnal i hel pres ar gyfer un o wardiau Sbyty Gwynedd. Doedd hi'n amlwg heb gael cyfle i fynd â nhw o gwmpas y pentref. Roedd hi wedi creu'r poster efo Word Art doji, ac ro'n i'n ysu am gael tynnu ei choes hi, ond doedd hi ddim yno i mi gael chwerthin efo hi. Plygais un a'i roi yn fy mhoced i fynd efo fi.

Ar ôl gorffen tacluso a thaflu gweddill y posteri cyn i Dad eu ffeindio, edrychais heibio drws y parlwr cyn gadael i wneud yn siŵr ei fod o'n iawn. Roedd o'n eistedd wrth droed yr arch, ei gefn ataf, yn crio'n dawel ac yn ceisio gwneud rhywbeth efo'r flanced drydan. Gwyliais wrth iddo ei ddadblygu yn ofalus fel defod, ei ddodi yn araf ar yr arch, ac yna ei lapio'n dawel oddi tani. Ac yna deallais. Roedd o'n lapio Mam yn gynnes fel fajita bach, rhag iddi oeri.

Gadewais y tŷ yn dawel cyn iddo droi rownd, ac es i'n syth adra i fy ngwely fy hun, gan roi'r poster bore coffi yn ofalus o dan fy nghlustog.

*

Pan ddeffrais yn y bore, ro'n i'n teimlo'n hapus. Agorais fy llygaid tra oedd fy ymennydd i'n dal i freuddwydio, ac ro'n i'n siŵr fod Mam a finnau newydd fod yn siopa yn Monaco. Meddyliais y gallwn fynd draw i'w gweld yn nes ymlaen a deud wrthi am y freuddwyd. Roedd y ddwy ohonan ni wedi bod yn trio ffrogiau crand ymlaen mewn siop ddrud. Mi fyddai hi'n meddwl bod hynny'n reit ddoniol – doedd yr un ohonan ni'n licio gwisgo ffrogiau crand. Ro'n i'n teimlo'n eithaf heddychlon, a rholiais y ffordd arall a gweld bod Manon yn y gwely efo fi.

'Be ti'n da yn cysgu'n fan'ma?' medda fi, fy llais i'n crafu ei ffordd allan o 'ngwddw.

'O'n i'm isio chdi fod ar ben dy hun. Ti'n barod am heddiw?' Estynnodd Manon ei llaw ata i'n gysglyd, ei llygaid yn dal ar gau. Estynnais law o dan fy nghlustog a theimlo pishyn papur oddi tano. Be aflwydd oedd hwn? Roedd y poster yn flêr erbyn hyn, ac yn sydyn mi gofiais bopeth. Yn ddirybudd, ro'n i'n crio eto.

'Sori,' medda fi rhwng ebychiadau swnllyd. 'Sori, dwi'm yn gallu stopio.'

'Hei, 'sa neb yn gofyn i chdi stopio. Cria faint bynnag w't ti isio.'

Rholiais draw ati gan stwffio fy wyneb i'w chorff a chrio tan fod ei phyjamas hi'n damp. Deg munud yn ddiweddarach ro'n i'n dal i wingo yn ei herbyn hi ond doedd gen i ddim llais ar ôl. Ro'n i'n llowcio aer fel taswn i isio meddwi ar ocsigen, ac ro'n i'n teimlo'n sâl.

'Ti angan panad. Stedda i fyny, yli. A' i i neud brecwast.'

Eisteddais efo fy nghefn yn erbyn pen y gwely a 'mhen yn llipa fel hen frechdan. Dringodd Manon drosta i a thycio'r cwrlid amdana i fel nyth cyn rhoi sws i mi ar fy nhalcen a mynd i lawr y grisia. Eisteddais fel'na am tua deg munud, yn edrych o fy mlaen a 'meddwl yn wag nes daeth Manon yn ei hôl efo llond hambwrdd o frecwast.

''Ma ni, *le déjeuner à la* Manon. Be ti isio gynta?'

Edrychais ar ei glin a gweld platiad ar blatiad o fwyd. Roedd 'na wya 'di berwi, croissants, mefus, sudd oren, tost a phot o de, ac roedd pob dim yn arogli'n gryf.

'*Petit déjeuner*,' medda fi.

'Be ddudist ti?' meddai Manon, ei geiriau hi'n cwffio'u ffordd drwy gegiad o groissant a jam.

'*Petit déjeuner* ydi brecwast yn Ffrangeg. *Déjeuner* ydi cinio.'

'Duw, ia? "Cinio bach" ydi brecwast felly?'

Nodiais fy mhen, a thollti mygaid o de berwedig.

'O lle ddoth y gair *déjeuner* 'ta?'

Doedd neb byth yn fy annog i siarad am darddiad geiriau fel arfer. Roedd hi'n gwneud popeth i geisio codi fy nghalon i.

'Ymm... wel, ma *jeuner* yn dod o'r Lladin *iēiūnus*, sef ymprydio. Mynd heb fwyd 'lly. A ma *dé* jyst fatha "di" yn Gymraeg. So *déjeuner*, yn llythrennol, ydi di-ymprydio. Dechrau bwyta eto ar ôl saib. Fatha *break-fast* yn Saesnag.'

Gwenodd Manon arna i ac ysgwyd ei phen. Roedd ei gwallt yn hongian mewn cyrls llac am ei hysgwyddau, ac roedd briwsion o'r croissant wedi eu bachu yn y cyrls, ac yn hongian yn simsan ar y blew.

'Do'n i'm yn licio croissants pan o'n i'n fach,' medda fi wrthi.

'Ti'm yn gall, ma croissants yn lysh.'

'Dwi'n gwbod. Ond dwi'n cofio pan o'n i tua saith, ath Mam a Dad â ni i Ffrainc yn y garafán am bythefnos. Roeddan ni'n cael croissants bob bora. O'dd gan Elin ddresing-gown binc, ac mi fyddai'r briwsion yn bachu ar flaen y gown, ac yn sticio ar ochr ei gwefusa hi a gneud ufflwn o lanast. Mynd reit drwydda fi. Do'n i'm yn gallu byta croissants wedyn.'

'Go iawn?' chwarddodd Manon. 'Oddat ti'm yn licio croissants achos bo' nhw'n gwneud gormod o lanast?'

'Am wn i,' medda fi gan godi un o'r croissants yn ofalus gan wneud yn siŵr nad oedd y fflêcs bach seimllyd am ddisgyn am fy mhen. 'Weithia fydda Elin ddim yn sylwi am ryw hanner awr fod 'na ddarnau yn ei gwallt hi, ac ro'n inna'n methu edrych arni hi.' Mi sbiais i ar Manon, yn bwyta ei chroissant yn hapus braf heb sylwi ei bod hithau â briwsion yn ei gwallt. 'Ma'n dal i droi arna fi am ryw reswm.'

'Hogan ryfadd,' meddai Manon.

Eisteddodd y ddwy ohonan ni mewn distawrwydd am chydig bach, ein traed yn hongian oddi ar ochr y gwely a 'mhen yn pwyso'n drwm ar ysgwydd Manon. Rhoddodd ei llaw ar fy ngwallt a dechrau rhoi mwytha i mi fatha cath fach.

'Be ti'n mynd i'w wisgo heddiw 'ta?' medda hi.

'Dim byd du, mae'n gas gen i wisgo du i gnebrwng. Mae gen i ffrog las 'nes i brynu'r tro dwytha es i a Mam i Gaer. O'dd hi'n licio honna. Dyna wisga i, ma'n debyg.'

'Dwi'n gwbod pa 'run ti'n sôn amdani. Ti'n edrych yn ddel ynddi, sti.'

Edrychais ar Manon efo hanner gwên.

'W't ti'n fflyrtio efo fi eto?' medda fi'n gellweirus.

Chwarddodd Manon yn ysgafn gan ddal i fwytho 'mhen i.

'Dwi 'di deutha chdi ganwaith, Low. Dw't ti mo 'nheip i.'

*

Cerddais i'r capel efo Manon, ac roedd Dad, Elin a Lee yno o'n blaenau ni yn siarad efo'r ymgymerwyr. Roedd y ffordd o flaen y capel yn gul ac roedd yr hers yn rhwystro'r traffig; roedd un o'r ymgymerwyr yn sefyll ben arall y stryd yn ceisio perswadio ceir i droi rownd. Buon ni'n sefyll y tu allan am oes wrth i bawb gyrraedd, yn ysgwyd dwylo ac yn gwrando ar bobol yn cydymdeimlo, ond pan welais Aled, Llŷr a Huw yn cerdded atom yn eu siwtiau du dywedais wrth Elin 'mod i'n mynd i mewn i'r capel efo nhw.

Dilynais Manon a'r hogia drwy'r festri, gan sefyll yn yr eil ar ôl iddyn nhw ddewis eu seti. Mi fyddai'n rhaid i mi eistedd yn y sêt fawr efo gweddill y teulu.

'Ti'n iawn?' gofynnodd Llŷr, y tawelwch wedi mynd yn drech nag o.

'Am gwestiwn i ofyn mewn cnebrwng,' meddai Aled.

'Wel, gofyn di rywbeth gwell 'ta.'

'Ti isio Fruit Pastille, lad?'

Edrychodd y ddau arall arno fel tasai o'i gof.

'A ti'n galw 'nghwestiwn i'n wirion?' meddai Llŷr.

'Be? Ma Mam o hyd yn mynd â Mint Humbugs i gnebrwng, ond dim ond Fruit Pastilles oedd yn y drôr bora 'ma.'

Cymerais y paced ganddo a stwffio dau o'r losin coch i 'ngheg. Roedd hi'n braf cael rhywbeth i'w gnoi. Llenwodd y capel o fewn munudau ac es innau'n ôl i'r festri pan welais y gweinidog yn chwifio'i law arna i. Sefais gyda Dad, gydag Elin a Lee y tu ôl i ni, ac ar ôl ambell i air gan y gweinidog a'r ymgymerwyr, dilynais yr arch drwy'r dorf i'r sêt fawr. Unwaith ro'n i'n eistedd, ro'n i'n teimlo fel tasa fy meddwl wedi diffodd. Ro'n i'n edrych ar y gweinidog ond do'n i ddim yn clywed gair. Yr unig adeg y gwnes i ddeffro oedd yn ystod yr emynau. Roedd Dad yn gyfeilydd i'r côr meibion ac roedd Mam a Dad yn arfer mynd ar dripiau efo nhw ddwywaith y flwyddyn. Roedd fel tasa pob aelod o'r côr a'u gwragedd wedi dod i'r cynhebrwng. Chlywais i erioed ganu cystal – roedd y sŵn trwchus, pedwar llais fel wal y tu ôl i mi, yn fy nghadw i rhag syrthio.

Gallwn glywed 'Seidir Ddoe' yn chwarae yn y cefndir a gwthiodd Elin fy ysgwydd yn ysgafn. Roedd y cynhebrwng ar ben ac roedd Dad wedi dechrau gadael. Rhedais ar ei ôl nes cyrraedd buarth y capel. Roedd torf anferth yn disgwyl yno, wedi bod yn gwrando ar y gwasanaeth o'r tu allan. Cerddais law yn llaw â Dad y tu ôl i'r arch drwy'r dref tuag at y sgwâr. Roedd yr unig fynwent yn y dref y tu ôl i'r eglwys, drws nesaf i'r Abbey. Pan gyrhaeddom y sgwâr, roedd rhywun yn sefyll ar bob stepan drws neu wedi dod at eu giât i ddeud ta-ta wrth Mam. Roedd yr ymgymerwyr wedi atal y traffig o bob ochr hefyd ac roedd gyrwyr y ceir wedi dod i sefyll ar y pafin yn eu degau fel *guard of honour*. Do'n i erioed wedi gweld cymaint o bobol yn y sgwâr. Edrychais y tu ôl i mi. Roedd cannoedd o bobol yn ein dilyn o'r capel i lawr at y fynwent, fel carnifal mud.

Parhaodd yr orymdaith nes cyrraedd twll ffres yn nhir y fynwent, a gollyngwyd yr arch i'r ddaear yn drwsgl. Arhosais gyda Dad am funud, cyn ei ddilyn oddi yno ar ôl iddo gael cyfle i ddeud ambell i air tawel. Yna roedd o'n siarad efo un o'r ymgymerwyr eto, felly sefais ar ochr y fynwent am ychydig yn gwylio wrth i bob un aelod o'r dyrfa gamu ymlaen yn dawel at y bedd yn eu tro i ddeud ffarwél. Ro'n i isio aros yno i wylio pob un yn camu ymlaen, yn sibrwd, ac yn gadael, ond bydden nhw yno am oriau. Roedd cannoedd yma. O'r diwedd, teimlais fraich yn gafael yn fy mhenelin ac yn fy arwain yn ôl tua'r Abbey. Braich pwy, dwn i ddim.

DYN

I gysuro rhywun sy'n galaru, sydd dan straen mawr, neu sydd wedi dioddef trawma, mae bodau dynol yn cadw cwmpeini i'w gilydd, yn cynnig cysur corfforol ac yn cefnogi ei gilydd, a hyn oll heb farnu na brysio yr un sy'n dioddef.

ROEDD Y TE cynhebrwng yr un mor llwm ag y dychmygais. Eisteddais wrth fwrdd hir yn unig stafell grand yr Abbey gydag Elin a Dad ar un ochr, a Manon a'r hogia ar yr ochr arall. Ro'n i wedi gorfodi'r tri i eistedd wrth ein hymyl er eu protestio, fel rhyw fath o *light relief* o'r rhes o alarwyr. Roedd y merched capel yn brysur yn ein bwydo efo cacenni cri a phaneidiau, ac roedd Llŷr yn cael modd i fyw. Roedd ganddo dorth gyfan o fara brith o'i flaen, a gwên ar ei wyneb. Doedd o rioed wedi gallu bihafio, ddim hyd yn oed mewn angladd, ond roedd hi'n braf gweld un wyneb hapus o leiaf.

Yna gwelais wyneb cyfarwydd yng nghefn y ciw cydymdeimlo, rhywun mewn jîns du rhy dynn a chrys gwyn gydag un botwm yn ormod ar agor. Roedd o yno ar ei ben ei hun, gan fod Anti Myf yn helpu i hwylio'r te. Rhoddais bwniad bach i Manon ac edrychodd hithau i'w gyfeiriad. Roedd Huw ac Aled yn syllu hefyd, ond roedd Llŷr yn dal i sbio ar ei gacen.

'Dwi'm isio iddo fo fod yma,' medda fi, fy llais yn crynu.

Fedrwn i ddim gadael iddo agosáu at ein bwrdd ni, fedrwn i ddim dod wyneb yn wyneb ag o.

'Lows, fedri di ddim ei stopio fo. O'dd o'n nabod dy fam, jyst achos bo' chi 'di shagio —'

'Do'n i'm isio,' medda fi. Gallwn deimlo'r dagrau yn cronni yn fy llygaid. 'Ddudis i wrtho fo am beidio ond o'dd o'n mynnu, a wyddwn i ddim sut i'w stopio fo.'

'Ti'n siriys?' gofynnodd Aled. 'Pam 'nest ti'm deud, lad?'

Codais fy ysgwyddau'n llipa. Closiodd Manon ata i gan wasgu fy llaw yn dynn. 'Lows, do'n i'm yn gwbod, faswn i rioed wedi —'

'Dwi'n gwbod,' medda fi gan dorri ar ei thraws. Do'n i ddim isio iddi ymddiheuro.

Yna, cyn i unrhyw un allu ei atal, roedd Aled wedi codi ar ei draed ac roedd o'n cerdded tuag at Dyfed, ei gefn yn syth a'i ysgwyddau wedi sgwario. Teimlais gnoi yn fy mol ac ro'n i'n amau fod y gacen gri am ailadrodd arna i. Y peth olaf fyddai Mam isio fyddai cwffio yn ei the cynhebrwng, fel blydi opera sebon. Fel petaen nhw'n darllen fy meddwl, cododd Huw a Llŷr hefyd a'i heglu hi ar ôl Aled. Gwelais Dyfed yn cydnabod Aled ac yn gwenu arno, gan ddisgwyl gorfod llofnodi rhywbeth arall, yna gwelais y wên yn diflannu wrth ei weld yn sgwario. Siaradodd y ddau am funud a gallwn weld Dyfed yn protestio. Yna edrychodd draw i 'nghyfeiriad i, ei lygaid yn fy holi'n dawel o ochr arall y stafell. Ro'n i isio troi oddi wrtho ond gwrthodais; syllais arno gyda fy llygaid coch yn ymbil arno i adael, ond yn hytrach na throi i fynd ceisiodd wthio heibio ysgwydd Aled tuag ata i. Ro'n i ar dân ac roedd fy nghorff cyfan yn ysgwyd, ond yna, cyn iddo gymryd dau gam i 'nghyfeiriad, roedd Aled wedi bwrw ei dalcen yn erbyn trwyn Dyfed gyda'i holl rym, a ffrwydrodd afon waedlyd o ffroenau Dyfed i orchuddio blewiach ei frest a staenio ei grys. Drwy ryw ryfedd wyrth, doedd 'na ddim ffŷs, roedd fel petai neb wedi sylwi ar y ddrama heblaw amdanan ni, Elin a Lee. Cododd Lee ar ei draed i geisio setlo pethau ond rhoddodd Elin law ar ei benelin.

'Leave it,' meddai, gan edrych arna i gyda chwestiwn ar ei gwefusau. Nodiais innau'n dawel a gwelais ei llygaid yn llenwi â dicter wrth iddi droi i wylio'r hogia eto. Powliodd y pedwar i'r cyntedd cyn i unrhyw un sylwi bod 'na gwffio, ac es innau draw at y drws i wrando.

'Be ffwc?' dadleuodd Dyfed drwy'r gwaed, gan ddiferu gwaed ar hyd y teils.

''Na i ddim deud eto, mêt,' poerodd Aled. 'Hegla hi.'

Roedd Llŷr a Huw yn dal i sefyll tu ôl iddo fel dwy ddelw lydan, yna cydiodd y ddau o dan geseiliau Dyfed a'i lusgo at y drws ffrynt ac allan. Trodd y tri a gadael Dyfed yn un lwmp gwaedlyd ar y pafin, a heglais innau'n ôl at Elin. Daeth yr hogia i eistedd wrth fy ymyl a suddodd Aled i'w gadair.

'Dwi rioed 'di bod mewn ffeit o'r blaen, lads,' meddai gan rwbio ei dalcen a gwingo. Roedd ganddo ddolur bychan ar grib ei drwyn a synnwn i ddim petai clais am ymddangos.

'Ma'r bastad 'di ca'l gwa'd ar 'y nghrys i,' meddai Huw gan dorchi ei lewys i guddio'r staen ac eistedd wrth ymyl Llŷr, a oedd yn llowcio ei fara brith fel petai dim wedi digwydd. Roedd rhes o bobol yn dal i sefyll o'n cwmpas isio cydymdeimlo, ac roedd pawb i weld yn dechrau sylwi ar y gwaed ar grysau'r tri ac yn sibrwd o'n cwmpas. Pawb heblaw Dad – roedd o'n edrych fel petai am gysgu.

'Dwi am fynd â Dad adra,' meddai Elin, a sylwais fy mod i'n crynu.

'Sori,' medda fi wrth iddi adael. 'Dechra sin yng nghnebrwng Mam.'

'Fasa Mam ddim isio fo yma,' atebodd gan edrych reit i fy llygaid. 'A nath Dad ddim sylwi beth bynnag.'

Roedd Lee wedi tywys Dad o'r stafell a rhedodd Elin ar eu holau ar ôl gwasgu fy ysgwydd a rhoi sws i mi ar fy moch. Gofynnais i'r hogia a Manon oeddan nhw ffansi peint yn y bar a daeth ton o ryddhad dros wyneb Aled. Ro'n i'n amau ei fod yntau'n crynu hefyd. Dilynais y pedwar i'r bar ond cyn i mi allu newid fy meddwl, cerddais heibio Bams ac allan i'r cyntedd. Drwy'r ffenest, gwelais y jîns tyn a'r cyrls llac yn pwyso yn erbyn y wal tu allan. Taniais sigarét (roedd Manon wedi rhoi paced yn fy mhoced rhag ofn), fy mysedd yn crynu a mwg yn llenwi'r cyntedd bychan. Ro'n i isio ei wynebu.

Camais o'r cyntedd a gweld Dyfed yn troi ei ben tuag ata i, ei lygaid yn lledaenu wrth fy adnabod. Teimlais fel petai rhywun yn gwasgu dwrn yn fy stumog wrth ei wylio'n agosáu. Ro'n i'n barod i'w glywed yn ymddiheuro.

'Be ffwc oedd hynna?' poerodd Dyfed.

'Be?'

'Be uffar ti 'di bod yn ddeud, Lowri? Be 'di dy gêm di? Ma gen i wraig a phlentyn, ti'n cofio?'

'Wyt *ti'n* cofio?'

Roedd ei glywed yn gweiddi yn fy nychryn. Eiliadau yn ôl ro'n i isio derbyn ei ymddiheuriad, isio maddau iddo. Rŵan, ro'n i'n gwylltio.

'Be o'ch chdi'n disgwyl?' meddai gan bwyntio ata i yn fygythiol. ''Mod i am adael Anni i fod efo hogan fach pathetig fel chdi?'

'Dydi bob hogan ddim isio chdi,' chwyrnais. 'Do'n i ddim isio chdi.'

Chwarddodd yntau'n gas, ei ddannedd melyn yn ymddangos o dan ei wefus.

'Ddim dyna ddudist ti noson o'r blaen.'

'Ddudis i na,' medda fi. 'Ddudis i wrthat ti am stopio. Chdi oedd ddim isio gwrando.'

'O ffoc off,' chwarddodd yn filain eto. ''Nes i ddim byd o'i le.'

'Ti ddim yn cael penderfynu os 'nest ti 'mrifo i neu beidio, Dyfed. Sgen ti'm syniad be 'nest ti i fi.'

Taniodd ei lygaid fel tortshys a chamodd tuag ata i, ei wyneb prin fodfedd o f'un i a'i law yn hofran yn fygythiol o flaen fy ngwddf.

'Gwranda di,' sibrydodd. 'Os wyt ti'n deud gair arall —'

'Ei!' Clywais lais cyfarwydd yn gweiddi o ochr arall y sgwâr, ac yn yr eiliad wrth i Dyfed droi ei ben, hyrddiais fy nhalcen tuag ato a chlywais grac boddhaol ei drwyn wrth i mi daro yn ei erbyn. Am yr ail waith heddiw, roedd gwaed yn diferu ar flewiach ei frest ac roedd ei ddwylo'n gwpan am ei ên yn gwneud eu gorau i ddal y llif coch.

'Ti'n ffycin nyts,' meddai drwy'r gwaed, cyn troi ar ei sawdl a baglu o'r sgwâr.

Roedd y Ffêri Godmyddyr yn rhedeg ata i, ei lygaid fel petaen nhw am neidio o'i wyneb, a Benson druan yn cael ei dynnu ar ei ôl.

'Be ddigwyddodd? Ti'n ocê? Pwy'na oedd hwnna?' rhuthrodd y geiriau o'i geg.

Rhwbiais fy nhalcen yn ysgafn. Ro'n i'n eithaf siŵr bod lwmp yn dechrau ymddangos yno.

'Sgenna i glais?' gofynnais wrth i'r Ffêri Godmyddyr graffu arna i.

'Dim ond un bach,' meddai, ei wyneb mor agos fel 'mod i'n gallu teimlo ei anadl gynnes ar fy nhrwyn.

'Sori am weiddi arna chdi,' medda fi'n gyflym cyn i mi fedru newid fy meddwl.

'Sori am beidio gwrando arna chdi,' meddai yntau.

'Be ti'n feddwl?'

Edrychodd arna i am amser hir gan anwybyddu Benson oedd yn ysu i gario ymlaen i fynd am dro.

'Ddudist ti wrtha i y noson gyntaf i ni gyfarfod bo' chdi ddim am gael dy achub, a 'nes i ddim gwrando. Ond dwi'n gweld rŵan dy fod ti'n gallu edrych ar ôl dy hun.'

Doedd gen i ddim cof o ddeud ffasiwn beth, ond eto roedd y noson honno'n dal i fod yn gwmwl yn fy meddwl.

'O'n i jyst isio gwneud yn siŵr fod gen ti ffrind,' meddai eto.

Nodiais yn araf gan rwbio fy nhalcen yn ofalus, yna edrychais dros fy ysgwydd drwy ffenest yr Abbey a gwelais gysgod pedwar ffigwr, un yn eistedd yn daclus wrth y bwrdd, a'r tri arall ar bennau ei gilydd wrth y Fruties. Ro'n i'n amau eu bod nhw'n reslo eto.

'Wel, does 'na'm rhaid i ti boeni am hynny,' medda fi.

Ro'n i'n sefyll y tu allan i'r Abbey efo hogyn nad oedd yn gariad i mi, yn meddwl be fasa'r ffordd orau i'w gael o i mewn am ddiod, jyst fel ffrind.

'Ma croeso i ti ddod i mewn,' medda fi gan bwyntio at y dafarn. 'Os ti ffansi drinc.'

Edrychodd arna i am eiliad ac ro'n i'n amau ei fod am wrthod y cynnig, pan ddywedodd y byddai'n ymuno â ni ar ôl mynd â Benson am dro rownd y pentref.

Gwyliais y Ffêri Godmyddyr yn gadael, gan sylweddoli 'mod i wedi anghofio gofyn ei enw eto. O wel, mi wna i tro nesaf, meddyliais. Roedd hedbytio Dyfed wedi rhoi ysfa ynof i *wneud* rhywbeth, i weithredu yn hytrach na gwylio fy mywyd fel petai ar sgrin, felly tynnais fy ffôn o fy mhoced a dechrau sgwennu e-bost. Doedd bwyta bara brith ddim yn ddigon o deyrnged i Mam gen i. Edrychais dros yr iaith unwaith, dwywaith, cyn gyrru'r neges i Adran Ieithyddiaeth Prifysgol Bangor yn gofyn gawn i ymweld â'r Adran, a gyrrais y neges cyn i mi allu ailfeddwl. Rhywsut, heddiw, doedd meddwl am newid ddim mor ddychrynllyd. O'r diwedd, ro'n i *isio* newid. Gan rwbio fy nhalcen eto, cerddais yn ôl i'r bar. Roedd y lle yn wag heblaw am Bams a'r hogia yn ein cornel arferol.

'Blydi hel,' meddai Llŷr pan eisteddais wrth y bwrdd.

'Be ddigwyddodd i chdi?' gofynnodd Aled, ei dalcen yntau'n las-biws.

'Dilyn dy esiampl di,' medda finna.

Craffodd Huw arna i a chwibanodd yn isel a hir.

'Be, Dyfed?' gofynnodd Manon.

'Yli, 'dan ni'n sori am gymryd y pis, doedd gennan ni ddim syniad —'

Gwenais ar y pedwar o fy mlaen.

'Dwi'n gwbod. Gawn ni jyst siarad am rwbath arall?'

'Be ti isio siarad am?' gofynnodd Llŷr.

'Arddodiad,' meddai Huw.

Edrychodd pawb arno'n gegagored.

'Beth?' meddai wedyn. 'Ma Lowri'n ca'l cywiro pobol, ond fi ddim?'

Ro'n i'n methu helpu fy hun, ro'n i'n chwerthin fel peth gwirion, ac ew, am ryddhad oedd gallu chwerthin. Edrychodd y pedwar arall arna i'n syn, ac yna fel feirws, roedd pawb yn eu dyblau. Roedd fy ochrau'n crampio ac roedd gan Manon ddagrau yn ei llygaid. Roedd Huw yn gwneud ei orau i brocio talcen Aled, ac yntau'n ei guro i ffwrdd. Chwarddais yn uwch wrth i Aled a Llŷr godi Huw gerfydd ei geseiliau a'i luchio ar ei gefn, a chodais innau i nôl diod i Manon, yn dal i grio chwerthin. Dihangodd Huw o afael y ddau arall a rhedeg i guddio tu ôl i'r Fruties yn y gornel.

'Dau seidar plis, Bams,' gofynnais ar ôl cyrraedd y bar.

Tolltodd Bams y ddau ddiod a deud wrtha i eu bod nhw *on the house*. Do'n i ddim isio iddo fy mhitïo, ond ro'n i'n licio diodydd am ddim.

Gallwn glywed Huw yn ymbil ar Llŷr neu Aled am ddarn punt i'w roi yn y peiriant.

'Gei di bunt,' meddai Aled, 'pan ti'n talu pawb yn ôl.'

Ysgydwais fy mhen yn anobeithiol. Fyddai Huw byth yn dysgu. Rhoddais fy arian yn ôl yn fy mhwrs heblaw am un darn punt a thaflais hwnnw at Huw.

''Na chdi, i gau dy geg di,' medda fi. 'Paid â'i wastio fo!'

Mi ddywedodd Huw rywbeth ond do'n i ddim yn gwrando. Roedd y Ffêri Godmyddyr yn sefyll wrth y bar. Chwifiais fy llaw arno i ymuno efo ni pan glywais floedd anferthol yn dod o gornel y stafell. Roedd un o'r Fruties yn canu'n uchel ac ro'n i'n gallu clywed sŵn tincial arian di-baid. Safai Huw o'i flaen gyda'i ddwylo ar ei ben a'i geg ar agor. Rhoddodd ei ddwy law yng nghrombil y peiriant, yna dangosodd i ni ddau ddwrn llawn o bunnoedd aur.

'Rhein 'di'r hogia enwog?' gofynnodd y Ffêri Godmyddyr efo gwên. Nodiais fy mhen gan gochi.

'Ma 'di digwydd o'r diwedd,' gwaeddodd Llŷr gan redeg at y ddau ohonan ni heb sylwi fod y Ffêri Godmyddyr yn ddiarth iddo, a rhoddodd glamp o sws i'r ddau ohonan ni. 'Haleliwia! Ma Huw am ein talu ni'n ôl!'

'Dim mwy o yfed seidir,' meddai Huw gan redeg at y bar. 'Bams, potel o dy siampein gore!'

'Ma honno'n costio dau gan punt.'

'Bams, potel o dy siampein rhata!'

'Dim ond Asti sgen i fel arall.'

'Wel, neith hwnna'r tro yn iawn. Dim mwy o seidirs i ni, gwboi!'

Oedd Mam yn dawnsio'n araf ac yn canu Plethyn yn rhywle rŵan tybed, wedi ei lapio yn dynn yn y niwl fel blanced gynnes? Ro'n i'n gallu clywed ei llais yn dawel, yn union fel y pnawn hwnnw yn y parlwr pan chwaraeais y piano iddi. 'O am haf fel hafau Meifod, seidir ddoe yn troi'n siampên.' Ac yna, fel taran, torrodd Huw ar draws fy mreuddwyd gan redeg at ein bwrdd gyda photel lychlyd o Asti. Gyda'i newid mân, gwnaeth dri phentwr uchel o bunnoedd a'u pasio at Llŷr, Aled a minnau. Gyda bloedd, ysgydwodd Huw'r botel a gwthio'r corcyn o'i le, a ffrwydrodd llif o swigod bychain ohoni gan daro'r nenfwd, y waliau a'r byrddau cyfagos.

Bu bron i Bams gael ffit. Rhedodd ar ôl Huw efo'i fop gan ei regi'n biws, drwy'r cyntedd ac allan i'r sgwâr. Roedd diferion o'r Asti yn dal i lifo o'r botel wrth i Huw neidio a chuddio tu ôl i'r ceir gan geisio osgoi cael ei daro gan y mop.

Daeth Aled yn ôl o'r jiwcbocs wedi dewis cân Super Furries, a syllodd y tri arna i a'r Ffêri Godmyddyr. Sychais yr Asti oddi ar fy nhalcen a chyflwyno Llŷr, Aled a Manon iddo, a phwyntio at Huw drwy'r ffenest.

'Iawn, mêt?' meddai Llŷr gan estyn cadair iddo. 'Be 'di dy enw di 'ta?'

MILENIAL

Er eu bod wedi byw trwy un pandemig, dau ddirwasgiad, gwario hanner eu hincwm ar rent, a lladd y diwydiant grawnfwyd, *department stores*, a modrwyau diemwnt, mae astudiaethau'n dangos bod pob milenial yn fwy positif, yn fwy gobeithiol, yn cyfathrebu'n well, ac yn gweithredu er budd cymdeithas yn amlach na'r cenedlaethau blaenorol. A hynny oll wrth stwffio eu hunain gyda'u *avo on toast* dyddiol.

£9.99

LLECHI

Manon Steffan Ros

£6.99

£7.99

'Chwip o nofel sy'n mynd â'r darllenydd
ar daith igam-ogam ar draws Cymru.'
IFAN MORGAN JONES

LLWYD OWEN
RHEDEG
I PARYS

y Lolfa

£8.99